Kulturführer zur Geschichte und Archäologie
UMLAND DER STADT ROM

Herausgegeben von
Holger Sonnabend und Christian Winkle

Kulturführer zur Geschichte
und Archäologie

UMLAND DER STADT ROM

Von der tyrrhenischen Küste bis zu den
Albaner Bergen

Von Jochen W. Mayer
und Christian Winkle

PHILIPP
VON ZABERN
MAINZ

INHALT

Einleitung Rom und Latium – eine kurze Geschichte Seite 9 | „Eine sich ins Unendliche erstreckende Stadt": Roms enge Verbindung mit seinem Umland Seite 13 | „O du süßer Müßiggang": das Suburbium als geistige Landschaft und idealer Ort der Villeggiatur Seite 19

Die antiken Monumente im Umland Roms

„Bei den weißen Hühnern": die großen Villen am Stadtrand von Rom Seite 23 | Die Villa *ad gallinas albas* der Livia an der Via Flaminia Seite 23 | Die Villa der Quintilier an der Via Appia Seite 27 | Die Villa des Maxentius an der Via Appia Seite 33 | Die Villa von Sette Bassi an der Via Latina Seite 35 | „Unsinnig große Unterbauten": die Monumente in den Albaner Bergen Seite 39 | Von Rom bis Castel Gandolfo: der *Albanus mons* (Monte Cavo), Bovillae (Frattocchie) und Castrimoenium (Marino) Seite 39 | Castel Gandolfo Seite 43 | Albano Laziale Seite 49 | Ariccia und der Nemisee Seite 60 | Lanuvium (Lanuvio) Seite 68 | Velitrae (Velletri) Seite 81 | „Ein Gymnasium vor den Toren Roms": die archäologische Stätte von Tusculum Seite 85 | „Jener Ort auf seinen seligen Höhen": Tibur (Tivoli) und seine Umgebung Seite 97 | Die Monumente im Stadtgebiet von Tivoli Seite 98 | Die Hadriansvilla Seite 104 | Die Villa des Horaz bei Licenza Seite 112 | „Des Sommers Vergnügen": Praeneste (Palestrina) und das Heiligtum der Fortuna Primigenia Seite 117 | „Der herrlichste Jahrmarkt Italiens": Lucus Feroniae und die Villa der Volusier Seite 129 | Lucus Feroniae Seite 129 | Die Villa der Volusier Seite 136 | Ein Ausflug zu den Villen an der tyrrhenischen Küste Seite 138 | „Land, uralt und waffengewaltig": Veji, Lavinium und ihre Zeugnisse der Frühgeschichte Latiums Seite 143 | Veji – „fruchtbarer und größer als das Gebiet von Rom" Seite 143 | Lavinium – die Stadt des Aeneas Seite 147 | „Bollwerke des Imperiums": die Koloniestädte Cora (Cori), Norba (Norma) und Signia (Segni) Seite 155 | Cora (Cori) Seite 156 | Norba Seite 160 | Signia (Segni) Seite 168

Anhang

Verzeichnis der archäologischen Stätten und Museen Seite 174 | Literaturverzeichnis Seite 181 | Abbildungsverzeichnis Seite 186 | Glossar Seite 187 | Impressum Seite 190

AUFTAKT

*Gestehen wir jedoch, es ist ein saures
und trauriges Geschäft, das alte Rom
aus dem neuen herauszuklauben,
aber man muss es denn doch tun und zuletzt
eine unschätzbare Befriedigung hoffen.*

Goethe, Italienische Reise,
7. November 1786

Millionen von Besuchern aus aller Welt zieht es jedes Jahr nach Rom. Die italienische Kapitale und einstige Hauptstadt des Römischen Reiches hat auch mehr als 2700 Jahre nach ihrer legendären Gründung nichts von ihrer Faszination eingebüßt: Das vollkommen selbstverständlich erscheinende Nebeneinander von Bauten aus allen Epochen der Stadtgeschichte Roms übt, gerade auch durch die unübersehbare Patina der Mauern, eine besondere Anziehungskraft aus.

Doch wenn bereits eine Stadt selbst so reiche historische Schätze birgt, wird der Besucher nur allzu leicht verleitet, während des Aufenthalts seine Aufmerksamkeit allein diesen Monumenten und Museen zu widmen. Dabei sind die Wege nicht weit, um jenseits der Stadtgrenzen Roms auf Entdeckungsreise zu gehen: Von den antiken Tempeln, Villen und Theatern Latiums haben sich teils beeindruckende Reste erhalten. Dieses vielfältige kulturgeschichtliche Erbe der Region Latium – neben den antiken Stätten und Monumenten sind die mittelalterlich geprägten Dörfer und Abteien sowie Museen nicht zu vergessen – lohnt (mindestens) einen Besuch. Und an vielen Orten Latiums offenbart sich auch noch heute der bereits in der Antike oft gepriesene Reiz der Landschaft mit faszinierenden Ausblicken, die für eine zuweilen nicht ganz einfache Anfahrt vollauf entschädigen.

Dabei muss sich ein Ausflug in die Campagna keineswegs auf bekannte Orte wie Tivoli, Frascati oder Castel Gandolfo beschränken. Wer mag, kann auf Ciceros Spuren die archäologische Stätte von Tusculum erkunden, durch Palestrina mit seiner mächtigen, die Stadtanlage dominierenden antiken Tempelanlage streifen oder von der antiken Siedlung Norba aus den Blick auf die Monti Lepini und in die Pontinische Ebene genießen.

Noch im 18. und 19. Jh. gehörte eine solche Fahrt, besser noch ein längerer Aufenthalt in der römischen Campagna, zum Pflichtprogramm der „Grand Tour" des Adels und des gut situierten Bürgertums. Zudem schlug Roms Umland Literaten, Künstler und Gelehrte aus ganz Europa in seinen Bann: Mit Goethe und Herder, Gregorovius, Seume und Winckelmann seien an dieser Stelle nur einige der prominentesten Reisenden genannt. Die geselligen Feste auf den Landsitzen römischer Aristokraten und der Reiz wildromantischer Ruinen sind in zahlreichen literarischen Schilderungen und Gemälden verewigt worden – und doch weitgehend in Vergessenheit geraten. Erst in den vergangenen Jahren haben die Gemeinden und lokalen Tourismusinitiativen ihre Bemühungen spürbar intensiviert, durch ein breiteres Angebot wieder mehr Besucher nach Latium zu locken. Und auch dieser kulturgeschichtliche Führer will dazu beitragen, die bekannten und eher unbekannten Monumente dieser Region den Italien- und Romreisenden aufs Neue ins Bewusstsein zu rufen.

Aufgrund der Vielzahl der – manchmal nur noch marginal vorhandenen – antiken Zeugnisse in Latium hätte es indes den Rahmen dieses Buches gesprengt, jedes noch so kleine Relikt darin zu berücksichtigen; dies würde auch den unentbehrlichen praktischen Hinweisen zu wenig Raum lassen. Und es würde die Geschichten, Ereignisse und Anekdoten, die mit den Monumenten untrennbar verbunden sind und die sie wieder mit Leben füllen, zu sehr in den Hintergrund drängen. Denn dieses Buch soll nicht nur dem Italienreisenden vor Ort von Nutzen sein, es soll auch dem Leser, der es als *armchair traveller* zu Hause in die Hand nimmt, ein möglichst eindrückliches Bild der Orte und Monumente im Umland Roms vermitteln. Die allenthalben eingestreuten kurzen Exkurse, die Tipps zur Anreise ebenso enthalten können wie Zitate aus der antiken Literatur und Hinweise auf besondere Fundobjekte, spiegeln dieses Konzept wider.

So sollen in diesem Band die bemerkenswertesten Städte, archäologischen Stätten und Museen im Umland der italienischen Hauptstadt besprochen werden, die aus unserer Sicht einen Besuch auf jeden Fall lohnen – nicht, ohne den Leser auch auf den ein oder anderen Geheimtipp aufmerksam zu machen. Den Begriff des Umlands haben wir dabei nicht streng an der antiken geographischen Definition (siehe S. 13) ausgerichtet, sondern uns an den Möglichkeiten und Interessen der Reisenden von heute orientiert.

Unser Dank gilt dem Verlag Philipp von Zabern, besonders Frau Dr. Annette Nünnerich-Asmus, die unserem Buchkonzept von Anfang sehr wohlwollend gegenüberstand und deren Herzlichkeit und großer Sachverstand uns begeistert hat. Dass aus der Anregung zu einem kulturgeschichtlichen Führer zum antiken Latium gar eine neue Reihe entstanden ist, freut uns ganz besonders. Des Weiteren danken wir dem Deutschen Archäologischen Institut (DAI), Abteilung Rom, den italienischen Denkmalbehörden für Rom, Latium und Südetrurien, der American Academy, der British School, dem Dänischen Institut und der Escuela Española de Historia y Arqueología in Rom sowie den zahlreichen kommunalen, kirchlichen und privaten Museen für die Zusammenarbeit. Ausgangspunkt fast all unserer Exkursionen ins Umland war seit 1999 das Hotel Villa Pina in Frascati, deren Eigentümer, die Familie Bernardini, uns stets herzlich aufgenommen hat. Gedankt sei auch besonders der Abteilung Alte Geschichte des Historischen Instituts der Universität Stuttgart, namentlich Eckart Olshausen, Peter Scholz, Holger Sonnabend, Frank Daubner für die Unterstützung und Constanze Hirth für die Hilfe bei der Bearbeitung der Pläne und Karten sowie all den Teilnehmern der Exkursionen, an denen wir zwischen 1999 und 2009 als Studenten teilnehmen oder die wir als Dozenten begleiten durften. Neben unseren zahlreichen eigenen Reisen waren für uns diese Exkursionen, die dort geführten Diskussionen und Referate, ein nie versiegender Quell der Inspiration und der Neugier.

Stuttgart, im November 2009
Jochen W. Mayer, Christian Winkle

Rom und Latium – eine kurze Geschichte | 8 / 9 | Einleitung

EINLEITUNG
Rom und Latium – eine kurze Geschichte

Der heutige Reisende sieht das antike Latium, ja ganz Italien meist nur als Teil des römischen Imperiums. Roms Anfänge jedoch, so sehr die römische Geschichtsschreibung und Literatur dies auch immer wieder betont haben, ließen keineswegs die spätere herausragende Stellung der Stadt vermuten. Romulus habe, so schreibt Cicero in seiner Schrift über den Staat (de re publica 2,10), bereits bei der Gründung der Stadt geahnt, dass Rom einmal der höchsten Herrschergewalt Wohnung und Heimstatt bieten würde und er fährt fort: „Denn eine so große Macht hätte wohl keine andere Stadt in irgendeinem Teil Italiens leichter innehaben können." Was Cicero vorsichtig ausdrückt, wird in der augusteischen Dichtung häufig zur Gewissheit: Die Größe Roms war vorbestimmt. Doch wie Rainer Nickel treffend über die Aeneis des Vergil schreibt, wird dort eine Vergangenheit erfunden, „aus der die Gegenwart und Zukunft ihre Orientierung beziehen." Zu unterscheiden ist daher auch zwischen der mythischen und durch Archäologen und Historiker fassbaren Frühgeschichte Latiums. Denn viele Städte im Umland Roms führen ihren Ursprung auf Gründungsheroen zurück. Ob nun wie bei Lavinium auf den Trojaner Aeneas, bei Lanuvium auf Diomedes aus Argos oder bei Rom auf Romulus, es handelte sich immer wieder um einen bewussten Gründungsakt. Während die neuere Forschung in der im Mythos wiedergegebenen Ankunft einzelner Seefahrer oder kleiner Völkergruppen aus dem östlichen Mittelmeerraum einen historisch wahren Kern erkennt, entspricht die legendenhafte Erzählung von der bewussten Gründung einer Stadt so gut wie nie der historischen Wahrheit. Die italischen Völkerschaften und somit auch Rom als Teil der Landschaft Latiums und des Stammesgebietes der Latiner sind das Ergebnis eines langen

> **Latium vetus**
> Unter *Latium vetus* versteht man den geographischen Raum zwischen Tiber und dem Vorgebirge Circaeum, der von den latinischen Stämmen im eigentlichen Sinne bewohnt wurde. *Latium novum* oder *adiectum* ist hingegen das Gebiet, das nach dem Sieg der Römer über die Stämme der Volsker, Herniker und Aurunker hinzukam.

und sich allmählich vollziehenden ethnischen und kulturellen Prozesses.

Eine einheitliche Zivilisation lässt sich in *Latium vetus* gegen Ende des 10. und Beginn des 9. Jhs. v. Chr. im Gebiet der Albaner Berge, um den Lago Gabino, in Lavinium, Antium, Satricum und Rom fassen. Diese eisenzeitlichen Siedlungsplätze bestehen aus Gruppen von Dörfern und ihren Nekropolen. Charakterisiert ist diese Kultur (*cultura laziale*), die sich in vier Phasen vom 10. bis zum Beginn des 6. Jhs. v. Chr. herausbildet, vor allem durch ihre Bestattungsriten.

Seit dem 8. Jh. v. Chr. vollzieht sich die Geschichte von *Latium vetus* und seiner Siedlungen zunehmend unter dem Einfluss der etruskischen Kultur im Norden und der griechischen Kolonisation im Süden Italiens. Die Expansion der Etrusker, deren geographische Kernregion im Norden durch das Arnobecken bis hinauf zum toskanisch-emilianischen Appennin reicht und im Süden und Osten durch den Tiber und im Westen durch das thyrrenische Meer begrenzt wird, erfasste im 7. Jh. auch Latium, das vor allem als Verbindung zwischen Etrurien und Kampanien eine zentrale Bedeutung hatte. Herausragende Siedlungszentren sind u. a. Veji, Caere, Tarquinia, Volsinii und Vulci. Rom, das direkt an der Grenze zum etruskischen Kernland und in unmittelbarer Nachbarschaft zu Veji (s. S. 143 ff.) lag, wird nach der historischen Überlieferung zwischen dem Ende des 7. Jhs. und dem Ende des 6. Jhs. v. Chr. auch von etruskischen Königen (Lucius Tarquinius Priscus, 616–578 und Lucius Tarquinius Superbus, 535–509) beherrscht. Hinter dieser legendenhaften Überlieferung römischer Annalisten verbirgt sich vor allem der starke Einfluss, den die etruskische Kultur in allen Lebensbereichen auf Rom und auch Latium (z. B. Praeneste) hatte. Latinische Siedlungen wie Tibur, Praeneste, Lanuvium und Pometia erlebten zwischen der Mitte des 7. und dem 6. Jh. v. Chr. eine Blüte. In dieser Zeit vollzog sich in Latium auch der endgültige Übergang zu einer urbanen Gesellschaft. Lavinium, das wohl in der Mitte des 6. Jhs. Hauptort des Latinerbundes war (s. S. 147 ff.), hatte bereits seit dem Ende des 7. Jhs. eine Mauer aus unregelmäßig behauenen Blöcken und im 6. Jh. ein dicht bebautes Siedlungsgebiet, dessen Gebäude aus solidem Mauerwerk bestanden und mit Ziegeldächern versehen waren. In Lavinium jedoch sind nicht die etruskischen, sondern viel mehr die griechischen Kultureinflüsse stark ausgeprägt.

Die Städte Latiums waren bereits früh in sakralen Bünden um zentrale Heiligtümer organisiert (z. B. dem Tempel des Iuppiter Latiaris auf dem *mons Albanus*, s. S. 39 ff.). Die politische Bedeutung solcher Bünde ist, trotz der literarischen Überlieferung, schwer abschätzbar. Um das Jahr 493 v. Chr. wurde jedoch nach der Schlacht am *lacus Regillus* (unweit von Tusculum) zwischen den Römern und Latinern das *foedus Cassianum* (Latinischer Städtebund) geschlossen. Dieses historisch bezeugte Bündnis legte, wie Dionysios von Halikarnassos (1. Jh. v. Chr.) in seinem Geschichtswerk (*antiquitates Romanae* 6,95) berichtet, die Rechte und Pflichten von Römern und Latinern sowie die Verpflichtung zu einer gemeinsamen Verteidigungspolitik fest. Keinesfalls kann man jedoch eine Vormachtstellung Roms bereits zu Beginn des 5. Jhs. konstatieren. In die Zeit dieses Bündnisses fallen auch die zahlreichen Gründungen latinischer Kolonien wie Norba oder Signia (s. S. 155 ff.). Die Notwendigkeit des Latinischen Städtebundes ist sicherlich auch mit der zunehmenden Bedrohung durch die Sabiner, Herniker, Äquer, Marser und Volsker zu erklären.

Roms politische und territoriale Expansion im 4. Jh. v. Chr. hatte das Umland der Stadt immer stärker integriert. Traditionsreiche Städte wie Tusculum, Tibur und Praeneste waren in frührepublikanischer Zeit bedeutende Mitglieder des Latinerbundes. Wegen ihrer geographischen Nähe zu Rom gerieten sie jedoch zunehmend in den Einflussbereich der Stadt am Tiber. Tusculum etwa erhielt im Jahr 381 v. Chr. als wohl erstes *municipium* das römische Bürgerrecht (*civitas*) und wurde kurz darauf in die *tribus Papiria* eingegliedert. Die Stadt behielt zwar ihr Gebiet, verlor jedoch ihre politische Autonomie. Ähnlich erging es den Nachbarstädten. Der Latinische Bund zerbrach 341 v. Chr., als sich die Latiner im sogenannten „Latinerkrieg" gegen Rom wandten. Nach dem Sieg der Römer wurde der Bund schließlich 338 v. Chr. aufgelöst und Rom band die einzelnen latinischen Städte direkt an sich. Als Kultverband mit gemeinsamen Opfern und Festen blieb der Latinische Bund jedoch weiterhin erhalten. Auch die etruskischen Städte mussten im 4. und 3. Jh. v. Chr. zunehmend dem Druck Roms nachgeben. Veji, dessen Auseinandersetzungen mit Rom literarisch besonders gut bezeugt sind, wird nach seiner Niederlage 393 v. Chr. annektiert und in das römische Gebiet eingegliedert. Ende des 4. Jhs. war Rom zur alleinigen Vormacht Mittelitaliens aufgestiegen. Die Städte Latiums waren ab 338 v. Chr. in der ein oder anderen Form von Rom abhängig und wurden in den folgenden Jahrhunderten vor allem

Die Porta Maggiore der Koloniestadt Norba

außenpolitisch von Rom dominiert. Sie beteiligten sich an den militärischen Aktionen, waren wesentlich an den Siegen über die Karthager und die hellenistischen Staaten im Osten beteiligt und trugen somit zum Aufstieg Roms zur Vormacht im Mittelmeerraum bei. Mit Ausnahme der Revolte von zwölf latinischen Kolonien im Jahre 209 v. Chr., die gegen die drückenden Verhältnisse (Militärkontributionen) während des Krieges gegen Hannibal kämpften, blieben die *socii nominis latini*, die das latinische Recht besaßen, während des 2. Punischen Krieges im wesentlichen Rom treu und nahmen auch nicht am Bundesgenossenkrieg (91–88 v. Chr.) teil. Mit der *lex Iulia* 90 v. Chr. erhielten sie schließlich das römische Bürgerrecht.

Die sukzessive Entmachtung der latinischen Städte gipfelte letztlich darin, dass Roms Aristokraten in der späten Republik und frühen Kaiserzeit die Städte im Suburbium nur mehr als Orte der „Sommerfrische" betrachteten (s. S. 19 ff.), ihnen aber keine politische Bedeutung mehr beimaßen.

"Eine sich ins Unendliche erstreckende Stadt": Roms enge Verbindung mit seinem Umland

Einleitung

Die 14 augusteischen Regionen Roms mit der Servianischen und Aurelianischen Mauer im 4. Jh. n. Chr.

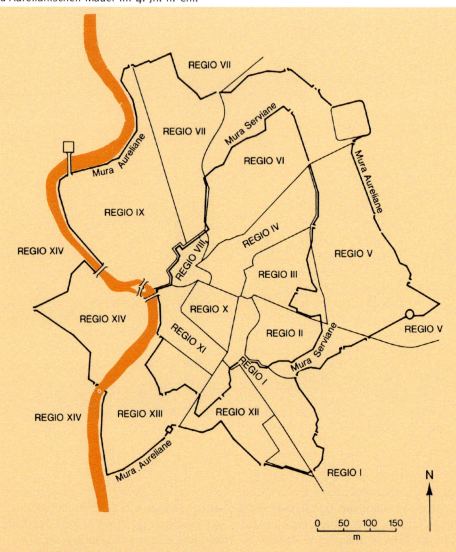

Die vierzehn augusteischen Regionen:

I Porta Capena	VI Alta Semita	X Palatium
II Caelemontium	VII Via Lata	XI Circus Maximus
III Isis et Serapis	VIII Forum Romanum et Magnum	XII Piscina Publica
IV Templum Pacis		XIII Aventinus
V Esquiliae	IX Circus Flaminius	XIV Transtiberim

EINLEITUNG
„Eine sich ins Unendliche erstreckende Stadt": Roms enge Verbindung mit seinem Umland

Vorstädte haben in den Metropolen dieser Welt ganz unterschiedliche Gesichter. In den Vereinigten Staaten etwa sind die *suburbs* gepflegte Wohnviertel des gut situierten Mittelstands, dominiert von makellosen Rasenflächen und dem Sternenbanner. Die Pariser *banlieues* hingegen genießen keinen sonderlich guten Ruf, sind geprägt von kahlen Hochhauslandschaften und rücken meist nur dann ins öffentliche Interesse, wenn dort Autos brennen. Auch Roms Vororte zählen nicht zwingend zu den städtebaulichen Glanzlichtern, ganz abgesehen von den in den vergangenen Jahren entstandenen sozial nicht unproblematischen wilden Siedlungen (von den Römern „campi nomadi" genannt), in denen – legal oder illegal – zumeist Immigranten aus Osteuropa oder Afrika wohnen.

Das Suburbium Roms, also das unmittelbar „vor der Stadt" *(sub urbe)* gelegene Gebiet, besaß in der Antike hingegen einen gänzlich anderen Charakter als die Vorstädte der Gegenwart. Es war eng mit der Hauptstadt des Imperium Romanum verbunden und versorgte deren Bewohner mit Lebensmitteln wie Oliven und Wein, Obst und Gemüse. Zugleich war das Suburbium Rückzugsort reicher Villenbesitzer und Standort bedeutender Heiligtümer, zu denen Menschen aller Schichten pilgerten. Zu den Orten im unmittelbaren Umland zählten unter anderem Aricia, Bovillae, Gabii, Lanuvium, Lavinium, Praeneste, Tibur und Tusculum – Orte, die teils heute noch existieren und antike Überreste bewahren (wie Albano Laziale, Palestrina/Praeneste und Tivoli/Tibur), teils aber auch (wie Bovillae) verschwunden oder moderner Bebauung gewichen sind.

Eindrucksvolle Ausnahmen sind die archäologischen Stätten von Tusculum und Norba: Jeweils auf einem Hügel bei den modernen Orten Frascati und Norma haben sich die Ruinen der beiden antiken Siedlungen erhalten. Sie vermitteln dem Besucher einen Eindruck von der Anlage dieser suburbanen Städte und von der besonderen Faszination, die die spätestens seit Goethes *Italienischer Reise* als römische Campagna bekannte Landschaft einst auf die antiken Menschen, später dann auf Generationen von Italienreisenden ausübte – und von der auch in diesem archäologischen Führer immer wieder die Rede sein wird.

Das Umland Roms erschien den Menschen demnach spätestens seit dem 1. Jh. v. Chr. als ein zur Stadt gehörendes Gebiet, das erst mit zunehmender Entfernung vom Stadtzentrum seinen ländlichen Charakter entfaltete. Denn Rom war um die Zeitenwende längst den Dimensionen entwachsen, die die 11 km lange Servianische Stadtmauer vom frühen 4. Jh. v. Chr. an markiert hatte – von der Fläche, die in Roms Frühzeit die Grenzlinie des *pomerium* umschloss, ganz zu schweigen. So beschreibt der griechische Historiker Dionysios von Halikarnassos (4,13,4) Rom im späten 1. Jh. v. Chr. als eine Stadt, deren Grenze sich nicht festlegen ließ: „Wenn irgendwer wünschte, beim Überblicken dieser Vorstädte die Größe Roms einschätzen zu können, würde er notwendigerweise in die Irre geführt bei der Suche nach einem festen Punkt, durch den das Gebiet der Stadt und der Übergang in den ländlichen Bereich markiert wird. So eng nämlich ist die Stadt mit dem Land verbunden, dass sich dem Betrachter der Eindruck einer sich ins Unendliche erstreckenden Stadt bietet."

Wie viele Menschen damals in der Stadt Rom lebten, ist kaum nachvollziehbar. Eine Einwohnerzahl von mindestens 750 000 gilt für die Kaiserzeit als wahrscheinlich und ist heute Konsens der Forschung; möglicherweise lag sie sogar bei der beeindruckenden Zahl von einer Million. Diese Zahl sollte Rom nach einer langen Periode der Entvölkerung in der

Spätantike und im Mittelalter erst wieder in den dreißiger Jahren des 20. Jhs. erreichen. Hinzu kommen im Umland der antiken Metropole schätzungsweise nochmals etwa 350 000 Menschen.

Wo endet die Stadt, wo beginnt das Land? Nicht nur Dionysios fiel es schwer, Roms eigentliches Stadtgebiet vom Umland abzugrenzen. Zu erkennen war das äußere Ende der Kernstadt vor allem an der Dichte der Bebauung. In den antiken Quellen taucht daher immer wieder der Begriff der *continentia tecta* auf, um das eigentliche Stadtgebiet zu bezeichnen. Wörtlich bedeutet dies „gedeckter Inhalt", am ehesten ist der Begriff mit „zusammenhängend bebautes Gebiet" zu übersetzen.

In seiner *naturalis historia* (3,67) bemerkt Plinius der Ältere, dass im 1. Jh. n. Chr. das äußere Ende der *continentia tecta* der 14 augusteischen Regionen knapp 3 km (rund 1,5 römische Meilen) vom „Goldenen Meilenstein" auf dem Forum Romanum entfernt war: „Die Länge aller Wege durch das verbaute Gebiet zum Stadtrand einschließlich der Prätorianerkaserne beträgt vom selben Meilenstein an etwas mehr als 60 000 Fuß. Wenn man noch die Höhe der Häuser berücksichtigt, würde man eine würdige Vorstellung bekommen und müsste zugeben, dass die Größe keiner Stadt auf dem ganzen Erdkreis mit ihr verglichen werden kann." Damit muss diese Grenze – Plinius nennt sie *extrema tectorum* – ungefähr bei der antiken Prätorianerkaserne *(castra praetoria)* verlaufen sein, das heißt nordöstlich der Stazione Termini.

Die Grenzlinie der *continentia tecta* dürfte die aussagekräftigste sein, wenn es darum geht, eine Markierung zwischen Rom und seinem direkten Umland zu finden. Sie war aber keine statische Grenze, sondern eher eine dynamische Demarkationslinie, deren Verlauf sich praktisch mit jedem am Stadtrand neu gebauten Haus veränderte.

Wer auf sein Landgut, zu einer Stadt oder den Heiligtümern im Umland Roms gelangen wollte, der konnte die zahlreichen großen Straßen nutzen, die alle im Stadtzentrum ihren Ausgang nahmen und sternförmig aus der Stadt führten. Unter ihnen war die Via Appia die älteste und wohl auch die wichtigste: Ihr Bau geht auf den Zensor Appius Claudius Caecus zurück, der sie 312 v. Chr. anlegen ließ. Die in der Literatur als *regina viarum* („Königin der Straßen"; Stat. silv. 2,2,12) gepriesene Via Appia führte ursprünglich nach Formiae (heute Formia) im südlichen Latium, später bis nach Brundisium, der heutigen Hafenstadt Brindisi in Apulien. Sie erleichterte so nicht nur das Reisen und den Warenverkehr mit den Regionen im Süden der italischen Halbinsel, sondern begünstigte auch den Austausch Roms mit der griechisch-hellenistisch geprägten Kultur Unteritaliens.

Noch heute sind Teile der Via Appia Antica begehbar, und vor allem der stadtrömische Abschnitt von der Porta Capena bis Casal Rotonda bewahrt eindrucksvoll den Charakter der antiken Gräberstraße. Wer darüber hinaus erfahren will, was man bei einer Reise auf der Via Appia einst alles erleben konnte, greift am besten zu Horazens „Reise nach Brundisium" (*iter Brundisinum*; sat. 1,5). In dieser Satire schildert der Dichter höchst unterhaltsam die Erlebnisse während einer Reise, die er mit seinem Gönner Maecenas und weiteren Gefährten im Jahr 37 v. Chr. unternahm.

Die ausgezeichnete römische Straßeninfrastruktur zeigt, dass Mobilität in der Antike einen hohen Stellenwert besaß – nicht zuletzt aus wirtschaftlichen Aspekten: Lebende Tiere und verderbliche Waren, die im Suburbium produziert worden waren, mussten rasch auf die Märkte Roms oder die der Landstädte

Ein noch erhaltener Abschnitt der Aqua Claudia am Palatin in Rom

transportiert werden, um dort profitabel verkauft werden zu können. Die Lebensmittelproduktion im Suburbium war für Rom lebenswichtig, denn in der Stadt selbst standen so gut wie keine landwirtschaftlichen Flächen zur Verfügung. Oliven und Wein, Gemüse und Obst, Vieh und Geflügel ernährten sowohl die Bauern im Suburbium als auch die Stadtrömer. Bauern und Gutsbesitzer, die ihre Produkte in der Kapitale anboten, profitierten daher besonders von einem gut ausgebauten Straßennetz und kurzen Wegen, worauf auch der Agrarschriftsteller Varro (rust. 1,16,6) hinweist: „Ein Landgut wird profitabler durch komfortable Transportwege: wenn es Straßen gibt, auf denen Wagen mit Lasten einfach bewegt werden können, oder wenn sich schiffbare Flüsse in der Nähe befinden."

Eine intakte Infrastruktur war damals wie heute eine wichtige Voraussetzung wirtschaftlichen Wohlstandes. Das weiß auch der Dichter Tibull: Er preist die Leistung des Straßenbaus gar in einem Geburtstagsgedicht für seinen Gönner M. Valerius Messalla Corvinus, der die Via Latina vom Jahr 27 v. Chr. an ausbauen ließ.

Neben den Straßen waren auch die elf in die Stadt führenden Aquädukte wichtige Lebensadern Roms. Sie versorgten die Stadt, aber auch die entlang der Wasserleitungen gelegenen Siedlungen und Landgüter mit dem kostbaren Element. Es wurde nicht nur als Trinkwasser, zur Bewässerung der Agrarflächen oder für die Tiere auf den Landgütern benötigt, sondern vor allem auch für die überall vorhandenen Bäder, Brunnen und Wasserspiele. Zwar führten der Anio und der Tiber ganzjährig Wasser, doch die meisten anderen Wasserläufe sprudelten nur zeitweise. Obgleich zahlreiche *villae rusticae* auch Regenwasser in Zisternen sammelten und sich kleinerer Quellen in der Nähe bedienten, entstand eine ernsthafte Konkurrenz um diese essentielle Ressource.

Offiziell waren Wasserentnahmen nur durch ein Privileg gestattet, das strikten Beschränkungen unterlag und für das der Gutsbesitzer einen Wasserzins zahlen musste. Dazu waren aber nicht alle bereit: Immer wieder kam es im Suburbium zu illegalen Wasserentnahmen aus den Aquädukten. Plinius der Ältere klagt, dass man das Wasser der Aqua Virgo und der Aqua Marcia nicht mehr recht genießen könne, da „Ehrgeiz und Habsucht das für das allgemeine Wohl bestimmte Wasser in die Villen und in die am Stadtrand gelegenen Bereiche abgeleitet haben" (nat. 31,42).

Wir haben gesehen, dass sich Rom und sein Umland kaum voneinander abgrenzen lassen. Wie weit aber dehnte sich nun das in der Antike als Suburbium betrachtete Gebiet aus? Geographisch lässt es sich (im Uhrzeigersinn) in etwa als die Ebene um Rom vom Tyrrhenischen Meer bis zu den Hügelketten der Monti della Tolfa, Monti Sabatini, Monti Sabini und Monti Lepini definieren. Flusstäler, die sich im Südosten anschließende Vulkangruppe der Albaner Berge und die Küstenebene bis Antium erschweren aber diese Bestimmung und führen zu einer unregelmäßigen und nur vage topographisch festzulegenden Außengrenze. Da die Geographie nur Anhaltspunkte liefern kann, muss eine andere Vergleichsgröße als Maßstab dienen.

Aus den römischen Schriftquellen wird klar, dass sich über die Angabe der Reisedauer viel eindeutigere Ergebnisse erzielen lassen. So berichtet der Geschichtsschreiber Livius aus der Zeit des Seleukidisch-Römischen Krieges für das Jahr 191 v. Chr., dass sich wegen der Kriegsvorbereitungen kein Senator und keine Inhaber rangniedrigerer Ämter weiter aus Rom entfernen dürfen, als dass sie nicht am selben Tag wieder in die Stadt zurückkehren können.

Tibulls Lobpreis des Straßenbaus

Dir aber (Messalla) mögen deine Kinder nachwachsen, die ihres Vaters Taten mehren und geehrt um dich im Alter stehen. Und die Straße, die an dich erinnert, soll der nicht zu rühmen vergessen, den die Erde von Tusculum und das hell leuchtende Alba beim alten Lar heimisch hält. Denn aus deinen Mitteln ist hier der harte Kies herangebracht und schichtet sich auf, hier verbinden sich mit fügsamer Kunst die Steine. Dich soll der Bauer preisen, wenn er aus dem großen Rom kommt, spät, und, ohne sich Schaden zu tun, seine Füße heimwärts setzt.

Tib. 1,7,55 – 62; Übers.: F. Klingner

Der Konsul Publius Cornelius legte dieser Anordnung die Tagesreise (im Pferdewagen) als Richtwert zugrunde. Bei einer solchen Tagesreise im Pferdewagen konnten die Reisenden mit der üblichen Reisegeschwindigkeit Distanzen von maximal 50 km zurücklegen. Meist waren die Strecken aber kürzer: So waren die Herbergen *(mansiones)* an römischen Straßen, die ursprünglich für die Boten der kaiserlichen Post gedacht waren, in einem Abstand von etwa 25 Meilen (rund 37 km) angelegt worden. Horaz machte auf seiner Reise nach Brundisium zum ersten Mal bereits in Aricia Station – 16 Meilen (24 km) von Rom entfernt.

Ausgehend von diesen Kriterien, kann man das Suburbium in zwei Bereiche teilen: Eine innere Zone umfasst alle Orte und Villen in einem Radius von maximal 25 km (rund 17 Meilen) von Rom. Innerhalb dieses Gebiets war die Reise auf das Landgut und wieder zurück innerhalb eines Tages möglich. Zu diesen Orten zählen beispielsweise das eben erwähnte Laurentinum des Plinius sowie die meisten der zahlreichen Villen in den Albaner Bergen, dem Kulminationspunkt der stadtrömisch-suburbanen Villeggiatur. In dieser Zone lagen die Mischbebauung der *domus* und *horti*, die Villen vom 3. bis zum 5. Meilenstein sowie kleinere *villae rusticae*, die den Lebensmittelbedarf Roms deckten.

Zu der äußeren Zone zählten alle Orte, die bis zu 50 km (rund 32 Meilen) von Rom entfernt waren. Hier benötigte man für Hin- und Rückreise jeweils einen Tag. Hierzu zählen weiter von Rom entfernt liegende Gemeinden wie Lanuvium oder Praeneste. An der tyrrhenischen Küste wurde dieser Radius von Centumcellae im Norden und Antium im Süden begrenzt.

Doch die Nähe zu Rom war nicht das einzige Kriterium für die Auswahl und Wertschätzung einer Villa. Den Besitzern ging es auch um ein gesundes Klima, die Nähe zu Freunden und um den Genuss eindrucksvoller Landschaftspanoramen *(prospectus)*. Diese ideellen Voraussetzungen der römischen Villenkultur, die das Suburbium als „geistige Landschaft" erscheinen lassen, sollen Thema des nächsten Kapitels sein.

> **Livius: Rasche Rückkehr ist Pflicht**
>
> Und in der Bürgerschaft herrschte durch die Vorbereitungen für diesen Krieg und durch die Sorge so große Spannung, dass der Konsul P. Cornelius anordnete, wer Senator sei und wer das Recht habe, sich im Senat zu äußern, und wer eines der niedrigeren Ämter bekleide, von denen dürfe sich keiner so weit von der Stadt Rom entfernen, als dass er nicht noch am selben Tag zurückkehren könne, und gleichzeitig dürften nie mehr als fünf Senatoren von der Stadt Rom abwesend sein.
>
> Liv. 36,3,2-3; Übers.: H. J. Hillen

„O du süßer Müßiggang":
das Suburbium als geistige Landschaft
und idealer Ort der Villeggiatur

Einleitung

Via Appia mit den Resten von Grabmonumenten

EINLEITUNG

„O du süßer Müßiggang": das Suburbium als geistige Landschaft und idealer Ort der Villeggiatur

Ein „Landgut inmitten der Stadt" (*rus in urbe*): Wie Martial (12,57) mit kaum zu überbietender literarischer Prägnanz formulierte, war es seinem Bekannten Sparsus gelungen, sich in Rom ein Domizil zu schaffen, das man eigentlich auf dem Land vermutete. Gleichzeitig waren die römischen Villenbesitzer bestrebt, ihre Landsitze mit allen Annehmlichkeiten auszustatten, die sie von ihren Stadthäusern kannten – *urbs in rure* („die Stadt auf dem Landgut").

Um die Bedeutung der römischen Villenkultur einordnen zu können, sei an dieser Stelle auf die verschiedenen Arten der Wohnhäuser eingegangen. Die Römer unterschieden zwischen *villa* (Landhaus) und *domus* (Stadthaus), wobei beide Begriffe einzeln stehende Wohnsitze gehobenen Charakters bezeichnen. Diese sind klar zu trennen von den nur in den Städten anzutreffenden Mietshäusern (*insulae*).

Die *villa rustica*, der klassische Gutshof, bestand aus einem Wohntrakt (*pars urbana*) und einem landwirtschaftlichen Nutztrakt (*pars rustica*). Dabei betont der Politiker und Agrarschriftsteller M. Porcius Cato Censorius in seiner Abhandlung *de agricultura* („Über die Landwirtschaft") die Wichtigkeit der *pars urbana*: „Die *villa urbana* soll im Rahmen der Möglichkeiten gebaut werden. Wenn man auf einem guten Grundstück solide baut und das Haus günstig anlegt, so dass man auf dem Land ordentlich wohnen kann, wird man lieber und öfter auf die Villa kommen. Das Landgut wird dadurch besser, man wird weniger Fehler begehen und einen höheren Ertrag erzielen" (Cato agr. 4,1). Ein ansprechend gestalteter Wohntrakt war somit kein Selbstzweck. Die allerdings zunehmend stärkere Akzentuierung des Wohntraktes brachte eine immer schärfere Trennung zwischen agrarischer Produktion und rein kontemplativem Landaufenthalt mit sich – wobei sich der Schwerpunkt zunehmend auf Luxus und Genuss verlagerte. Zugleich wurde der Gegensatz zwischen Land und Stadt schärfer, und die beiden Pole *otium* („Muße, freie Zeit") und *negotium* („Beschäftigung, Unmuße") fanden klar ihre jeweilige topographische Entsprechung: Die öffentlichen politischen und juristischen Tätigkeiten, die *negotia*, waren der Stadt Rom mit dem Forum, den Basiliken und den öffentlich zugänglichen Räumen der *domus* zugeordnet. Das private *otium* hingegen ordnete man den Landvillen und den privaten Gemächern der Stadthäuser zu.

Angesichts des oft luxuriösen Inventars, das sich in den Ruinen der Villen erhalten hat und dort bzw. in Museen noch heute Einblick in die römische Kultur gibt, scheint es, als habe das „süße Nichtstun" bei den römischen Aristokraten höchste Priorität genossen. Doch ursprünglich bezeichnete *otium* weniger die Freizeit als die Zeit, in der sich die Senatoren und die Magistrate auf die Staatsgeschäfte vorbereiteten. Doch mit den zunehmend unruhiger werdenden Zeiten der späten Republik wandelte sich auch das *otium.* Die Hinwendung zu Bibliotheken, luxuriösen Kunstsammlungen, aufwendigen Gastmählern und einer griechisch-hellenistischen Lebensweise auf den Villen änderte den Charakter von freier Zeit hin zu Freizeit. Diese Entwicklung gipfelte schließlich im Prinzipat. Die ihrer politischen Rolle mehr oder weniger enthobenen Aristokraten suchten sich eine Art „Ersatzbefriedigung" (Christian Meier), um diesen Machtverlust zu kompensieren. Die eingehende Beschäftigung mit schöngeistigen Dingen wie Literatur, Kunst, Philosophie, Musik und Theater wurde zum Schwerpunkt des ländlichen Aufenthaltes. Voller Glück jubelt Plinius (epist. 1,9,6) so über sein Laurentinum, sein Landgut südwestlich von Rom: „O du rechtes und unverfälschtes

„O du süßer Müßiggang":
das Suburbium als geistige Landschaft
und idealer Ort der Villeggiatur

Einleitung

Leben, o du süßer Müßiggang, schöner fast als alle Unmuße! O Meer, o Strand, wahrer und heimlicher Musentempel, wie viel ermöglicht ihr mir, wie viel diktiert ihr mir!"

Doch um dieses „unverfälschte Leben" genießen zu können, war den Besitzern nicht zuletzt eine ansprechende und klar durchdachte Anlage ihrer Villen wichtig. Das wohl wichtigste Element war die Einbeziehung des Landschaftspanoramas in die Architektur. Deren Wahrnehmung gleicht der Betrachtung eines Bildes: Die Fensterrahmen der Villa werden zu Bilderrahmen, die Landschaft zum Gemälde. Daher ist nur verständlich, dass Landschaftsdarstellungen auch zu den häufigsten Motiven der Innendekoration gehörten. Die Wechselbeziehung von Architektur und Landschaft ließ die Villa zu einem *locus amoenus* werden. Dieser aus der bukolischen Dichtung stammende „liebreizende Ort" gehörte zur friedlichen Szenerie des Hirtenlebens, frei von wilden, unkontrollierbaren Elementen, durchweht von einem frühlingshaften Windhauch, umschlossen von Wasser und Gärten.

Das Klima war ein weiteres Kriterium für die Wahl einer Villa. Je nach Jahreszeit wechselte man daher auch den bevorzugten Villenort: Während man im Winter das immer noch relativ milde Klima in Kampanien genoss, war es im heißen Sommer im frischen Klima der Albaner Berge wesentlich erträglicher. Naheliegend ist daher auch der Gedanke, dass der Aufenthalt auf dem Lande neben der geistigen auch der körperlichen Gesundheit dienen sollte. Man entfloh den „Belastungen durch die Stadt" und dem „Dampf der rauchenden Küchen" (Seneca epist. 104,1), um sich auf dem Lande zu erholen und wieder zu stärken.

Die im vorhergehenden Kapitel erwähnte Nähe zu Rom bestimmte natürlich ebenfalls den Villenstandort. Doch das Suburbium bot noch ein weiteres Auswahlkriterium: Hier befanden sich bedeutende Heiligtümer mit überregionaler Anziehungskraft. In unmittelbarer Nähe dieser Stätten zu wohnen war für die römischen Aristokraten vielleicht auch Ausdruck der *pietas*, dem für die Römer so grundsätzlichen pflichtgemäßem Verhalten gegenüber den Göttern. Auf jeden Fall lagen die Villen garantiert prestigeträchtig, denn bei den Heiligtümern war mit regem Publikumsverkehr zu rechnen, und die Besucher, die oftmals auch aus Rom kamen, konnten *en passant* Lage, Architektur und Dekoration der Landhäuser bestaunen.

Doch wer konnte sich überhaupt eine Villa und kontemplatives Landleben leisten?

In republikanischer Zeit waren die Villenherren nahezu ausnahmslos Mitglieder der Oberschicht aus Senatoren, Rittern und *decuriones* (Gemeinderäten). In der Kaiserzeit kam neben den (erfolg)reichen kaiserlichen Freigelassenen auch die kaiserliche Familie hinzu. Als archäologische und historische Quelle für die Villenkultur sind die kaiserlichen Villen dabei besonders interessant: In vielen Fällen sind die exakte Zuschreibung zu einem bestimmten Kaiser möglich und persönliche Vorlieben der Kaiser erkennbar, und so zeigen sich in den Bauten bis zu einem gewissen Grad jene Werte, für die ein Kaiser stand.

Ob Kaiser, Senator oder reicher Freigelassener: Die zwanglose Freiheit auf dem Landsitz schätzten die Römer der Oberschicht besonders. Gerade das Suburbium war aufgrund seiner Nähe zu Rom, der guten Infrastruktur, der historischen und mythischen Bedeutung sowie nicht zuletzt seiner heute noch erfahrbaren landschaftlichen Reize ein prädestinierter Ort für die Villeggiatur.

Villa der Volusier in
Lucus Feroniae, Peristylhof

„Bei den weißen Hühnern":
die großen Villen am Stadtrand von Rom

22

23

Die antiken Monumente
im Umland Roms

Blick auf den Startbereich
des Circus der Maxentius-Villa
an der Via Appia Antica

DIE ANTIKEN MONUMENTE IM UMLAND ROMS

„Bei den weißen Hühnern": die großen Villen am Stadtrand von Rom

Am Stadtrand Roms zu wohnen, besaß einen besonderen Reiz – vorausgesetzt, man verfügte dort über ein Stück Land in der Ebene oder gar auf einem der Hügel. Hier vermischten sich Stadt und Land, und die Grünflächen wurden zahlreicher. Von diesen eher kleinen Landgütern, die wie das von Martials Bekannten Sparsus mit bestem Stadtblick „am langgestreckten Berghang des Ianiculum" lagen (Mart. 4,64,3) oder „auf den Höhen des Esquilin" (Hor. sat. 1,8,14), haben sich allerdings keine Reste erhalten. Nur von einigen größeren Villen aus der späten Republik und der Kaiserzeit sind Teile der Gebäude, ihrer Dekorationen und Ausstattungen vorhanden. Sie geben einen Eindruck vom Residenzcharakter dieser Landsitze, doch sind sie aufgrund ihrer Größe oder bestimmter Ausstattungsdetails nur bedingt als repräsentativ anzusehen.

Die Villa *ad gallinas albas* der Livia an der Via Flaminia

Im Norden Roms, am 9. Meilenstein der antiken Via Flaminia, befand sich die Villa der Livia, der Ehefrau des Kaisers Augustus. Die Reste des Landguts liegen heute auf dem Gebiet des römischen Vororts Prima Porta, ganz in der Nähe des Cimitero Flaminio. Der Zugang zu den Ausgrabungen befindet sich in der Via della Villa di Livia; die Stätte ist mit dem Auto über die Staatsstraße Nr. 3 oder mit der Bahn (Haltestelle Prima Porta der Vorortzüge Rom/Flaminio–Viterbo) gut erreichbar.

Die im späten 1. Jh. v. Chr. errichtete und später umgebaute Villa lag nicht mehr unmittelbar an der Stadtperipherie, sondern etwas weiter außerhalb auf einem Tuffplateau über dem Tiber. Durch diese exponierte Lage besaß die Villa die optimale Position für den bei römischen Villen so geschätzten *prospectus* (Ausblick), was man auch heute noch spüren kann. Bei ihr war „die Prächtigkeit, die andere kaiserliche oder aristokratische Residenzen auszeichnet, durch den Effekt ersetzt, den die Einbindung in die Landschaft dem architektonischen Komplex hinzufügen musste" (Gaetano Messineo).

Monumentalisierungstendenzen waren bei diesem Bau noch nicht zu erkennen. Das dürfte ganz in Augustus' Sinne gewesen sein, hegte er doch eine Abneigung gegen „große und prachtvoll ausgestattete Herrensitze" (Suet. Aug. 72,3). Beeinflusst von dem im augusteischen Wertesystem verankerten Gedanken der *modestia* (Bescheidenheit), hatte die Villa der Livia den ursprünglich intendierten *otium*-Charakter bewahrt – was dem Besucher auch 2000 Jahre später bei einem Rundgang schnell deutlich wird. Eine *pars rustica* haben die Grabungen bisher allerdings nicht zutage gebracht; sofern sie überhaupt existierte, war sie nur von geringer Dimension. Das Gut lag zwar exponiert, aber keinesfalls solitär: In der direkten Umgebung haben archäologische Grabungen die Reste weiterer Landgüter ans Licht gebracht, was auf eine hohe Villendichte in diesem Gebiet an der Via Flaminia schließen lässt.

Trotz der lange zurückliegenden Einnahme Vejis durch Rom und der Überführung des *ager Veientanus* in den *ager Romanus* wurde die Villa der Livia noch in der frühen Kaiserzeit als Veientanum bezeichnet (Suet. Galba 1). Bekannter war jedoch die Benennung *ad gallinas albas*, „Bei den weißen Hühnern", was Sueton ebendort auf folgende Legende zurückführt: „Als Livia gleich nach der Hochzeit mit Augustus ihr Landgut bei Veji besuchte, flog ein Adler an ihr vorüber mit einem weißen Huhn, das einen Lorbeerzweig im Schnabel hielt, und ließ es, so wie er es geraubt hatte, in ihren Schoß fallen. Sie entschloss sich, das Federvieh aufzuziehen und den Zweig einpflanzen zu lassen; später brütete es so zahlreiche Küken aus, dass die Villa heute noch ‚Zu den Hühnern' heißt." Ob in den bewässerten Pflanzkübeln, deren Reste die Archäologen geborgen haben, tatsächlich Lorbeer wuchs, ist durchaus möglich, aber nicht zwingend.

Die ungefähre Lage des Landguts war zwar durch eine Beschreibung in Plinius' *naturalis historia* (15,136-137) bekannt, doch entdeckten die Altertumsforscher Giovanni Antonio Guattani und Antonio Nibby erst zu Beginn des 19. Jhs. die Reste der Villensubstruktionen auf dem Hügel bei Prima Porta. Auf der – damals prioritären – Suche nach antiken Kunstwerken wurde dort in den Jahren 1863/64 gegraben – mit Erfolg: Am 20. April 1863 kam die **Augustus-Statue** zum Vorschein, die sich heute in den Vatikanischen Museen befindet. Die Statue, wahrscheinlich die Marmorkopie eines bronzenen Originals, zeigt den vergöttlichten Kaiser mit Tunika, Panzer und Feldherrnmantel, aber barfuß. Die reich ornamentierten Reliefs des Brustpanzers zeigen Szenen von der Übergabe jener Feldzeichen an Augustus, die Crassus 53 v. Chr. im Krieg gegen die Parther in Kleinasien verloren hatte. Unmittelbar in den Jahren nach diesem militärischen Erfolg des Augustus (20 v. Chr.) muss die Statue entstanden sein.

Der diplomatische Sieg des Princeps über die Parther wird in neuartiger Ikonographie „als Vollendung eines vollkommenen Weltzustandes gefeiert", wie Paul Zanker die Motive auf dem marmornen Panzer deutet. Spätere Siegesbilder des Augustus nahmen diese Bildsprache wieder auf und formten feste Topoi daraus. Dennoch ist der Princeps in der Statue von Prima Porta nicht als Triumphator, sondern als der „vorbildliche Princeps omnium" (Heinz Kähler) dargestellt, was auch den historischen Ereignissen entspricht: Augustus hatte nach dem Sieg über die Parther keinen Triumph gefeiert.

Zehn Tage nach dem Fund der Augustus-Statue konnten die Ausgräber auf dem Villenareal einen weiteren spektakulären Fund vermelden. Sie stießen auf einen halbunterirdischen Raum (2), der überaus qualitätvolle Wandmalereien barg: das Sommertriclinium

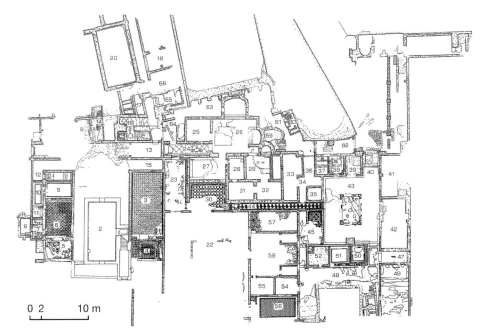

Grundriss des Wohnkomplexes der Villa der Livia (nach Messineo [Hrsg.] 2001)

der Villa. Diese Fresken mit ihren überreichen Gartenszenen, denen die Villa ihre Bekanntheit verdankt, befinden sich seit 1951 im römischen Nationalmuseum Palazzo Massimo alle Terme beim Hauptbahnhof.

Die Villa selbst ist in zwei Hauptkomplexe geteilt: im Südwesten befinden sich die Wohnräume mit den Thermen, im Nordosten eine ausgedehnte Gartenanlage. Der Wohnkomplex wiederum lässt sich in drei Teile gliedern: in einen privaten und einen öffentlich-repräsentativen Teil sowie in die Thermen. An die Privaträume der Villa, die sich um das Atrium (Abb. o. 43) gruppierten, schloss sich im Süden eine Portikus (48) mit einem kleinen Garten an. Von dieser Portikus gelangte man über einen kleinen Durchgang (56) zum Peristyl (22), an das auch das (oberirdische) Triclinium (58) angrenzte. Ein Teil der Räume wurde im 2. und 3. Jh. n. Chr. erneuert und mit zeitgemäßem Dekor ausgestattet; in jenem Durchgang aber hat sich das geometrische Fußbodenmosaik aus republikanischer Zeit erhalten. Die Struktur aus weißen, roten, grünen und gelben Mosaiksteinchen ähnelt der von Fußböden aus sullanischer Zeit, die im Haus der Livia auf dem Palatin unter den später verlegten Böden aus augusteischer Zeit gefunden wurden.

Nördlich des schmalen Korridors (44), der vom Atrium aus in westliche Richtung führt, wurde im 2. Jh. n. Chr. eine Thermenanlage eingebaut. Diese hatte einen eigenen Zugang (13). Im größten Raum der Thermen, dem *frigidarium* (26), sind die verschiedenen Bauphasen der Villa deutlich zu erkennen: Die Wand stammt aus republikanischer Zeit und ist aus etwa 4 cm dicken Ziegelsteinen errichtet worden, die beiden Bassins aus severischer Zeit hingegen wurden aus flacheren Steinen gemauert. Wie etwa in Raum 23 zeigt sich immer wieder das originale Mauerwerk in *opus reticulatum,* doch oftmals dominieren Wand- und Fußbodendekor des späten 2. Jhs. n. Chr. Diese verschiedenen Zeitstufen sind nichts Ungewöhnliches, denn das Landgut wurde zumindest bis ins 4. Jh. n. Chr. genutzt und mehrfach baulich verändert, bis ein Brand den Komplex zerstörte und er aufgegeben wurde.

Im Südwesten des Wohntrakts befanden sich die repräsentativen Räume der Villa, zu denen auch das halbunterirdische **Sommertriclinium** (2) zählte. In diesem heute noch begehbaren Raum, in den durch zwei kleine, hochgelegene Fenster an den Schmalseiten Tageslicht fiel, sollte durch die Wandmalereien die Illusion eines schattigen und kühlen römischen Villengartens erzeugt werden. Eine Reihe von Stalaktiten unter dem Deckensatz sollten den Eindruck einer Grotte vermitteln. Lange war die Entstehungszeit der Malereien umstritten, doch heute sind sich die Forscher weitgehend einig, sie der augusteischen Zeit zuzuschreiben.

Das Bild – mithin das früheste und gleichsam bedeutendste Zeugnis römischer Gartenmale-

Ein Ausschnitt aus den Wandmalereien des Sommertricliniums der Villa der Livia

rei – zeigt einen üppigen Garten mit Bäumen, Büschen und Gräsern. Einzelne Bäume (auch in den Nischen) heben sich ab, während das Grün im Hintergrund zunehmend undurchdringlich zu werden scheint. Das verleiht der Darstellung eine enorme Tiefe. Im Vordergrund verlaufen parallel zwei Zäune, die einen schmalen Weg einfassen. Herumflatternde Vögel verschiedener Arten vervollständigen das Bild ebenso wie insgesamt 24 verschiedene Arten von Gewächsen – darunter Lorbeer, Eiche, Fichten und Dattelpalmen. Es handelt sich allerdings nicht um eine Momentaufnahme im Jahreslauf, denn die gemalten Pflanzen zeigen sich teils im frühlingshaften, teils im herbstlichen Gewand. Offensichtlich kam es dem Maler bzw. seinem Auftraggeber mehr auf eine stimmige Darstellung denn auf botanische Exaktheit an.

Möglicherweise sollten die Fresken des Sommertricliniums aber nicht nur den darin Speisenden suggerieren, sie lägen in einem Garten, sondern auch die Vorstellung wecken, sie befänden sich inmitten eines heiligen Hains. Dann allerdings wäre die allgemein übliche Deutung des Raums als unterirdisches Speisezimmer fraglich und sein eigentlicher Zweck wäre neu zu bestimmen. Da aber weder archäologische noch schriftliche Quellen hierüber Auskunft geben, muss diese Frage vorerst offen bleiben. Eine mögliche religiöse oder kultische Konnotation der Wandmalereien ist gewiss nicht ausgeschlossen, doch für eine solche Annahme fehlt der endgültige Beweis.

Ganz anders als die bescheiden dimensionierte Villa der Livia zeigen sich die Villen an Roms unmittelbarer Stadtperipherie aus der Kaiserzeit. Noch heute beeindrucken die Dimensionen sowohl ihrer Ruinen als auch ihrer Grundstücke. Die Villa der Quintilier und die Villa des Maxentius sind die am besten erhaltenen Zeugnisse für die kaiserzeitliche Villenkultur in Rom.

Die Villa der Quintilier an der Via Appia

Am südöstlichen Stadtrand von Rom, beim 5. Meilenstein der Via Appia Antica, lag die Villa der Quintilier. Noch heute kann der Besucher die eindrucksvollen Reste dieses Komplexes, die teilweise ergraben wurden, betrachten und begehen. Wer sich zu Fuß über die Via Appia Antica der Rückseite des weitläufigen Villengeländes nähert, erblickt schon von weitem hinter den Grabmälern die mächtigen Mauerfragmente, etwa das einstige **Nymphäum**, in der Antike gleich beim Haupteingang der Villa gelegen. Heute befindet sich der Eingang zu den Ausgrabungen an der gegenüberliegenden Seite der Via Appia Nuova (Nr. 1092), wo vor einigen Jahren auch ein kleines Antiquarium eingerichtet wurde. Wer nicht über ein Auto verfügt, erreicht die Quintilier-Villa am besten per Bus.

Der monumentale, auf einem Plateau aus Vulkangestein errichtete Bau stammt aus der Mitte des 2. Jhs. n. Chr. und gehörte den Brüdern Sestus Quintilius Condianus und Sestus Quintilius Valerius Maximus, die beide gemeinsam im Jahr 151 n. Chr. das Konsulat bekleideten. Sie begnügten sich längst nicht mehr mit einem kleinen Atriumhaus, sondern hatten in der Villa marmorgeschmückte Räume für öffentlich-repräsentative Zwecke (Basilika) sowie einen davon baulich getrennten privaten Wohnbereich anlegen lassen. Daneben gehörten das bereits erwähnte Nymphäum, Thermen, ein Stadion und sogar ein kleiner Hippodrom zu dem weitläufigen Villengelände. Möglicherweise umfasste das Areal auch eine *villa rustica*, deren Reste beim 7. Kilometer der Via Appia Nuova gefunden wurden und die der Lebensmittelversorgung diente. 182 n. Chr. ließ Kaiser Commodus die

„Bei den weißen Hühnern":
die großen Villen am Stadtrand von Rom | 28 / 29 | Die antiken Monumente im Umland Roms

Blick von der Via Appia Nuova auf die *basis villae* der Villa der Quintilier

"Bei den weißen Hühnern": die großen Villen am Stadtrand von Rom

Die antiken Monumente im Umland Roms

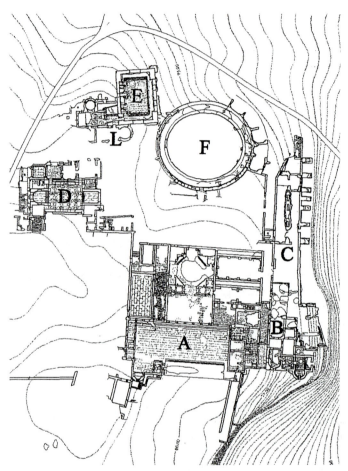

Grundriss des Areals der Villa der Quintilier (nach Paris [Hrsg.] 2000)

Brüder Condianus und Maximus aufgrund einer vermuteten Verschwörung hinrichten und konfiszierte die Villa, die fortan zum kaiserlichen Besitz zählte (SHA Comm. 4,9). Rasch avancierte sie zu Commodus' bevorzugtem Aufenthaltsort.

Wer sich vom Antiquarium aus über die kleine Talsenke des einstigen Flüsschens Statuario der Villa nähert, sieht linker Hand die Privaträume (B), rechter Hand die etwas tiefer liegende und gleichsam als Keller ausgeformte *basis villae* mit Küchen, Heiz- und Vorratsräumen (C). Hier zeigt sich wieder die in Latium so beliebte terrassierte Konstruktionsweise der Landgüter, ein Merkmal, das sich im Laufe der Jahrhunderte konstant gehalten hatte. Hinter der *basis villae* liegt der wohl markanteste Teil der Quintilier-Villa, die Thermen und das sogenannte **Seetheater** (*teatro marittimo;* F). Diese Bezeichnung orientiert sich an dem ähnlich gestalteten Rundbau aus der Hadriansvilla in Tivoli (s. S. 104 ff.).

Welchem Zweck das ellipsenförmige „Seetheater" der Quintilier-Villa genau diente, konnten die archäologischen Grabungen bisher noch nicht klären. Möglicherweise war sie Schauplatz von Gladiatorenkämpfen oder auch von Tierhatzen. Seeschlachten jedenfalls dürften dort aufgrund der baulichen Gegebenheiten kaum ausgetragen worden sein; der Name *teatro marittimo* führt hier in die Irre. Für die Funktion als Gladiatorenarena hingegen spricht ein im Jahr 2007 in diesem Umfeld entdecktes Fußbodenmosaik. Es zeigt einen mit einem Dreizack bewaffneten Kämpfer *(retiarius)* namens Montanus, den ein Schiedsrichter offenbar gerade zum Sieger kürt. Ein solches, in der römischen Kaiserzeit keineswegs seltenes Motiv dürfte ganz nach Commodus' Geschmack gewesen sein: Der Kaiser war ein leidenschaftlicher Freund blutiger Spiele und trat selbst in der Pose und mit den Attributen des Herkules in der Arena auf – wobei er, ganz unherkulisch, seinen Gegnern „mit dem Schermesser (…), als wollte er ihnen den Bart abnehmen, die Nase, ein Ohr oder sonst etwas" abgeschnitten haben soll (Cass. Dio 72,17–19). Seinen Tod fand Commodus bezeichnenderweise durch die Hand seines Trainingspartners Narcissus, eines Ringkämpfers, der den Kaiser 192 n. Chr. als Handlanger von Verschwörern erdrosselte (SHA Comm. 17,2).

Wenngleich der Zweck des *teatro marittimo* nicht abschließend geklärt ist, steht doch fest, dass es zeitgleich mit den unmittelbar benachbarten **Thermen** (Caldarium [E]/Tepidarium [L]) in der zweiten Hälfte des 2. bzw. im frühen 3. Jh. n. Chr. errichtet wurde. Die Badegebäude orientierten sich am klassisch-zentralistischen Baustil für eine solche Anlage, sind jedoch sehr üppig dimensioniert: Die Außenwände des Caldariums überragen noch heute die anderen Mauern der Quintilier-Villa. Das bemerkenswerteste Ausstattungsmerkmal des Warmbaderaums ist das vollständig in den Boden eingelassene Wasserbecken *(alveus)* mit umlaufenden Stufen. In Bodendurchbrüchen sind die unterirdischen Heizräume *(praefurnia)* gut zu erkennen.

Nur wenige Meter südlich des Caldariums liegt das **Frigidarium** (D), das den Badekomplex vervollständigt und dessen Mauern sich ebenfalls noch recht gut erhalten haben. Ende des 2./Anfang des 3. Jhs. n. Chr. hatte das Frigidarium eine gewölbte Decke aus Betonguss *(opus caementitium)* erhalten, die später einstürzte und von der noch die Eckzwickel zu sehen sind. Unter dem Schutt kam bei den Ausgrabungen in den 1990er Jahren ein kostbarer Marmorfußboden mit geometrischen Mustern zum Vorschein, dessen Reste noch heute von der prunkvollen Ausstattung künden. Qualitätvolle Bildwerke vervollständigten das Interieur, etwa zwei Statuen des Bacchus aus grauem Marmor, die sich heute in der Antikensammlung des Palazzo Torlonia Giraud in Rom (Via della Conciliazione, 30) befinden. Aus dem Badekomplex stammt noch ein weiterer wichtiger Fund: Hier kamen bei den Grabungen in den Jahren 1928/29 jene Bleiröhren ans Tageslicht, deren Inschrift *II QVINTILIORVM CONDIANI ET MAXIM(i)* – „Den beiden Quintiliern Condianus und Maximus [gehörend]" – die sichere Zuordnung der Villa zu ihren Besitzern erst ermöglichte.

Vom Frigidarium aus erreicht der Besucher mit wenigen Schritten die **öffentlichen Räume** der Villa, die für Repräsentationszwecke eingerichtet worden waren (A). Sie zählen, wie auch die anderen zentralen Räume der Villa, zu deren ältesten Teilen aus der ersten Hälfte des 2. Jhs. n. Chr. Diesen Bereich dominiert ein Innenhof, dessen Dimensionen (36 × 12 m) an den Hof im Westflügel von

Neros Domus Aurea erinnern. Dieser diente vermutlich als „kleines Forum", auf dem sich Besitzer und Gäste zu Gespräch und Diskussion treffen konnten. Die sich unmittelbar an die innere Längsseite des Innenhofs anschließenden Räume waren – wie die Baderäume – erlesen ausgestattet: Die Böden waren mit Marmor in *opus sectile* mit geometrischen und floralen Mustern geschmückt; die polychromen Marmorplatten stammten aus Griechenland, Kleinasien und Afrika. Auch an den Wänden setzte sich die Marmordekoration fort; hiervon sind aber nur noch geringe Reste zu entdecken. Teilweise konnten diese Räume beheizt werden, wie die in die Wand eingelassenen Hohlziegel *(tubuli)* beweisen. Der zentrale Platz dieses Teils der Quintilier-Villa war der oktogonale Raum westlich des Innenhofs mit seinen vier Eingängen und vier geschlossenen Wänden. Er war vollständig beheizbar, was auf eine für gewöhnlich längere Verweildauer hinweist. Vielleicht handelte es sich um ein Speisezimmer, da in der Nähe Küchen, Öfen und Vorratskammern entdeckt wurden.

Die **privaten Wohnräume** (B) schlossen sich direkt östlich an die öffentlichen Räume an. Auch hier war ein ausgedehntes Heizungssystem eingebaut, damit die Bewohner in den Wohn- und Schlafzimmern nicht frieren mussten. Die Hohlziegel, Heizöfen und Terrakottaröhren haben sich teils sehr gut erhalten und sind noch in einigen Räumen sichtbar. Die Böden waren hier zwar nicht mit Marmor, dafür aber mit polychromen Mosaikfußböden ausgelegt. Im Erscheinungsbild dürften sie dem repräsentativen Bereich kaum nachgestanden sein, wenngleich auch der Prunk hier etwas zurückgenommen wurde. Diese Differenz in der Gestaltung lässt recht klare Rückschlüsse auf die ursprüngliche Bestimmung der beiden Trakte zu.

Südlich bzw. südwestlich der Villen-Hauptgebäude befanden sich noch zwei weitere Baukomplexe der Quintilier-Villa: die **kleinen Thermen** (nur teilweise archäologisch erforscht) und die **große Zisterne**, wegen des einst benachbarten Gartens in Circus-Form auch Circus-Zisterne genannt. Sie diente der Wasserversorgung des Villenareals und wurde von einer eigenen **Zuleitung** gespeist, die ihr Wasser wiederum über die Aquädukte Anio Novus und Aqua Claudia erhielt. Einige Bögen der villeneigenen Wasserleitung haben sich entlang der Via Appia Nuova erhalten, kurz bevor diese den Autobahnring (Grande Raccordo Anulare/GRA) quert. Drei massive Säulen teilen das Innere der Zisterne, das vollständig mit einer undurchlässigen Putzschicht (Cocciopesto) von sehr guter Qualität ausgekleidet ist, in zwei Schiffe. Nicht zuletzt wegen der beiden Bäder dürfte der Wasserverbrauch in der Quintilier-Villa recht hoch gewesen sein, so dass westlich der Circus-Zisterne noch ein zweiter, etwas kleinerer **Wasserbehälter** angelegt worden war, damit der Kaiser und seine Gäste nicht auf dem Trockenen saßen.

An der Stelle, an der sich in der Antike die Stallungen des Anwesens befanden, wurde zu Roms großem „Giubileo 2000" ein **Antiquarium** eingerichtet, dessen Sammlung variabel gestaltet werden kann und Platz für die Ausstellung von Neufunden bietet. Hier kann sich der Besucher ein Bild über Ausstattung und Dekoration der Quintilier-Villa machen. Bisher befinden sich in dem Antiquarium vor allem Funde aus den Grabungskampagnen der 1920er und 1990er Jahre; einige herausragende Stücke sollen hier exemplarisch vorgestellt werden. Im Mittelpunkt der Ausstellung steht die Kolossalstatue des Zeus aus hadrianischer Zeit. Sie zeigt den Gott auf einem Felsen sitzend, den Kopf leicht gegen seine rechte Schulter geneigt und mit einem Tuch gewandet, das von seiner linken Schulter herabfällt und seine Beine bedeckt. Ikonographisch lehnt sich dieses Bildwerk an das Vorbild des Iuppiter Capitolinus an.

Daneben sind weitere Statuen von klassisch-römischen (Herkules, Aeskulap), aber auch von aus dem Osten stammenden Gottheiten (Kybele und Artemis sowie die dem Mithraskult zugehörigen Fackelträger Cautes und Cautopates) zu sehen. Ein besonderer Fund für das stadtrömischen Suburbium ist ein Weiherelief für die syrisch-phönizische Göttin Astarte. Die geflügelt dargestellte Göttin steht auf einem am Boden liegenden Löwen und trägt eine ägyptische Kopfbedeckung in Form eines Falken, bekrönt von der Sonnenscheibe, die von Stierhörnern umrahmt ist. Rechts neben der Frauenfigur ist fragmentarisch die Inschrift „Der höchsten Astarte [gewidmet]" zu lesen. Diese Funde deuten darauf hin, dass auf dem Villengelände ein paganes Heiligtum eingerichtet wurde – dessen archäologischer Nachweis allerdings noch aussteht. Wahrscheinlich wurden all diese Gottheiten aus dem Nahen Osten von jenen Sklaven importiert und verehrt, die zum Personal der Villa zählten. Dass Villa und Kultgebäude eng miteinander verbunden waren, zeigen zwei kleinformatige Zeus-Statuen aus dem Heiligtum, deren Gestaltung sich eng an die der oben erwähnten Kolossalstatue aus der Quintilier-Villa anlehnt.

Reich ornamentierte Friese und Kapitelle, Hermen sowie zahlreiche Marmorfragmente von Fußböden und Wänden vervollständigen die Sammlung und dokumentieren eindrucksvoll die prachtvolle Ausstattung der kaiserlichen Villa.

Wie die nur wenige Kilometer entfernt liegende Monumentalvilla von Sette Bassi am 6. Meilenstein der Via Latina, stellt die Villa der Quintilier trotz der Anklänge an traditionelle Architekturschemata einen eigenständigen Villentypus dar, wie er im 2./3. Jh. n. Chr. in der unmittelbaren Stadtperipherie des antiken Rom zu finden ist. In diesen monumentalen Anlagen manifestiert sich das Bedürfnis aristokratischer Familien nach Repräsentation. Da man sich an Bauprojekte solcher Dimension heranwagte, war in der hohen Kaiserzeit offenbar der Respekt vermögender aristokratischer Villenbesitzer vor der alleinigen Bauhoheit des Kaisers in Rom geschwunden. Der Princeps selbst wiederum brauchte diesbezüglich keine Skrupel zu haben, und so ist die Villa des Maxentius in ihrer Gestaltung nur eine logische Konsequenz dieser Entwicklung.

Die Villa des Maxentius an der Via Appia

Beim 3. Meilenstein der Via Appia Antica, noch vor dem markanten Grabmal der Caecilia Metella, befindet sich auf der linken Straßenseite (von Rom aus gesehen) das weiträumige Areal der Villa des Maxentius. Teilweise ist dies heute zugänglich. Von der Straße aus erblickt der Besucher zuerst einen fast quadratischen Bezirk (Temenos), dessen teilweise zerstörte umlaufende Portiken noch gut zu erkennen sind. In der Mitte sind die Reste eines Grabmals in Form eines Podiumstempels mit runder Cella sichtbar; das Haus ist eine moderne Überbauung. Weitaus größer dimensioniert sind jedoch die Reste eines Circus, die sich unmittelbar westlich des Temenos anschließen. Dieser Circus der Maxentius-Villa zählt zu den am besten erhaltenen Rennbahnen der Antike. Dem aufmerksamen Betrachter wird zudem die kassettierte Apsiskalotte auffallen, die im Hintergrund zwischen Temenos und Circus die sie umgebenden Büsche

"Bei den weißen Hühnern":
die großen Villen am Stadtrand von Rom

Die antiken Monumente
im Umland Roms

Grundriss des Areals der Maxentius-Villa
(nach Coarelli 1981)

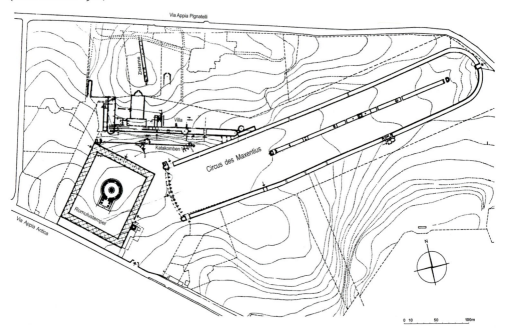

und Bäume leicht überragt. Sie gehörte zu einem Repräsentationssaal des kaiserlichen Wohnbereichs der Villa.

Auch wenn die Anordnung der einzelnen Teile heute eher willkürlich erscheint, waren sie doch eng miteinander verbunden: Die Portikus des Grabmals hat mehrere Durchgänge zum Wohnkomplex sowie zum Circus; vom Wohnkomplex wiederum führt eine Portikus bis zum Circus und endet dort in einer exponierten (Kaiser-)Loge. Diese Parallele stellt den Komplex in die Tradition spätantiker Circus- und Residenzbauten wie in Rom oder Konstantinopel, wo Kaiserlogen im Circus Maximus bzw. Hippodrom belegt sind.

Eine genauere Betrachtung des Mauerwerks zeigt, dass die Gebäude zur gleichen Zeit errichtet wurden, und zwar unter der Regentschaft des Kaisers Maxentius (306–312 n. Chr.); dies ist auch inschriftlich belegt. Die ursprüngliche Gestaltung des Areals aber stammt nicht erst von Maxentius, sie reicht in die Mitte des 2. Jhs. n. Chr. zurück. Herodes Atticus, ein aus Griechenland stammender Vertrauter Kaiser Hadrians, hatte hier ein Landhaus anlegen lassen. Als im Jahr 160 seine Frau verstarb, schuf Herodes Atticus „auf dem weit ausgedehnten Gelände eine ihr gewidmete sakrale Landschaft, in der die Felder, Wälder, Wein- und Olivenanbauten, die Residenz und eine kleine Landsiedlung in eigentümlicher Weise mit neuen Kult- und Erinnerungsorten verschmolzen" (Hauke Ziemssen). An die topographische Vorgabe dieser Memoriallandschaft lehnte sich Maxentius an, als etwa 150 Jahre später seine Villa hier entstand.

Die kaiserlichen Wohngebäude befanden sich – von der Via Appia Antica aus gesehen – hinter Temenos und Circus und waren nahezu exakt in Ost-West-Richtung ausgerichtet. Von ihrem zentralen Raum, der **Empfangsaula,** hat sich die nördliche Schmalseite mit ihrer kassettierten Apsiskalotte erhalten. Da das Areal nur eingeschränkt begehbar ist und die Mauerreste der Empfangsaula von Büschen und Bäumen verdeckt sind, bleiben die in die Mauer eingelassenen Statuennischen den Blicken des Besuchers verborgen. Neuen Deutungen folgend, handelt es sich hier um einen repräsentativen Raum für Empfänge, wie wir ihn aus derselben Zeit aus Trier und auch von der Maxentius-Basilika im Zentrum Roms kennen. Er kann als Herzstück der Anlage gelten und zeigt, dass die Villen in der Spätantike sich vom einstigen *otium*-Gedanken weit entfernt hatten und mehr als je zuvor öffentliche, ja geradezu administrativ-politische Bauten geworden waren.

Ein eher ungewöhnlicher Bestandteil des Komplexes ist das **Grabmal des Romulus.** Es war nicht dem Stadtgründer Roms, sondern dem gleichnamigen Sohn des Maxentius geweiht. Romulus war im Jahr 309 n. Chr. noch im Kindesalter verstorben und als *divus* hier beigesetzt worden. Sein Grabmal besteht aus drei wesentlichen Bestandteilen, einer rund 12 m hohen und etwa 100 × 85 m langen Außenmauer, einer vierseitigen Portikus und einem runden Grabmal in der Mitte. Ursprünglich war dies ein Podiumsrundtempel mit sechssäuligem Pronaos und Freitreppe. Die beiden letzteren Elemente sind jedoch moderner Überbauung (Haus) gewichen, und auch von der Portikus sind nurmehr Reste erkennbar. Mit dem runden Podiumstempel lehnte sich Maxentius an eine Tradition des Sakralbaus an, die auf das Pantheon in Rom zurückgeht und zudem für Heroenkultbauten üblich war. Der Verlust des Sohnes muss Maxentius schwer getroffen haben, wenn er ihm eine solch markante Erinnerungsstätte errichten ließ.

Wesentlich konventioneller als das Grabmal war schließlich der dritte Hauptbestandteil der Maxentius-Villa: der **Circus.** Von dem in seiner Formensprache ganz klassischen Bau, der vermutlich rund 10 000 Zuschauer fasste, sind noch heute wichtige Baukomponenten auszumachen: die Zuschauerränge, die *spina* genannte Mittelachse der Rennbahn, die zwölf Startboxen (*carceres*) an der westlichen Schmalseite sowie das Triumphtor an der gerundeten Ostseite. Durch dieses zogen die am Wettkampf teilnehmenden Gespanne, Priester und Musikanten in einem feierlichen Zug zu Beginn der Spiele ein. Von seiner Loge (*pulvinar*) an der nördlichen Längsseite des Circus aus konnte der Kaiser Triumphzug und Rennen mitverfolgen, und er selbst war in dieser – auch architektonisch – herausgehobenen Position ebenfalls Teil der Inszenierung.

Welche Spiele hier abgehalten wurden, darüber hat sich in den Quellen keine Notiz erhalten. Die Funde von Inschriften mit einer Widmung an den *divus Romulus* („göttlicher Romulus") sowie von Münzen mit der Aufschrift *aeternae memoriae* („dem ewigen Angedenken") legen jedoch nahe, dass auch der Circus Bestandteil der sakralen Landschaft an der Via Appia war und die Spiele zu Ehren des verstorbenen Kaisersohnes abgehalten wurden.

Die Villa von Sette Bassi an der Via Latina

Zu den großen kaiserzeitlichen Villenbauten am Stadtrand Roms zählt auch die Villa von Sette Bassi am 6. Meilenstein der Via Latina. Ihre – dem Besucher nicht zugänglichen – Überreste liegen heute gleich bei der Filmstadt Cinecittà an der Kreuzung der Via Tuscolana und der Via delle Capannelle (erreichbar mit der Metrolinie A, Haltestelle Cinecittà). Ein Teil der eindrucksvollen Ruinen fiel bedauerlicherweise im Jahr 1952 einem schweren Sturm zum Opfer. Trotzdem gibt der Blick über bzw. durch den Maschendrahtzaun dem Besucher noch heute einen Eindruck von der Dimension des Komplexes, der sich über rund 3000 m² erstreckte und damit ähnlich monumental war wie die Villa der Quintilier.

Über Ziegelstempel lassen sich die Baudaten einigermaßen präzise ermitteln: Die erste Phase ist in die Jahre um 135 n. Chr. zu datieren, die zweite war im Jahr 140 beendet, die dritte lag zwischen 140 und 150.

Wie aus Inschriften auf Bleiröhren hervorgeht, waren die Besitzer und maßgeblichen Erbauer des Landguts die Bellicii Calpurnii, eine bedeutende Konsularfamilie, die ursprünglich aus Vienna (heute Vienne) in Gallien stammte und während der Regentschaft des Antoninus Pius (138–161 n. Chr.) zu Einfluss gelangte. Der Ursprung des für die Villa heute geläufigen Namens „Sette Bassi" indes ist unklar. Möglicherweise geht er auf die Spätantike zurück, als die Villa dem römischen Stadtpräfekten Septimius Bassus (317–319 n. Chr.) gehörte.

Die früheste der Gebäudegruppen, ein **Atriumhaus** mit angrenzendem **Peristyl** (1), liegt im Osten des Geländes. Ihr musste ein landwirtschaftlicher Gutshof aus republikanischer Zeit weichen: die Prioritäten verschoben sich von der Landarbeit hin zum Landleben. Im Zuge der Erweiterung der Villa benötigte man im Norden Substruktionen, was die Bauherren nutzen, um zwei schattig-kühle **Kryptoportiken** anzulegen (3). Die architektonische Anlage der ersten Bauphase zeigt damit deutlich die Merkmale einer *villa suburbana,* worauf auch dekorative Details wie etwa Nischen in den einzelnen Räumen hindeuten. Diese waren mit ausgesuchten Werken geschmückt, etwa mit Statuen des Endymion und der Ariadne sowie einem Relief mit drei Bacchantinnen, die allesamt bei Ausgrabungen Ende des 18. Jhs. gefunden wurden und sich heute im British Museum in London befinden. Ein **Thermenkomplex** (2) war unmittelbar mit dem Wohntrakt verbunden. Die Interpretation der Gesamtanlage zeigt, dass sich die Villa sehr eng an den von Vitruv (6,5,3) beschriebenen Typus der *villa pseudourbana* anlehnte, bei dem das Peristyl die Funktion des Atriums der städtischen Wohnhäuser *(domus)* übernahm. Das lässt vermuten, dass die städtische Wohnarchitektur – und hier wohl besonders die der prachtvollen kaiserlichen *domus* auf dem Palatin oder Neros Domus Aurea in Rom – jene auf dem Land beeinflusste.

Wie die Villa des Maxentius, besaß auch die Villa von Sette Bassi einen **Circus** (4), der aber nicht für Pferderennen genutzt wurde, sondern als Garten gestaltet war. Bemerkenswert ist noch ein kleiner **Antentempel** (5), der einige Meter östlich des Peristyls stand und, wie etwa bei der Maxentius-Villa, die evidente sakrale Funktion von bestimmten Teilen der Landgüter belegt. Zur Wasserversorgung der Villa war eine **Zisterne** (6) angelegt worden, die über einen eigens gebauten Abzweig des Aquädukts Aqua Claudia befüllt wurde. Von dieser Wasserleitung sind in der Nähe der Villa noch eindrucksvolle Reste zu sehen, die sich von der hier noch flachen Landschaft markant abheben.

Grundriss des Areals der Villa von Sette Bassi an der Via Latina (nach Coarelli 2007)

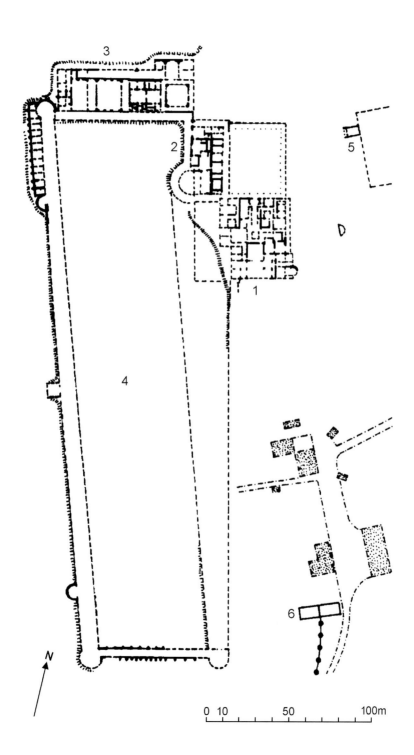

„Unsinnig große Unterbauten":
die Monumente in den Albaner Bergen

38

39

Die antiken Monumente
im Umland Roms

Ein Abschnitt der auf den
Albanus mons (Monte Cavo)
führenden Via Sacra

DIE ANTIKEN MONUMENTE IM UMLAND ROMS

„Unsinnig große Unterbauten": Die Monumente in den Albaner Bergen

Von Rom bis Castel Gandolfo: der *Albanus mons* (Monte Cavo), Bovillae (Frattocchie) und Castrimoenium (Marino)

Das an archäologischen Zeugnissen wohl reichste Gebiet im Umland Roms befindet sich südöstlich der Hauptstadt in den Albaner Bergen. Wer in der Antike die Kapitale auf der Via Appia gen Süden verließ, passierte – zumindest in der Kaiserzeit – am Stadtrand erste Landsitze wie etwa die Villa der Quintilier (s. S. 27 ff.). Nachdem der Reisende an oft prächtigen Grabbauten, landwirtschaftlichen Gutshöfen, Äckern und Feldern vorbeigekommen war, wurden spätestens bei dem Örtchen Bovillae am 13. Meilenstein (knapp 20 km von Rom entfernt) die Landhäuser wieder zahlreicher. Hier begann die hügelige Landschaft der Albaner Berge, die den Villenherren die natürliche topographische Basis für die allseits geschätzte Hanglage ihrer Güter bot. Bovillae war eine Kolonie von Alba Longa, der Legende nach gegründet unter der Regentschaft des Königs Latinus Silvius. Heute befindet sich an der Stelle von Bovillae die Siedlung Frattocchie, die zur nahegelegenen Gemeinde Marino (355 m ü. NN) gehört und direkt zu beiden Seiten der Via Appia Nuova (SS 7) liegt.

Neben der guten Straßenanbindung besaß das Gebiet um den Albaner- und den Nemisee – beides Kraterseen vulkanischen Ursprungs – aufgrund seiner (mythologischen) Geschichte eine große Anziehungskraft: Hier, in *Latium vetus*, dem alten Territorium Roms, lag das mythische Alba Longa, hier befanden sich in nur geringer Entfernung voneinander mehrere wichtige Heiligtümer wie das der Diana Nemorensis am Nemisee und das des Iuppiter Latiaris auf dem Albaner Berg.

Der inschriftlich bezeugte **Tempel des Iuppiter Latiaris** (CIL 14 2227) auf dem 949 m hohen Vulkankegel des *Albanus mons* war zentrale religiöse Kultstätte, aber auch politisches Zentrum für die Städte des Latinerbundes und für Rom selbst: Hier opferten Latiner und Römer im Frühling an ihrer Bundesfeier, den

> **Alba Longa – Roms mythische Vorgängerin**
>
> Wo heute Castel Gandolfo liegt, hatten sich in frühgeschichtlicher Zeit die Latinerstämme ihr erstes Zentrum geschaffen. Archäologen haben die Existenz dieser gemeinhin als Alba Longa identifizierten Siedlung über eine eisenzeitliche Nekropole nachgewiesen, die um die Mitte des 7. Jhs. v. Chr. aufgegeben wurde. Alba Longa war der Sitz der Stammeskönige, auf dem nahegelegenen *Albanus mons* befand sich das eng mit der Stadt verbundene Heiligtum des Iuppiter Latiaris. Der Legende nach soll Aeneas' Sohn Ascanius die Stadt gegründet und „stolz und stark zur Feste erbaut" haben, wie Vergil berichtet (Aen. 1,267-271) – damit steht sie in der Tradition Trojas. Zwar hatte Alba Longa rasch eine Vormachtstellung in Latium inne, doch bereits im 7. Jh. v. Chr. soll die Stadt von dem damals in Rom herrschenden König Tullus Hostilius eingemeindet und die Bevölkerung nach Rom umgesiedelt worden sein (Liv. 1,29; Dion. Hal. ant. 3,31,3-6). Hier decken sich archäologischer Befund und Schriftquellen. Den Ruhm Alba Longas schmälerte diese „Eingemeindung" jedoch keineswegs: Besonders in der späten Republik reklamierten zahlreiche römische Patrizierfamilien eine Herkunft aus Alba Longa für sich. Dazu zählte auch Caesar, der gar seine Königsschuhe als Tracht der Herrscher von Alba zu legitimieren versuchte (Fest., p. 128,5).

„Unsinnig große Unterbauten":
die Monumente in den Albaner Bergen

Die antiken Monumente
im Umland Roms

feriae Latinae, einen Stier, dessen Fleisch sie an die Vertreter der verschiedenen Gemeinden verteilten. Die Besiedelung des Gipfels ist jedoch weitaus älter, sie reicht bis in die Bronzezeit (13./12. Jh. v. Chr.) zurück.

Das Heiligtum auf dem Gipfel ist bis auf wenige, nur schwer zu findende Mauerreste verschwunden, hier stehen heute die weithin sichtbaren Sendemasten des italienischen Militärs. Erhalten haben sich hingegen beachtenswerte Reste von der zum Gipfel führenden **Via Sacra.** Sie zog sich von Aricia am Südwestufer des Albanersees entlang über die Ostseite des *Albanus mons* auf dessen Gipfel. Auf der 2,50–4 m breiten Straße zogen die siegreichen römischen Feldherren, wurde ihnen kein Triumphzug in Rom bewilligt, auf dem Albaner Berg dem Iuppiter-Tempel entgegen. Einen solchen Triumph, der erstmals für das Jahr 231 v. Chr. belegt ist, konnten prinzipiell alle siegreichen römischen Feldherren durchführen, allerdings musste der Triumphator den Aufwand dafür aus eigener Tasche zahlen. Auch wenn diese Triumphe in die *fasti* (Amtskalender) der augusteischen Zeit zusammen mit den stadtrömischen Triumphen aufgenommen wurden, ist daraus keineswegs eine Gleichrangigkeit abzulesen. Vielmehr legen die Quellen nahe, dass es sich um eine Möglichkeit handelte, einen Triumph zu feiern, auch wenn der Senat den stadtrömischen Triumph verweigert hatte. Eine Verweigerung musste nicht unbedingt gegen die Verdienste des Feldherrn sprechen, jedoch mussten gewisse Kriterien erfüllt sein – wie etwa die Beendigung eines Krieges –, bevor der Senat dieses prestigeträchtige und ehrenvolle Ritual bewilligte.

Wie der *triumphus in monte Albano* genau ablief, darüber schweigen die Quellen. Auch die eigenwilligen archäologischen Zeugnisse, die die Via Sacra bewahrt hat, sind kaum schlüssig zu deuten: In der Nähe des Gipfels, etwa 10 m unterhalb der Kreuzung der Via Sacra mit der modernen Zufahrtsstraße, sind auf den Basaltplatten der antiken Straße die eingemeißelten Buchstaben N und V erkennbar. Im Raum stehen Hypothesen, die darin die Abkürzungen für die Worte *novum* („Neu") und *vetus* („Alt") oder *via numinis* („Göttliche Straße") sehen wollen. Rund 200 Höhenmeter tiefer erhebt sich auf einer Platte in der Straßenmitte einer von zwei übergroßen Phalli (Koord.: N 41° 44.640', E 12° 42.398'), die vielleicht mit dem Jupiter-Kult in Verbindung stehen. Trotz aller offenen historischen Fragen: Der Wanderer kann in der Stille der Via Sacra der Hektik der Stadt Rom bestens entfliehen, den Ausblick in die Campagna genießen und die Anabasis (Aufstieg) des Triumphators ansatzweise nacherleben.

Die Basaltplatten der Via Sacra sind derweil nicht die einzigen Straßenreste in den Albaner Bergen. In Frattocchie treffen die Via Appia Antica und Nuova zusammen, nachdem sie westlich des Ortes nahezu parallel auf diesen zulaufen. Allenthalben sind an der **Via Appia Antica,** deren Verlauf in diesem Bereich nicht immer an der Erdoberfläche zu erkennen ist,

> **Wanderung auf den Monte Cavo**
>
> Der Besucher erreicht die Via Sacra über den Ort Rocca di Papa. Im Ort der Beschilderung „Campi d'Annibale" bzw. „Aeronautica militare" folgen, bis ein Schild am Beginn der Via Monte Cavo Campagna auf die „Via Sacra o Trionfale" hinweist. Von hier aus geht es zu Fuß weiter. Über die Via Prato Fabio erreicht man nach etwa zehn Minuten die Via Sacra, die man bergab und bergauf gehen kann. – Einige der in dem Heiligtum auf dem Gipfel gefundenen Votivgaben aus Terrakotta sind im Museo Civico von Lanuvio ausgestellt (s. S. 66 ff.).

Der Grabtumulus mit Angelo Secchis Observatorium an der Via Appia Antica bei Frattocchie

noch die Reste von Grabbauten zu sehen, die sich mehr oder weniger gut erhalten haben. Besonders markant ist das Fundament jenes Grabbaus, dessen späteren turmähnlichen Aufbau der italienische Astronom Angelo Secchi im 19. Jh. als Observatorium benutzte. Unübersehbar ist auch der „Torraccio" genannte mächtige Zementkern eines **Grabtumulus** auf der Höhe des 12. Meilensteins der Via Appia Antica, heute direkt an der Via Appia Nuova in Frattocchie gelegen.

In die spätrepublikanische Epoche, möglicherweise aber auch erst in die Zeit des Kaisers Tiberius, wird die Errichtung eines Circus (337,5 × 68,6 m) datiert. Drei der einstmals zwölf Bögen der Startboxen *(carceres)* an der nordwestlichen Schmalseite des einst etwa 8000 Menschen fassenden **Circus** haben sich bis heute in Frattocchie erhalten. In der Stadt existierte zudem ein Theater römischer Bauart aus augusteischer Zeit; von diesem sind aber keine steinernen Zeugnisse mehr vorhanden.

Überliefert ist hingegen eine berühmte Begebenheit, die sich in der Nähe von Bovillae zugetragen hatte: Dieser Abschnitt der Via Appia war der Schauplatz des Kampfes zwischen Clodius, seinem Kontrahenten Titus Annius Milo und ihren jeweiligen Gefolgsleuten am 18. Januar 52 v. Chr., den Clodius nicht überleben sollte. Milo war auf dem Weg nach Lanuvium; Clodius kehrte von Aricia nach Rom zurück. Er unterbrach seine Reise kurz für einen Besuch in seiner Villa am 14. Meilenstein der Via Appia. Dieser Bau befand sich wohl an der Stelle der heutigen **Villa S. Caterina** in der Siedlung Ercolano unterhalb des Zentrums von Castel Gandolfo. Auf dem Gelände, das heute im Privatbesitz des Pontifical North American College und daher nicht zugänglich ist, haben sich Mauerreste erhalten. Vor diesem Landhaus südöstlich von Bovillae trafen nun beide Gruppen aufeinander. Clodius und Milo hatten zuvor erbittert um politische Ämter gerungen: Milo, Freund Ciceros und des Pompeius, bewarb sich um das Konsulat, Clodius um die Prätur. Nach Clodius' Tod war es Ciceros Aufgabe, Milo vom Mordvorwurf reinzuwaschen – so entstand seine Verteidigungsrede *pro Milone*. Darin war Cicero bestrebt, Milos Handeln zu rechtfertigen und

Clodius' Lebenswandel in düsteren Farben zu zeichnen (Mil. 85): „Euch nämlich, ihr Albaner Berge und Haine, euch meine ich und rufe euch als Zeugen, euch, ihr niedergedrückten Altäre, verbündet und gleichgestellt mit den Heiligtümern der Römer. Euch hatte jener in seinem jähen Wahnsinn, nachdem er die heiligen Haine gefällt und vernichtet hatte, durch die unsinnig großen Unterbauten [Substruktionsmauern] niedergedrückt." Um seine Villa zu errichten, hatte Clodius demnach die heiligen Haine gerodet, um Bauholz zu gewinnen, und danach die frei gewordenen Flächen überbaut. Dieser Frevel wird von Cicero jedoch übersteigert, denn im Prinzip hatte Clodius nichts anderes getan als die Villenbesitzer in seiner Nachbarschaft: Großzügig dimensionierte Villen gab es nach Ausweis der archäologischen Grabungen schließlich in großer Zahl in den Albaner Bergen. Hier konnte Cicero aber die vorgebliche „Entweihung" der sakralen Landschaft von Alba Longa durch Clodius anprangern, um die gegen Milo erhobenen Vorwürfe zu relativieren und so zu entkräften. Dies fiel ihm umso leichter, da Clodius mit Fug und Recht als Erzfeind Ciceros bezeichnet werden kann.

Diese historisch gut belegte Episode ist eines von vielen Beispielen für die harten und blutigen Auseinandersetzungen zwischen den Optimaten, die die alte aristokratische Ordnung aufrechterhalten wollten, und den Popularen, die mit neuen politischen Mitteln um die Macht im Staat kämpften. Diese langwierigen Streitigkeiten zwischen Optimaten und Popularen wurden 133 v. Chr. mit dem Volkstribunat des Tiberius Sempronius Gracchus eingeläutet und sollten erst mit dem Prinzipat des Augustus nach dessen Sieg über Marcus Antonius 31 v. Chr. enden. Dass beide Lager in der Wahl ihrer Mittel nicht allzu zimperlich waren, belegen auch die beiden oben geschilderten Kontrahenten, der Popular Clodius und Titus Annius Milo, der auf Seiten der Optimaten kämpfte.

Neben Bovillae/Frattocchie sind im benachbarten Marino, dem antiken Castrimoenium, ebenfalls noch einige antike Zeugnisse zu sehen. In der Nähe des Bahnhofs haben sich am unteren Ende der Via delle Pietrare Vecchie Reste der **antiken Straße** erhalten, die Castrimoenium mit der Via Appia verband. Sie zweigte beim heutigen Örtchen Due Santi nach Norden ab und lässt noch 2000 Jahre später Geleisspuren römischer Pferdewagen erkennen. Das beeindruckendste Monument ist jedoch das **Mithräum** (Mithras-Heiligtum) aus der zweiten Hälfte des 2. Jhs. n. Chr. (Via Borgo Stazione, 12). Es wurde 1962 bei der Erweiterung der Räume einer privaten Weinkellerei entdeckt. Derzeit wird es restauriert und ist allenfalls auf Anfrage zu besichtigen.

Das gemalte Kultbild (2,96 × 2,25 m) hat sich in dem unterirdischen Raum sehr gut erhalten und zeigt in konventioneller Ikonographie, wie Mithras in einer Grotte den Stier tötet. Mithras blickt über seine rechte Schulter zur Sonne, deren Strahlen ihn treffen. Analog dazu ist in der rechten oberen Bildecke der Mond dargestellt. Der Rabe als göttlicher Bote sowie ein Hund, eine Schlange und ein kaum mehr sichtbarer Skorpion vervollständigen die Szene. An ihrem Rand sind die beiden Fackelträger Cautes (links) und Cautopates (rechts) zu sehen. Beide sind auch bereits am Beginn des abschüssigen, rund 20 m langen Ganges dargestellt, der dann in das eigentliche Mithräum übergeht. An der linken und rechten Schmalseite finden sich zudem gemauerte Podien, auf denen die Teilnehmer der Kulthandlungen bei den dabei üblichen Gastmählern lagerten.

Der Raum selbst war ursprünglich nicht als Mithräum errichtet worden, sondern stammt aus dem letzten vor- oder ersten nachchristli-

Das gemalte Kultbild des Mithräums von Marino, das die Tötung des Stiers durch den Gott Mithras zeigt

chen Jahrhundert und diente vor seiner sakralen Nutzung als Zisterne – möglicherweise die einer Villa. Gleichwohl ist er ein herausragendes Zeugnis für die Verbreitung des Mithras-Kultes in Italien: Bisher sind dort, neben den zahlreichen Mithräen mit einem plastischen oder reliefierten Kultbild, nur drei Mithräen mit gemalten Kultbildern nachgewiesen worden: neben dem von Marino noch eines in S. Maria Capua Vetere (Kampanien) und das sogenannte Mitreo Barberini in Rom (im Palazzo Barberini auf dem Quirinalshügel). Die Anlage von Marino besticht dabei durch ihren hohen künstlerischen Rang der Darstellung.

Vor dem Kultbild steht ein Altar aus Peperin, der die Inschrift trägt: INVICTO / DEO / CRESCES / ACTOR / ALFI // SEBERI / D(onum) P(osuit) („Dem unbesiegbaren Gott [Mithras] hat Cresces, Verwalter des Alfius Severus, dieses Weihegeschenk aufstellen lassen"). Diesen Alfius Severus hat die Forschung mit den nur wenige hundert Metern von dem Mithräum entfernten Peperinsteinbrüchen in Verbindung gebracht. Er könnte einer der Besitzer der Steinbrüche gewesen sein und das Mithräum für seine Arbeiter errichtet haben. Möglicherweise steht es aber auch im Zusammenhang mit den Castra Albana im nahen Albano Laziale, deren Soldaten ihr Lager aus Peperin erbauten und bei denen der Mithras-Kult stark verbreitet war.

Einige Funde aus Marino und seiner Umgebung sind im **Museo Civico** ausgestellt. Dieses befindet sich seit dem Jahr 2000 in den Räumen der ehemaligen gotischen Kirche Santa Lucia aus dem 12./13. Jh. Zu der Sammlung gehören zahlreiche Fundstücke aus den antiken römischen Villen bei Marino, vor allem Skulpturen.

An der Via dei Laghi zwischen Marino und Nemi liegt noch ein kleines, oft nur ungenügend beachtetes Monument senatorischer Selbstdarstellung. In Fahrtrichtung Rocca di Papa–Velletri zweigt nach etwa 4 km – rechter Hand ist auf dieser Strecke zumeist der Albanersee zu sehen – rechts eine Straße zum Convento di Palazzola ab. Heute wird der auf das 13. Jh. zurückgehende Bau als Hotel genutzt. Bereits in republikanischer Zeit befand sich an dieser Stelle eine Villa. Heute noch sichtbar ist hoch über der Straße ein in den Fels gehauenes Relief, das zu einem **Grabmonument** gehörte und die Insignien eines römischen Konsuls zeigt. Zu sehen sind zwölf *fasces,* zwischen denen der Amtsstuhl eines Magistrats *(sella curulis)* steht. Die *fasces* – zusammengebundene Rutenbündel, in denen eine Axt steckte – wurden von den Liktoren (Amtsdienern) getragen und symbolisierten die Amtsgewalt des Magistrats und seine Möglichkeit, zu züchtigen und zu strafen. Da je nach Bedeutung des Magistrats die Anzahl der Liktoren und damit auch die der *fasces* variierte, kann man an den zwölf *fasces* mit Sicherheit ablesen, dass es sich bei dem (unbekannten) Auftraggeber des Grabmonumentes um einen Konsul handelte.

Castel Gandolfo

Folgt man der Via Appia Richtung Südwesten, erreicht man über die bei Due Santi abzweigende Staatsstraße Nr. 140 den Ort Castel Gandolfo (426 m ü. NN) am Kraterrand des Albanersees. Wie kein zweiter Ort in Latium steht die knapp 7000 Einwohner zählende Gemeinde für die Siedlungskontinuität der Villeggiatur: Wo im späten 1. Jh. n. Chr. Kaiser Domitian Festgelage in seinem Albanum feierte, verbringen heute – deutlich kontemplativer – die Päpste im Palazzo Pontificio und dessen Parkanlagen die Sommermonate, um so der dann in Rom und der Vatikanstadt oft drückenden Hitze zu entgehen.

Papst Urban VIII. (1623–1644) begründete im Jahr 1626 diese nach wie vor bestehende Tradition, als er unter Federführung des Architekten Carlo Maderno den **Palazzo Pontificio** an der Piazza della Libertà errichten ließ. Um den später sukzessive erweiterten päpstlichen Palast herum wuchs in der folgenden Zeit der Stadtkern von Castel Gandolfo, der bis heute in seinen Grundzügen von der Anlage im 17. Jh. geprägt ist.

Während die päpstliche Residenz das Hauptinteresse der Touristen auf sich zieht, gibt es in Castel Gandolfo auch zahlreiche antike Monumente zu entdecken – deren Besuch sich indes nicht ganz einfach gestaltet: Die Reste der Monumentalvilla des Kaisers Domitian (81–96 n. Chr.) liegen im Park der zum päpstlichen Besitz gehörenden Villa Barberini, und die beiden Nymphäen am Ufer des Albanersees sind nur auf Anfrage bei der Gemeinde Castel Gandolfo zu besichtigen. Allein der Emissario ist frei zugänglich.

Die **Villa,** die **Domitian** an der immer noch als heilig geltenden Stelle von Alba Longa hatte errichten lassen, war mit einer Fläche von 6 km² von außergewöhnlicher Dimension. Ihre Bauten erstreckten sich praktisch über das gesamte moderne Stadtgebiet. Daher verwundert es nicht, dass für den Bau in den antiken Quellen die Begriffe „Akropolis" (Cass. Dio 67,1) oder „Albaner Burg" (*Albana arx*; Juv. 4,145; Tac. Agr. 45,1) auftauchen. Die Villa war auf vier Terrassen angelegt, die jeweils bis zu einem halben Kilometer lang waren und sich auf den Hängen aus Vulkangestein in Nord-Süd-Richtung ausdehnten. Das zu der Villa gehörende Areal war in flavischer Zeit mit 13 bis 14 km² mehr als doppelt so groß als die eigentlichen Bauten und umfasste das Ufer des Albanersees zu einem Großteil, wenn nicht sogar ganz.

Die erste (oberste) Terrasse lag auf dem Niveau der von Castel Gandolfo nach Ariccia führenden Straße Galleria di sopra. Auf ihr befanden sich in der Antike die Wohnräume sowie eine Nekropole für die Sklaven und Bediensteten, daneben große Zisternen für die Wasserversorgung. Die zweite Terrasse beherbergte die kaiserlichen Wohnräume und damit das architektonische Herz der Anlage. Der Großteil dieser Reste der kaiserlichen Villa hat sich zwischen Pinien und Steineichen im Park der Villa Barberini (17. Jh.) erhalten. In den Gärten der Villa sind zudem Reste eines **Theaters** zu sehen, das Domitian als Teil seiner Villa hatte errichten lassen. Der Zuschauerraum hatte einen Durchmesser von etwa 50 m und bot schätzungsweise rund tausend Besuchern Platz. Die *orchestra* (Tanzplatz), ein Großteil der Sitzränge *(cavea)* und ein darunter verlaufender ringförmiger Gang sind ergraben worden. In diesem haben sich Reste der Stuckdekoration erhalten, die, angelehnt an die Bildsprache des vierten pompejanischen Stils und passend zu einem Theaterbau, Dionysos und die Musen zeigen. Der modernen Überbauung zum Opfer gefallen sind indes die gemauerten Nymphäen, die in die Stützmauer von der zweiten zur ersten Terrasse eingelassen waren und mit Wasserspielen für ein angenehmes Mikroklima sorgten.

Immer noch im Park der Villa Barberini, oberhalb der Straße Galleria di sotto, befindet sich die dritte Terrasse der Domitiansvilla. Ihr sicherlich beeindruckendstes Monument ist

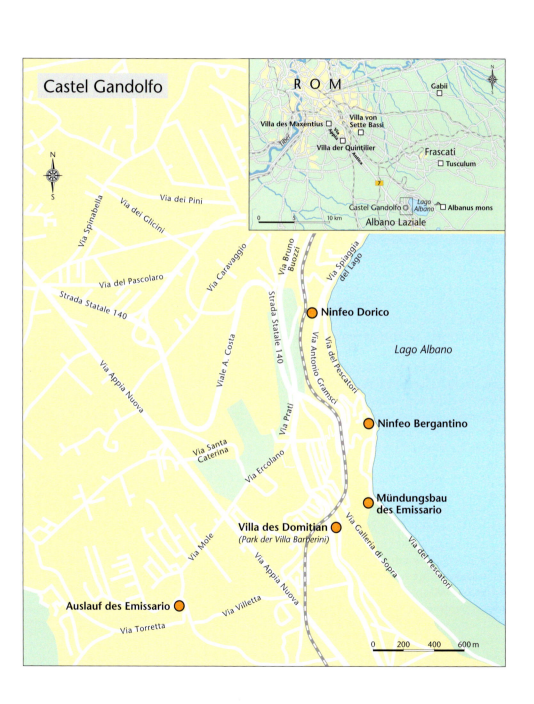

die etwa 120 m lange und 7,45 m breite **Kryptoportikus**. Mit in die Deckenwölbung hineinragenden Fenstern, die zwar Licht, aber keine Hitze eindringen lassen, ist sie ein Musterbeispiel für die Anlage eines solchen unterirdischen Wandelgangs und die größte, die in einer römischen Villa bisher entdeckt wurde. Möglicherweise handelte es sich bei der Kryptoportikus von Castel Gandolfo um eine sogenannte *via tecta*, das heißt eine überdachte Straße, die von der Via Appia abzweigte und gleichsam als monumentaler Zugang zur kaiserlichen Villa diente.

Südlich der Kryptoportikus hatte Domitian noch einen Circus angelegt, von dem sich aber keine Überreste mehr erhalten haben. In diesem Hippodrom und im Theater veranstaltete Domitian jedes Jahr am Fest der Panathenäen Wettkämpfe von Dichtern, Rednern und Gladiatoren (Cass. Dio 67,1). Doch damit nicht genug: Der Kaiser selbst trat in dieser „Albaner Arena" auf, um dort, wie Juvenal (4,99–101) berichtet, „nackt als Tierkämpfer mit eigener Hand numidische Bären zu durchbohren". Domitians Begeisterung für die Gladiatorenkämpfe und Tierhatzen beschränkte sich demnach nicht aufs bloße Zuschauen. Reste der vierten Terrasse finden sich schließlich in der Via Ercolano, die von der Via Appia abzweigt und ins Zentrum von Castel Gandolfo führt.

Nicht alle Zeitgenossen Domitians waren indes von der luxuriösen Art der kaiserlichen Villeggiatur in den Albaner Bergen angetan. Besonders in der satirischen Literatur ist sie immer wieder Zielscheibe des Spotts. Martial (12,48,11) hat für die offenbar zahlreichen Festmähler den Begriff der „Albaner Trinkgelage" *(Albana comissatio)* geprägt. Juvenal widmet ihnen sogar 120 Verse (34–154) im Hauptteil seiner vierten Satire. Domitian lässt in dieser eigens den Kronrat auf seine Villa kommen, um darüber zu beraten, wie „ein Steinbutt aus der Adria von bewundernswerter Größe" adäquat zubereitet werden kann, nachdem eine hinreichend große Pfanne fehlt. Um der Delikatesse kulinarisch fachgerecht zu Leibe zu rücken, empfiehlt ein gewisser Montanus, der sich dadurch auszeichnet, die „Schwelgerei am Hofe" noch aus Neros Zeiten zu kennen, einfach eine hinreichend große Pfanne herstellen zu lassen. So soll es denn auch geschehen. Der Kronrat hat seine Schuldigkeit getan und kann gehen – und Juvenal hat mit diesem Text nicht nur eine köstliche Satire hinterlassen, sondern

Mythologie in Stein gehauen

Die steinerne Szene aus dem Ninfeo Bergantino war, trotz aller Extravaganz, keine originäre Erfindung Domitians. Bereits Kaiser Tiberius (4–37 n. Chr.) hatte in seiner Praetorium Speluncae genannten Villa an der Tyrrhenischen Küste bei Sperlonga im südlichen Latium nach hellenistischen Originalen die homerische Szene der Blendung des einäugigen Riesen Polyphem und das Skylla-Abenteuer bei griechischen Bildhauern in Auftrag gegeben und sie in einer Grotte aufstellen lassen. Tiberius bediente sich dabei des auch inschriftlich bezeugten Bautypus eines sogenannten *antrum Cyclopis*, das heißt einer skulpturengeschmückten, sich apsidenförmig öffnenden Höhle. Dieser Typus findet sich später aber nicht nur in der Domitiansvilla am Albanersee, sondern etwa auch im Kaiserpalast des Claudius in Baiae, in Neros Domus Aurea in Rom sowie in der Hadriansvilla bei Tivoli. Aufgrund der grundsätzlichen Gestaltungsmerkmale ist davon auszugehen, dass das Praetorium Speluncae das maßgebliche Vorbild für die Anlage des Ninfeo Bergantino gewesen war. Bei den Figurengruppen selbst ist hingegen keine stilistische Verwandtschaft zwischen den beiden Anlagen zu erkennen.

auch Domitians Wertmaßstäbe für dessen Regierungsweise infrage gestellt.

Die üppig bemessene Villa war dem Kaiser aber nicht genug: Direkt am Ufer des Albanersees ließ Domitian den sogenannten **Ninfeo Bergantino** anlegen (Via dei Pescatori, 9a; Koord.: N 41° 44.844', E 12° 39.289'). In dieser künstlichen Grotte waren die Szenen der Blendung des Polyphem aus Homers *Odyssee* (9,105–566) sowie des Meeresungeheuers Skylla (12,73–110), das sechs von Odysseus' Gefährten tötet, mit überlebensgroßen Statuen nachgestellt. Der Name des Bauwerks stammt jedoch nicht aus der Antike, sondern geht auf die zweite Hälfte des 17. Jhs. zurück, als Papst Alexander VII. in dem ehemaligen Nymphäum sein Segelschiff ausbessern ließ, mit dem er über den See zu fahren pflegte.

Die fragmentarisch erhaltenen Skulpturen der beiden mythologischen Gruppen sind heute ein zentraler Bestandteil der Antikensammlung im **Antiquarium der Villa Barberini** in Castel Gandolfo. Daneben sind dort vor allem Skulpturen aus der Domitiansvilla sowie Architekturdekorationen des Theaters dieser Villa zu sehen.

Das Nymphäum ist in eine natürliche Grotte eingelassen und in *opus reticulatum* mit Ziegelbändern gemauert. Die recht homogene Ausführung des Mauerwerks spricht für eine gleichzeitige Errichtung des ganzen Ensembles im späten 1. Jh. n. Chr. Die Wände waren mit Marmor verkleidet, wovon die noch allenthalben sichtbaren Dübellöcher zeugen. Im vorderen Bereich des Ninfeo Bergantino befindet sich ein nahezu kreisförmiger Saal (A; Durchmesser 16m) mit einem in den Boden eingelassenen runden Bassin. Eine dort nicht ganz zentral platzierte Basis ist von einer Bank umgeben, deren zwar nur noch rudimentär erhaltene, aber nach wie vor qualitätvolle Mosaikdekoration eine Medusa sowie eine maritime Prozession mit Nereiden, Tritonen und einer Quadriga zeigt. Die Seitenwände sind mit Nischen verziert, in denen ursprünglich Statuen aufgestellt waren. Auf der linken Seite gelangt man über einen kurzen Korridor (B) mit rechteckiger Wandnische (C) in einen weiteren, fast kreisförmigen Raum (D), an dessen Außenwand eine niedrige Bank verläuft. An der Rückseite der Grotte führt eine kleine Treppe rechter Hand auf ein 1,20 m hohes Podium (E), hinter dem drei weitere kleine Räume (F, G, H) mit unterschiedlichen Grundrissen liegen. Welche Funktion die einzelnen Räume genau hatten, ist unklar.

Wie die bereits erwähnten Figurengruppen von Polyphem und Skylla in dem Nymphäum angeordnet waren, lässt sich nur hypothetisch rekonstruieren, da die Statuenfragmente im Jahr 1841 nicht in der Grotte, sondern in deren Umgebung gefunden wurden. Die Forschung tendiert dazu, die Polyphem-Gruppe vor den beiden Grotten F und G im rückwärtigen Teil des Ninfeo Bergantino zu lokalisieren. Dies würde auch mit der Aufstellung in Sperlonga korrespondieren und den Figuren den erforderlichen Platz bieten. Die etwas kleinere Skylla-Gruppe war vermutlich davor auf der in Bassin A befindlichen Basis platziert.

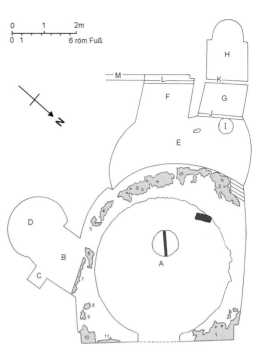

Grundriss des Ninfeo Bergantino am Westufer des Albanersees (nach Balland 1967)

Unstrittig ist freilich, dass in dem Nymphäum das Element Wasser eine große Rolle spielte. Die Räume A, F und H sind mit Bassins ausgestattet, so dass mittels dieser das Wasser in die Architektur des Nymphäums aktiv eingebunden war. Eine Zuleitung (M) besaß aber offenbar nur der linke Raum F; in den Räumen G und H rieselte das Wasser möglicherweise durch das poröse Tuffgestein in das Bassin im hinteren Teil. So könnte auch das große Bassin in Raum A befüllt worden sein, jedoch dürfte eine – bisher allerdings noch nicht entdeckte – künstliche Zuleitung unabdingbar gewesen sein, um eine ausreichende Wasserzufuhr zu gewährleisten.

Etwas weiter nördlich befindet sich am Ufer des Albanersees noch ein weiteres Nymphäum: der sogenannte **Ninfeo Dorico** (Via Antonio Gramsci, 21; Koord.: N 41° 45.239', E 12° 39.022'). Es liegt einige Meter oberhalb des heutigen Uferniveaus und hatte daher auch in der Antike vermutlich keinen direkten Zugang zum Wasser. Sein Grundriss (11 × 6 m, Höhe 6 m) ist kleiner als der des Ninfeo Bergantino. Das Nymphäum wird in die erste Hälfte des 1. Jhs. v. Chr. datiert und mit der nahegelegenen Villa des Clodius in Verbindung gebracht. Solche Anlagen sind demnach keine originäre Erfindung der römischen Kaiserzeit, sondern waren bereits ein – wenngleich auch seltenes – Element republikanischer Wohnarchitektur.

Das an archäologischen Zeugnissen reiche Seeufer wartet südlich der beiden Nymphäen an der Via dei Pescatori (bei Hausnummer 14, Koord.: N 41° 44.588', E 12° 39.313') noch mit einem Werk römischer Wasserbaukunst auf. Dort befindet sich die Mündung des sogenannten **Emissario,** jenes künstlichen Kanals, der geschaffen wurde, um den Wasserpegel des Albanersees zu regulieren und die an den Abhängen des ehemaligen Kraters liegenden Felder zu bewässern. Der heute hinter einer Stahltür verborgene, aber gut zugängliche Mündungsbau besteht aus einem in *opus quadratum* gemauerten tonnengewölbten Raum, von dem aus der 1425 m lange und durchschnittlich 1,20 m breite Kanal unter dem Kraterrand hindurch ins Gebiet von Castel Gandolfo führt. Dort versorgt er einen Brunnen (bzw. früher eine Mühle) in der Via delle Mole mit Wasser (gelbes Hinweisschild: „Emissario Lago Albano"). Vier oder fünf Entlüftungsschächte führen von dem Kanal an die Erdoberfläche und überwinden eine vertikale Distanz von bis zu 128 m.

Der Emissario ist deutlich älter als die beiden Nymphäen. Sein Bau ist vermutlich in die Jahre 398/397 v. Chr. zu datieren, als Rom Krieg gegen seine etruskische Rivalin Veji führte. Er geht auf einen Spruch des Orakels von Delphi zurück. Der Historiker Livius (5,15–17) berichtet, dass die Römer zahlreiche Vorzeichen zu deuten versuchten, um Hinweise auf einen – für sie möglichst günstigen – Kriegsverlauf zu erhalten. Normalerweise bemühten die Römer dafür die etruskischen Opferschauer *(haruspices),* doch nachdem der Gegner diesmal ausgerechnet das etruskische Veji war, konnten sie auf deren bewährte Dienste nicht zurückgreifen. So richtete sich „aller Sorge ausschließlich auf das Phänomen, dass der See im Albanerwald ohne Regenfälle und ohne irgendeinen anderen Grund, der das Ereignis des Wunderbaren entkleidet hätte, zu ungewohnter Höhe anschwoll". Um nun den in diesem Vorzeichen versteckten Willen der Götter richtig zu deuten, befragten die Römer eigens das Orakel von Delphi. Die Pythia beschied ihnen, sie mögen sich hüten, „albanisches Gewässer im See zu stauen" – vielmehr sollten sie es kanalisiert ableiten und damit die Felder bewässern. Dann werde es ihnen gelingen, die Rivalen am anderen Tiberufer zu besiegen. Nachdem sich dieser

Der am Westufer des Albanersees gelegene Ninfeo Dorico

Spruch aus Delphi mit dem eines etruskischen Sehers deckte, den die Römer mittlerweile gefangengenommen hatten und zur Sicherheit ebenfalls befragten, wurde der Emissario angelegt. Die archäologischen Zeugnisse stützen die von legendenhaften Zügen durchdrungene literarische Überlieferung und ermöglichen so die recht präzise Datierung des Bauwerks ins frühe 4. Jh. v. Chr.

Der weitere Gang der Geschichte ist bekannt: Nach zehnjähriger Belagerung ergab sich die Stadt Veji 396 v. Chr. schließlich dem von Marcus Furius Camillus befehligten römischen Heer und wurde zerstört. Inwieweit aber die technisch geglückte Konstruktion des Emissario Roms Sieg über Veji tatsächlich begünstigt hatte, ist wohl eine Frage des Glaubens.

Albano Laziale

Folgt man der Via Appia von Castel Gandolfo aus weiter in Richtung Südosten, gelangt man beim 24. Streckenkilometer nach Albano Laziale (384 m ü. NN). Zwar kann die Gemeinde kein so prominentes Bauwerk wie ihre Nachbarin aufweisen, ihr Besuch lohnt sich dennoch aufgrund einiger bemerkenswerter antiker Zeugnisse, die in dieser Konstellation einzigartig in Latium sind.

Das erste Monument befindet sich, von Rom aus gesehen, bereits kurz vor dem Ortseingang: Am linken Straßenrand der Via Appia liegt das sogenannte **Grabmal des Pompeius** (Sepolcro di Pompeio). Die außergewöhnliche Dimension des Bauwerks lässt vermuten, dass

„Unsinnig große Unterbauten":
die Monumente in den Albaner Bergen

50

51

Die antiken Monumente
im Umland Roms

Die gemauerte Mündung
des Emissario am Ufer des Albanersees

es sich tatsächlich um die letzte Ruhestätte einer bedeutenden Persönlichkeit handelte. Betrachtet man das Bauwerk indes unter archäologischen Gesichtspunkten, weist vor allem die Mauertechnik ins erste nachchristliche Jahrhundert (G. Lugli). Der 45 m hohe Turm mit quadratischem Grundriss ist der gemauerte Kern des einst prachtvollen Grabdenkmals, dessen architektonischer Schmuck im Lauf der Jahrhunderte jedoch verloren ging. Heute liegt das Grabmal inmitten von Privatgrundstücken, weshalb eine Besichtigung nur von außen möglich ist.

Einige Meter weiter, im Park der Villa Comunale von Albano (Eingang an der Piazza Mazzini), stößt der Besucher erneut auf **Pompeius** (106–48 v. Chr.): Dort haben sich die Reste seiner **Villa** erhalten. Dieses Landgut finanzierte Pompeius wohl aus der reichen Kriegsbeute seines erfolgreichen Feldzugs gegen König Mithradates VI. von Pontos in den sechziger Jahren des 1. Jhs. v. Chr.

Im Gegensatz zum eben erwähnten Pompeius-Grabmal steht die Zuschreibung hier aufgrund der literarischen Quellen und der archäologischen Zeugnisse auf deutlich festerem Boden. Vor allem Cicero wird hier bemüht, der etwa Mitte Dezember des Jahres 50 v. Chr. seinen Freund Atticus in einem Brief (7,5,3) über seine Reisepläne unterrichtet: „Auf das Tusculanum gehe ich zurzeit keinesfalls – es liegt zu weit ab für Besuch und hat auch andere Unbequemlichkeiten –, sondern am 29. Dezember von Formiae nach Tarracina, von da oberhalb der Pontinischen Sümpfe vorbei zu Pompeius auf sein Albanum, und dann am 3. Januar, meinem Geburtstag, nach Rom." Dieser Besuch auf Pompeius' Albanum dürfte dabei keineswegs nur der Erholung gedient haben: In dem Feldherrn sah Cicero einen Hoffnungsträger, der das Konsulat Caesars verhindern konnte. So hatten die beiden Staatsmänner in jenen unruhigen Tagen bestimmt genug Gesprächsstoff. Eine exakte Lokalisierung der Villa bleibt uns Cicero freilich schuldig.

Die archäologischen Erkenntnisse zur Pompeius-Villa gehen im Wesentlichen auf die Ausgrabungen von Giuseppe Lugli aus den Jahren 1923/24 zurück. Nicht alle Mauern sind heute mehr sichtbar; ein Teil ist von Bäumen, Sträuchern und Erde verdeckt. Dennoch kann sich der Besucher einen Eindruck von der einstigen Gestalt der Residenz verschaffen. Sie war, wie viele andere Landgüter in Latium, auf mehreren Terrassen angelegt. Der Komplex maß in seiner maximalen Ausdehnung etwa 340 × 260 m. Der Haupteingang befand sich im Nordosten an der Via Appia; unmittelbar daneben lagen auf der untersten Terrasse (Substruktionen) je zwei tonnengewölbte Korridore. Das östliche Korridorpaar hat sich an der Piazzale dei Leoni im Park der Villa Comunale erhalten. Die Auskleidung mit wasserdichtem *opus signinum* und das Fehlen von Fensteröffnungen deuten darauf hin, dass beide Korridore als Zisternen dienten und die Villa mit Wasser versorgten. Der Vorraum mit einem Bassin wurde erst später hinzugefügt und stammt aus hadrianischer Zeit.

Anreise nach Albano Laziale

Albano Laziale liegt direkt an der Via Appia Nuova (SS 7) und ist von Rom aus bequem mit dem Auto erreichbar. Vom benachbarten Castel Gandolfo gelangt man über die SS 216 (Viale Giovanni Paolo II/Via Galleria di Sotto) in die Gemeinde mit 30 000 Einwohnern. Ebenso bedienen Regionalzüge vom Bahnhof Roma Termini aus mehrmals täglich die Strecke nach Albano (Endstation dieser Linie) und wieder zurück. Die Monumente im Stadtgebiet und die Museen sind alle zu Fuß zu erreichen.

Die zum Meer gerichtete Südwestfassade (A) dominiert ein nahezu quadratischer Risalit mit einem zentral platzierten Nymphäum und je drei halbkreisförmigen Exedren auf jeder Seite. Diese Fassadengliederung setzte sich links und rechts des Risaliten fort, wie zwei weitere noch erhaltene Exedren an der Westecke des Gebäudes zeigen. Von hier führte eine Kryptoportikus (E) des halbunterirdischen Gartengeschosses auf die nächsthöhere Terrasse; auf der anderen Seite ist diese Anordnung spiegelbildlich zu finden (D). Die nordwestliche Längsseite begrenzte eine durch Lisenen gegliederte Mauer (P1/P2), hinter der parallel zwei Korridore sowie eine Portikus (N) verliefen. Nicht nur hier fällt der unbedingte Wille zur Symmetrie ins Auge, der den Grundriss der Pompeius-Villa dominiert. Darin zeigt sich sowohl der Geschmack des Besitzers als auch der Einfluss des bevorzugten Baustils der spätrepublikanischen Epoche.

Auf der zweiten Terrasse (200 × 90 m) befand sich der Wohnbereich der Villa. Wie die Ausgrabungen zeigten, war dieser vor allem durch zwei Baukomponenten geprägt: Oberhalb des Risalits befand sich eine Quadriportikus (H), die vermutlich als eine Art Veranda diente und den Blick auf das Tyrrhenische Meer erlaubte. Der Quadriportikus gegenüber lag, im Zentrum der Villa, ein geräumiger halbkreisförmiger Raum mit einem Durchmesser von etwa 20 m (L). Er dürfte Mittelpunkt des gesellschaftlichen Lebens auf der Villa gewesen sein. Unter dem halbkreisförmigen Raum, so das Ergebnis der Grabungen, lagen Vorgängerbauten in *opus incertum* mit einem geometrischen Mosaikfußboden. Von ihnen sind keine Reste mehr sichtbar. Erhalten sind hingegen einige Räume der zweiten Terrasse mit schwarzweißen geometrischen Mosaikfußböden (nordwestlich von M; nicht eingezeichnet).

Die Räume in *opus incertum* stammen aus der ersten von insgesamt drei Bauphasen, die die Archäologen an der Pompeius-Villa identifiziert haben. Die erste Bauphase der Villa wird um das Jahr 100 v. Chr. angesetzt, die zweite (in *opus reticulatum*) um die Mitte des 1. Jhs. v. Chr. In dieser Zeit bewohnte auch Pompeius das Haus. Eine dritte Phase schließlich, in der die Wohnräume maßgeblich verändert wurden und beispielsweise der halbkreisförmige Raum entstand, ist in die ersten Jahrzehnte des 1. Jhs. n. Chr. zu datieren. Diese Veränderungen gehen demnach nicht auf Pompeius zurück. Nach Pompeius' Tod wurde die Villa Teil des kaiserlichen Eigentums und diente unter anderem Tiberius, Caligula und Nero als Landsitz.

Grundriss der Villa des Pompeius (nach Coarelli 1981)

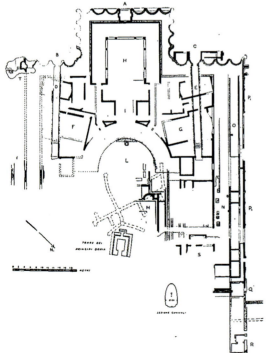

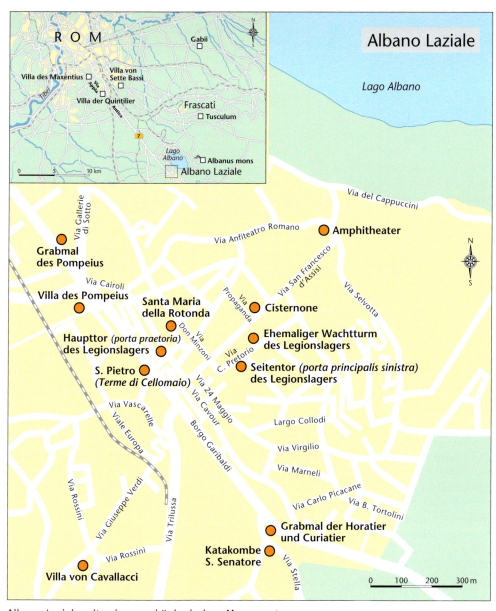

Albano Laziale mit seinen archäologischen Monumenten

In Albano Laziale existierten in der Antike aber nicht nur geräumige Landhäuser. Weitaus größer als die Villa des Pompeius war ein militärisches Bauwerk: die **Castra Albana.** In diesem Lager links des 15. Meilensteins der Via Appia war die *Legio II Parthica,* die Zweite Parthische Legion, stationiert. Kaiser Septimius Severus (193–211 n. Chr.) hatte sie um das Jahr 197 aufgestellt, als er im Osten des Reiches gegen die Parther kämpfte – daher auch der Beiname. Nach den dortigen militärischen Erfolgen, die Septimius Severus auf seinem heute noch existenten Triumphbogen auf dem Forum Romanum verewigen ließ, war die *Legio II Parthica* seit etwa 202 als erste Legion ständig in Italien und noch dazu unmittelbar bei Rom stationiert.

Für gut hundert Jahre waren die Castra Albana Heimat der *Legio II Parthica,* bevor

Kaiser Konstantin zu Beginn des 4. Jhs. n. Chr. das Gelände des aufgelassenen Lagers der örtlichen Kirchengemeinde schenkte. Trotz dieser relativ kurzen Nutzungsdauer hat das großflächige Militärlager die spätere Stadtentwicklung von Albano stark beeinflusst.

So künden dort noch heute zahlreiche Monumente von der einst mächtigen Konstruktion, die einen leicht unregelmäßigen Grundriss aufwies (Seitenlängen: 239 m entlang der Via Appia, 438 m im Nordwesten, 240 m im Nordosten, 427 m im Südosten). Am eindrucksvollsten sind die Reste des insgesamt 36 m breiten **Haupttores** (porta praetoria) in der Südwestmauer des Lagers, die sich zwischen der Via A. De Gasperi, der Piazza della Costituente und der Via Settimio Severo befinden. Das einfach konstruierte Tor mit drei Bögen, kleinen Seitenräumen und aus der Lagermauer herausragenden Flankentürmen ist in opus quadratum aus Peperin erbaut worden. Der zentrale Bogen ist mit 6,40 m der breiteste und diente den Reitern und Pferdekarren als Durchgang, während die beiden schmaleren Seitenbögen den Fußgängern vorbehalten waren. Gemäß dem festen Bauschema römischer Militärlager führte die Hauptstraße, die via praetoria, in Ost-West-Richtung durch dieses Tor und kreuzte in der Lagermitte rechtwinklig die von Norden nach Süden verlaufende via principalis.

Von den drei Bogenwölbungen der porta praetoria existiert heute nur noch eine. In diesem Seitenbogen zeigt sich an den rechteckigen Vertiefungen in den Seitenwänden noch der ursprünglich zweigeschossige Aufbau des Tores: In diese Aussparungen waren die Holzbohlen eingelassen, die den hölzernen Fußboden des oberen Stockwerks trugen. Die hier und da verstreuten Fragmente kannelierter Marmorsäulen sind die einzigen Zeugnisse der Dekoration des Bauwerks. In der Via del Castro Partico stößt der Besucher auf ein rund 140 m langes Stück der Außenmauer des Militärlagers sowie auf Reste eines der **Seitentore** (porta principalis sinistra).

Einige Meter weiter ist auf der anderen Seite der Via del Castro Partico auch das rechteckige Fundament (circa 6 × 4 m) eines **Wachtturms** in opus quadratum zu erkennen, der ebenfalls in die Mauer des Militärlagers eingelassen war. Wer aufmerksam durch weitere Straßen von Albano geht (Via Tacito/Via San Francesco d'Assisi, Piazza S. Paolo, Via S. Gaspare del Bufalo, Piazza della Rotonda), wird dort an verschiedenen Stellen auf weitere Stücke der Umfassungsmauer des Militärlagers stoßen – und kann so zugleich dessen Dimensionen erfahren.

Ohne Wasser konnten auch die Soldaten der Zweiten Parthischen Legion und die Bewohner des Lagerdorfs nicht auskommen. So entstanden im Bereich der Castra Albana Infrastrukturbauten für die Wasserversorgung. Einer davon, die heutige Kirche **S. Maria della Rotonda** (Via della Rotonda), zählt zu den bedeutendsten Monumenten von Albano. Der früher irrtümlich für einen Tempel der Minerva gehaltene Bau war ursprünglich ein isoliert stehendes großes Nymphäum, das zu Domitians Albanum gehörte, wie Funde von Ziegelstempeln aus jener Zeit belegen. Sein äußerer Grundriss war quadratisch, während der Innenraum kreisförmig (Durchmesser: 16,10 m) mit vier großen Ecknischen gestaltet und von einer Kuppel überwölbt war. In der Mitte jeder Längsseite befand sich eine Tür mit darüberliegendem, bogenförmigem Fenster.

Der heutige Haupteingang an der Südseite des Gebäudes erhielt diese Funktion erst, als der Bau in severischer Zeit (um 205–210 n. Chr.) Teil des Militärlagers und in einen Thermenbau umgewandelt wurde. Zuvor hatte man das Nymphäum über den Eingang an der Ostseite betreten, der nun durch neuzeitliche

Die *porta praetoria* des Legionslagers
von Albano Laziale

| "Unsinnig große Unterbauten": die Monumente in den Albaner Bergen | 56 / 57 | Die antiken Monumente im Umland Roms |

Die Südfassade der Kirche
S. Maria della Rotonda in Albano Laziale

Bauten verschlossen ist. Die überdachte Portikus an der Eingangsseite ist eine moderne Konstruktion, von der einstigen tonnengewölbten Vorhalle ist nurmehr das schwarzweiße Fußbodenmosaik mit einem Festzug fantastischer Meereswesen übrig. Ähnliche Motive finden sich im Übrigen in der linken vorderen Nische im Kircheninneren und in der Sakristei. Die Sakristei der Kirche beherbergt auch ein kleines **Antiquarium,** in dem die während der Grabungen und Restaurierungsarbeiten in den 1930er Jahren ans Licht gekommenen Funde ausgestellt sind.

Wer die Via S. Francesco d'Assisi hinaufgeht, gelangt zum **Amphitheater** am westlichen Abhang des Colle dei Cappuccini (auch über die Via dell'Anfiteatro Romano erreichbar). Dieses ist in die Zeit des Septimius Severus zu datieren (193–211 n. Chr.). Wie so oft in Latium, zwangen auch hier die topographischen Gegebenheiten die Architekten, massive Unterbauten zu errichten. Im Südwesten des Amphitheaters ist diese Terrasse mit ihren 14 halbkreisförmigen Nischen an der Vorderseite noch zu sehen. Auch in einem anderen Detail waren die Erbauer zu einem Kompromiss gezwungen: Normalerweise waren die beiden Hauptzugänge eines Amphitheaters genau in dessen Längsachse angelegt. Wegen des teils felsigen Geländes war diese Lösung hier jedoch nicht möglich. So liegt der westliche Zugang nicht ganz in der Längsachse, der Osteingang macht einen rechtwinkligen Knick nach Süden.

Da sämtliche Stufen und Sitzreihen (caveae) im Inneren fehlen, ist die Zuschauerzahl nur schwer zu ermitteln. Angelehnt an die Größe der Arena (etwa 67 × 45 m) hat der Archäologe Giuseppe Lugli 16 000 Plätze angenommen; dies entspräche etwa einem Drittel des Fassungsvermögens des Kolosseums. Für eine Landstadt in Latium eine stolze Zahl, doch dürften sich die in den Castra Albana stationierten Soldaten für die Darbietungen im Amphitheater durchaus begeistert haben. Aufgrund der verschiedenen und teils wenig ausgefeilten Mauertechnik könnten sie am Bau der Arena sogar maßgeblich mitgewirkt haben. Brot und Spiele – beides sollte auch den in den Castra Albana stationierten Soldaten zuteil werden.

💡 Amphitheater im Suburbium

Dass Albano Laziale als Landstadt und Militärlager in der näheren Umgebung Roms ein eigenes Amphitheater besaß, mag auf den ersten Blick befremdlich erscheinen. Doch es ist kein Einzelfall: Solche Anlagen sind etwa auch für Tusculum, Tivoli oder Velletri nachgewiesen. Sie alle stammen aus dem 2. und 3. Jh. n. Chr. und wurden im Zuge eines im ganzen Römischen Reich auszumachenden regelrechten Amphitheater-„Baubooms" errichtet. In ihrer Gestaltung orientieren sich die Anlagen am Kolosseum (amphitheatrum Flavium) in Rom und dem unter Hadrian wiederhergestellten Amphitheater von Capua in Kampanien. Die Darbietungen, die in den suburbanen Spielstätten gezeigt wurden, dürften im Wesentlichen dem gewohnten Programm und Publikumsgeschmack entsprochen haben. Der Historiker Cassius Dio (79,21,3-4) berichtet etwa von einem gewissen Lucius Priscillianus, der 217 n. Chr. mehrmals im Amphitheater von Tusculum kämpfte und berüchtigt dafür war, wilde Tiere niederzumetzeln. Einmal habe er gar mit einem Bären, einem Panther, einem Löwen und einer Löwin zugleich gekämpft. Dieses Aufgebot deutet darauf hin, dass es sich bei Priscillianus um einen berufsmäßigen Tierkämpfer (venator) handelte. Ein Amphitheater zu besitzen, war für eine Landstadt gewiss eine prestigeträchtige Angelegenheit.

„Unsinnig große Unterbauten": die Monumente in den Albaner Bergen

Die antiken Monumente im Umland Roms

Dem Kaiser war auch im Amphitheater von Albano ein eigener Platz vorbehalten. Seine Loge *(pulvinar)* befand sich in der Mitte der Südseite. Deren Reste sind heute noch deutlich erkennbar, da sie die anderen Teile der Sitzränge deutlich überragen.

Zu den beeindruckendsten antiken Monumenten von Albano Laziale zählt schließlich ein Bau, der – wie auch das Nymphäum in S. Maria della Rotonda – mit dem Element Wasser eng verbunden war: die **großen Thermen** (Terme di Cellomaio) in der Ortsmitte rechts der Via Appia. Ihre teils hoch aufragenden Mauern prägen die Silhouette des mittelalterlichen Stadtviertels Cellomaio und sind teilweise in dessen Gebäude sowie in die Kirche S. Pietro integriert worden – was sich aus konservatorischen Gründen als Glücksfall erwiesen hat. Gleichwohl hat sich im Laufe der Jahrhunderte die bauliche Situation so verändert, dass die Lage der zentralen Baderäume (Frigidarium, Caldarium und Tepidarium) nicht mehr bestimmt werden kann. Der heute gebräuchliche Name Cellomaio geht vermutlich auf die einstmalige lateinische Bezeichnung *cella maior* („größere Kammer") zurück – was angesichts der Dimension der Thermen durchaus einleuchtend ist.

In der Antike befanden sich die großen Thermen, die wegen des abfallenden Geländes zweigeschossig errichtet wurden, außerhalb der Mauern des Militärlagers. Die untere Ebene diente als Substruktion und beherbergte die Betriebs- und Heizräume, die obere den Badekomplex (gut sichtbar an der Kreuzung Via Volontari del Sangue/Via Vascarelle). Ihre

Das Grabmal der Horatier und Curiatier an der Via Appia in Albano Laziale

Datierung war lange Zeit umstritten, bis im vorigen Jahrhundert die Funde von Ziegelstempeln ermöglichten, den Bau der Regierungszeit Kaiser Caracallas (211–217 n. Chr.) zuzuweisen. Somit ist anzunehmen, dass die großen Thermen den Bewohnern der zu den Castra Albana gehörenden Zivilsiedlung den im Römischen Reich üblichen Sanitärstandard gewährten.

Eine rechteckige Aula (ca. 37 × 11,50 m) im Nordosten der Thermen wurde vom frühen 6. Jh. n. Chr. an zu der Kirche S. Pietro umfunktioniert und hat so den antiken Raumcharakter bewahrt. An den Außenwänden der Kirche sind noch einige der ursprünglichen – heute vermauerten – Maueröffnungen sowie die Ansätze von tonnengewölbten Nebenräumen sichtbar. Beachtenswert sind die beiden Türpfosten des Seitenportals, die aus mächtigen, reich verzierten Architravfragmenten bestehen.

Wer den Weg zurück in Richtung Via Appia einschlägt und sich Richtung Ariccia bewegt, stößt am Ortsausgang von Albano Laziale auf zwei weitere antike Zeugnisse, beides Grabbauten. Gegenüber der Kirche S. Maria della Stella (Via della Stella) erblickt der Reisende das sogenannte **Grabmal der Horatier und Curiatier** (Sepolcro degli Orazi e Curiazi). Auf dem quadratischen Sockel (Kantenlänge: 15 m) des aus *opus caementitium* errichteten Monuments stehen fünf Kegel, ein größerer zentral, vier kleinere jeweils in den Ecken platziert. Aufgrund der verwendeten Mauertechnik dürfte es im späten 2. Jh. oder der ersten Hälfte des 1. Jhs. v. Chr. entstanden sein, was nicht mit seiner Benennung korrespondiert, da die Sage von den Horatiern und Curiatiern der römischen Königszeit zuzuweisen ist. Trotz größerer Restaurierungen im 19. Jh. ist das Grabmal heute nicht mehr im allerbesten Zustand, und die Ergänzungen erfolgten weniger unter archäologischen denn unter ästhetischen Aspekten.

Um die Zuschreibung des Baus stritten die Gelehrten aller Epochen. Festzuhalten ist, dass das Grabmal in verblüffender Weise jenem ähnelt, das Plinius der Ältere in seiner *naturalis historia* (36,91–93) als letzte Ruhestätte des Arruns beschreibt. Der Sohn des Etruskerkönigs Porsenna soll in einer Schlacht nahe Albano bzw. Ariccia gefallen sein. Eine *gens Arruntii* immerhin ist in Albano inschriftlich belegt (CIL 14 2260). Möglicherweise ließen Angehörige dieser Familie ihrem legendären Ahnen zu Ehren dieses Grabmal Jahrhunderte später errichten. Abgesehen von der Schilde-

Horatier und Curiatier im Kampf um Rom

Die Sage der Horatier und Curiatier ist in der legendären Königszeit Roms anzusiedeln (7. Jh. v. Chr.). Wie die Historiker Livius (1,24–26) und Dionysios von Halikarnassos (3,13,4–22,10) berichten, entschied unter König Tullus Hostilius ein Kampf der Drillinge der Horatier gegen die Drillinge der Curiatier anstelle einer Schlacht den Streit zwischen Rom und Alba Longa. Nachdem bereits zwei Horatier gefallen waren, überwand der noch lebende Bruder seine Gegner. Als er nach Rom zurückkehrte, erkannte seine Schwester unter den Beutestücken ein Gewand ihres Verlobten – eines der Curiatier. Sie beklagte ihn voll Schmerz, worauf sie ihr Bruder tötete, als Warnung nicht mit einem Feind Mitleid zu empfinden. Vor Gericht als Mörder verurteilt, wurde der Horatier nach Berufung an das Volk unter der Auflage freigesprochen, ein Sühneopfer zu leisten. Diese Erzählung gehört zum Typ der aitiologischen Sagen, die Eigentümlichkeiten verschiedener Art erklären sollen – in diesem Fall eben die Ursprünge des Grabmals der Horatier und Curiatier, dessen fünf kegelförmige Säulen der Zahl der getöteten Brüder entsprächen.

rung des Plinius und der Inschrift, verweisen auch bautypologische Merkmale auf Etrurien, etwa auf die dort üblichen Urnenformen. Auch wenn diese Parallelen nicht von der Hand zu weisen sind, dürfte eine endgültige Klärung, zu wessen Angedenken das Grabmal der Horatier und Curiatier wirklich errichtet wurde, wohl ausbleiben.

Der andere – oberirdisch naturgemäß nicht sichtbare – Grabbau ist die **Katakombe S. Senatore** bei der Kirche S. Maria della Stella. Die christliche Tradition in Albano geht in frühe Zeiten zurück, vermutlich schon ins 2. Jh. n. Chr. Der Ort war früh Bischofssitz und wurde von Kaiser Konstantin mit einer Schenkung bedacht, die unter anderem Ländereien aus dem kaiserlichen Grundbesitz umfasste. Die heute noch zu begehende Katakombe wurde im 4./5. Jh. n. Chr. angelegt, indem die Albaner bereits bestehende unterirdische Gewölbe als Begräbnisstätte nutzten. Die Anlage der Gänge besitzt daher kein regelmäßiges Schema.

Bevor die Reise auf der Via Appia gen Ariccia weitergeht, lohnt sich noch ein Abstecher in die beiden Museen von Albano. Die Sammlung im **Museo Archeologico di Villa Ferrajoli** beginnt mit der Vor- und Frühgeschichte des Gebiets und reicht bis ins Mittelalter. Zu den herausragendsten Exponaten zählt der teils bemalte Kopf eines Kriegers aus Terrakotta (5. Jh. v. Chr.), der wohl zu einem Tempelakroter gehörte und das bisher einzige Zeugnis eines archaischen Tempels im Albanergebiet darstellt (Saal VII). Ein seltener Fund ist auch die ausgestellte *mensa ponderaria* (Maßtisch) aus Marmor, die aus einer Schenke *(caupona)* stammen dürfte (Saal X). Der Kunde konnte aus fünf verschiedenen Mengeneinheiten wählen. Hatte er sich entschieden, füllte der Wirt das gewünschte Getränk in die entsprechende Öffnung, der Gast hielt seinen Becher unter den Ausguss und zog den Stöpsel – und konnte somit kontrollieren, ob der Wirt ihm auch richtig eingeschenkt hatte, und danach beruhigt seinen Durst stillen. Im **Museo della Seconda Legione Partica** sind zahlreiche Funde aus Albano zu besichtigen, die ein lebendiges Bild vom Leben der Soldaten im Militärlager und der Bewohner des zugehörigen *vicus* zeichnen. Es ist in einem Teil der römischen Thermen von Albano (Cellomaio) untergebracht.

Ariccia und der Nemisee

„Aber welch ein Blick eröffnete sich, als wir an den Rand des Monte Cavo heraustraten! Unter uns die beiden Seen von Albano und Nemi, von steilen, zum Teil dicht bewaldeten, zum Teil bebauten Ufern eingeschlossen […] mit ihrer spiegelklaren, stahlblauen Fläche hinaufsehend wie zwei ungeheure Augen der Tiefe. Es ist als hielten die hohen Gebirgswände das Wasser in dieser Höhe gefangen; man kann sich dem Gefühl nicht entziehen, wenn man in den Talkessel hinuntersteigt, als ob man einen verbotenen Bezirk beträte." Carl Justis Zeilen an seine Schwester vom 5. Mai 1867 in seinen Briefen aus Italien drücken aus, was sich auch dem heutigen Reisenden beim Anblick des Nemisees darbietet. In dieser Landschaft eingebettet am Nordufer des Sees befand sich das berühmte Heiligtum der Diana. Der heilige Bezirk gehörte in der Antike zur Stadt Aricia (Ariccia).

Das 24 km von Rom entfernte Ariccia erreicht man, nachdem man das beeindruckende und von Papst Pius IX. zwischen 1847 und 1854 erbaute Viadukt (Länge 312 m, Höhe 200 m) überquert hat. Der antike Reisende näherte sich Aricia über die unterhalb der Stadt liegende Via Appia Antica. Horaz erwähnt die Stadt in seinem berühmten *iter Brundisinum* (sat. I,5), einer dichterischen Reisebeschrei-

Blick vom Areal des Dianaheiligtums auf den Nemisee

bung von Rom nach Brindisi, als ersten Halt- und Übernachtungsort. Für die von Rom auf der Via Appia Reisenden war Aricia demnach wohl in einem Tag gut zu erreichen und somit eine wichtige Station. Ein Meilenstein der Via Appia, der die 16. Meile anzeigte, ist im Park der Villa Chigi zu sehen. Dabei handelt es sich um einen Schaft aus Peperin, dessen Inschrift die Instandsetzung der Straße im 4. Jh. unter Kaiser Maxentius festhält.

    Das heutige Ariccia birgt an zahlreichen Plätzen archäologische Reste der antiken Stadt. So finden sich sowohl in der Stadt wie auch an der unterhalb der Stadt verlaufenden Via Appia zahlreiche Monumente. Dazu gehört die wohl aus sullanischer Zeit (1. Viertel des 1. Jhs. v. Chr.) stammende Stadtmauer, die im Zusammenhang mit den Restaurierungsarbeiten Sullas nach dem Bürgerkrieg zu sehen ist. Aricia war dabei als Verbündete Sullas durch die Truppen des Marius stark zerstört worden. Im nordöstlichen Teil der Altstadt sind an der Piazza S. Nicola **Reste eines Tempelbaus** in *opus quadratum* aus Peperin, dem für die Albaner Berge typischen basaltischen Tuffgestein, zu sehen. Der aus drei gleich großen Zellen bestehende Tempelbau umfasste eine Grundfläche von ca. 21,40 × 25,30 m und befand sich auf einem Podium (34,20 × 22 m), welches direkt auf den anstehenden Peperin aufsetzt. Da der Tempelbau aus drei Zellen besteht, wurde bereits bei seiner Ergrabung vermutet, dass es sich um ein Kapitol handelt, also einen Tempelbau, in dem wie in Rom die Göttertrias Jupiter, Juno und Minerva verehrt wurde. Da die Funde jedoch keinerlei Rückschlüsse auf die dort verehrten Götter zulassen, kann, wie neuere Untersuchungen zeigen, allein von der Bauform keinesfalls auf ein Kapitol geschlossen werden. Zu datieren ist der Tempel auf das Ende des 2. und Anfang des 1. Jhs. v. Chr., wobei zwei kurz aufeinander folgende Bauphasen auszumachen sind. Die unterschiedlichen Bodenniveaus der Räume verweisen auf bauliche Veränderungen, die notwendig waren, um entweder die Schäden des Erdbebens von 83 v. Chr. oder die Verwüstungen aus dem Bürgerkrieg zu beheben. Die Säulenreste im Bereich des Tempels stammen wohl aus einem späteren Umbau während der Kaiserzeit.

Im Bereich der antiken Unterstadt, am Fuße des Nordhangs der Akropolis Richtung Via Appia bei Vallericcia, befinden sich die Reste des Tempels **Orto di Mezzo** aus der zweiten Hälfte des 2. Jhs. v. Chr. mit Erneuerungen aus sullanischer Zeit. Er befindet sich auf privatem Grund und ist daher nur von außen oder auf Anfrage zu besichtigen. Zentrum des Tempels im etruskisch-italischen Stil ist die 14,30 × 7,40 m große *cella* aus *opus quadratum*, die von Säulen (vier an der Vorder-, je drei auf den Längsseiten) umgeben war. Eine genaue Zuschreibung des Tempels gestaltet sich als schwierig. Fragmente von Votivtäfelchen und -figuren, die bei landwirtschaftlichen Arbeiten gefunden wurden, verweisen auf eine Heilgottheit, die an diesem Ort verehrt wurde.

Von besonderer Bedeutung ist das zum antiken Aricia gehörige Heiligtum der Diana am Nemisee. Der See in einem erloschenen Vulkankrater beeindruckt auch heute noch die Besucher durch seine Schönheit und bietet eine faszinierende Verbindung von Landschaft, Mythos und Archäologie.

> **Anfahrt zum Museo delle Navi**
>
> Um den Nemisee, das Museo delle Navi di Nemi und das Heiligtum der Diana zu erreichen, verlässt man Ariccia in Richtung Genzano auf der SS 7. Die Straße führt direkt über den Corso Antonio Gramsci ins Zentrum von Genzano zur Piazza Quattro Novembre. An diesem Platz biegt man nach rechts in die Via Giuseppe Garibaldi und folgt dieser ansteigenden Straße bis zur Piazza Dante Aligheri. Dort hält man sich wiederum rechts und folgt der Via Diana, die hinab zum Nemisee und zum Museo delle Navi di Nemi führt. Vor dem Museum gibt es Parkplätze.

Das 1939 fertiggestellte **Museo delle Navi di Nemi** wurde eigens für die 1929 und 1931 aus dem Nemisee geborgenen Schiffe erbaut. Die Schiffe, deren Ausmaße für den relativ kleinen Nemisee geradezu gigantisch erscheinen, haben Abmessungen von 71,30 × 20 m bzw. 73 × 24 m und waren am nordwestlichen Ufer des Sees gesunken. Beide Schiffe werden Caligula zugeordnet, da auf den bleiernen Wasserleitungsrohren der beiden Schiffe der Namenszug des Kaisers erscheint. Die originalen Schiffe sind im Mai 1944 möglicherweise durch das Verschulden deutscher Truppen durch Feuer völlig zerstört worden. Heute sind Teilrekonstruktionen und kleinere Modelle der Schiffe in den beiden überdimensionierten Räumen des Museums ausgestellt. Beide Schiffe waren als schwimmende Paläste konzipiert (eines davon trug einen Tempel) und boten dem Kaiser größtmöglichen Luxus bei seinen Bootspartien auf dem Nemisee. Die Schiffe waren mit villenartigen Aufbauten versehen, die u. a. mit Marmorsäulen, Mosaikböden, Statuen, einer eigenen Wasserversorgung sowie kunstvollen Bronzebeschlägen und Bronzeskulpturen (heute im Palazzo Massimo alle Terme in Rom) ausgestattet waren. Caligulas Vorliebe für solch große, ja fast überdimensionierte und repräsentative Projekte belegt auch die von Cassius Dio (59,17) überlieferte 5 km lange Schiffsbrücke über den Golf von Baiae (Kampanien) aus dem Jahr 40 n. Chr. Die Freude der römischen Aristokratie an Bootsfahrten, besonders in der Hitze des Sommers, wird in der Literatur häufig erwähnt. Auch der Nemisee, der von zahlreichen Villen der römischen Aristokratie umgeben war, bot sich für solche Ausflüge und Gastmähler auf Booten sicherlich an. Die überdimensionierten Palastschiffe Caligulas demonstrierten den aristokratischen Anwohnern jedoch eindrücklich die eigenen Grenzen und die Macht des Kaisers, der seit dem Jahre 39 n. Chr. und einer gescheiterten Senatsverschwörung gegen ihn eine Politik der Entehrung und Unterwerfung der Senatsaristokratie verfolgte. Inwieweit die Schiffe auch im Zusammenhang mit dem Diana-Kult zu sehen sind, ist bisher unklar. Caligulas Villa befand sich am Westufer des Sees.

Doch Luxus und Macht scheinen nicht die einzigen Beweggründe für den Bau der Schiffe gewesen zu sein. So haben unlängst italienische Archäologen und Ingenieure bei ihren Untersuchungen zu den beiden Schiffen auf die technologischen Neuerungen hingewiesen, so z. B. die Abdichtung und den Schutz des Schiffrumpfes mit Bleiplatten. Eines der antiken Schiffe besaß sogar ein Warmwassersystem. Auch wenn die Vermutung, dass es sich um Testschiffe der römischen Marine gehandelt hat, etwas zu spekulativ erscheint, ist doch klar, dass die technologischen Neuerungen der Schiffe ein lohnenswerter Untersuchungsgegenstand sind. Vielleicht sind die Schiffe, die übrigens von keiner antiken Quelle erwähnt werden, auch im Zusammenhang mit der Schiffsbrücke über den Golf von Baiae und dem Vorhaben des Kaisers Britannien zu erobern zu sehen. Dann hätten wir es mit einem navalen Projekt zu tun, über welches sich die Caligula meist nicht wohlgesonnenen Quellen, die ein verzerrtes Bild des Kaisers zeichnen, jedoch ausschweigen und somit diese Vermutung zur Spekulation machen. Die Schiffe hatten zumindest eine verhältnismäßig kurze Lebensspanne, denn spätestens in der Zeit der Flavier waren sie außer Gebrauch oder bereits versenkt. Das Museum bietet jedoch nicht nur Funde und Rekonstruktionen zu den Schiffen aus dem Nemisee, sondern auch zahlreiche Statuen, Inschriften und Weihgaben des Heiligtums.

Dass der Nemisee und die Gegend um Aricia in römischer Zeit ein beliebter Villenort

Der Weg zum Heiligtum der Diana
Vom Museo delle Navi di Nemi sind es nur wenige Minuten bis zu den sichtbaren Resten des Heiligtums der Diana. Da die archäologische Zone in der Regel abgesperrt ist, empfiehlt es sich, das meist sehr hilfsbereite Museumspersonal an der Kasse zu bitten, das Areal zu öffnen. Vom Museo delle Navi di Nemi folgt man der Via delle Navi di Tiberio nach Norden. Die Straße biegt hinter dem Museum nach Osten ab und man folgt danach der Via delle Navi di Tiberio immer geradeaus bis zu einem kleinen ansteigenden Pfad, der Via Sonnemi. Dem Pfad folgt man bis zur ersten möglichen Abzweigung nach links. Dieser Weg führt direkt zu den Resten des Diana-Heiligtums.

war, lässt sich unschwer an der Lage, den landschaftlichen Reizen und dem mit der Landschaft verwobenen Mythos vermuten. So zeugen auch die zahlreichen archäologisch nachgewiesenen Villenreste von der Beliebtheit dieser Gegend. Zu den prominentesten Villenbesitzern der späten Republik ist sicherlich Gaius Iulius Caesar zu zählen. Er ließ sich am Westufer des Nemisees eine Villa errichten, die er, da sie nicht seinem Geschmack entsprach, sofort wieder abreißen ließ (Suet. Iul. 46). Dänische Archäologen haben bei ihren Ausgrabungen eines Villenkomplexes am Westufer des Sees unlängst vermutet, genau diese Villa gefunden zu haben.

Menschliche Präsenz ist seit der mittleren Bronzezeit im dicht bewaldeten Krater des Nemisees nachweisbar. Der Krater war ein idealer Platz für Jäger und der Anblick, der sich einem solchen Jäger bot, wenn er am Kraterrand stand und die steilen Abhänge hinunter auf den etwa 30 m tiefen und maximal 1,8 km breiten See blickte, muss beeindruckend gewesen sein. Die relativ schmale Küstenlinie bietet nur am nordöstlichen Rand des Sees eine größere Fläche Landes. Genau dort befindet sich das **Heiligtum der Jagdgöttin Diana**. Der Krater ist fast eine abgeschlossene Welt für sich. Die Differenz zwischen dem Land außerhalb des Kraters und dem dicht bewaldeten und tierreichen Inneren scheint der ideale Platz für einen Jägerkult. Noch heute kann man die Ruhe und den Frieden, den dieser Kratersee im Gegensatz zu seiner Außenwelt bietet, spüren. Der Wasserspiegel des Sees konnte je nach Jahreszeit und Niederschlagsmenge weitaus stärker als heute variieren, so dass sich die einzig größere Landfläche im Nordosten des Sees schnell in einen Sumpf verwandeln konnte. Erst die Konstruktion eines Kanals (*emissarium*) am westlichen Ufer des Sees unterhalb von Genzano konnte den Wasserstand des Sees kontrollieren. Den Eingang zu diesem **Emissario** kann man auch heute noch sehen. Seine Tür ist allerdings vergittert. Der früher auf das 4. Jh. v. Chr. datierte Emissario kann aufgrund der baulichen Strukturen keineswegs sicher datiert werden und so kann man mit Bestimmtheit nur festhalten, dass er im Zeitraum zwischen dem 4. und 1. Jh. v. Chr. erbaut worden ist. Der See, dessen manchmal spiegelglatte Oberfläche nahe zu perfekt den Himmel und den Krater widerspiegelt, wurde aufgrund dieses visuellen Eindrucks zu recht in römischer Zeit *speculum Dianae* (Spiegel der Diana) genannt. Ein heiliger Bereich wird allein durch seine Nutzung durch den Menschen definiert. Gebäude sind nur ein Weg diesen Raum zu gestalten. So beginnen die datierbaren Funde (Miniaturgefäße und eine Bronzefibel) bereits in der archaischen Zeit, lange bevor Tempelbauten nachweisbar sind. Ein Ritual, das ebenfalls in die Frühzeit des Kultes zurückweist, ist dasjenige des Priesterkönigs, des *rex Nemorensis*. Ein Ritual ähnlicher Form ist uns für keinen anderen Kult in Latium überliefert. Der Priester war, so berichten die Quellen, immer ein entlaufener Sklave. Sobald ein anderer entlaufener Sklave einen Zweig von einem bestimmten Baum innerhalb des heiligen Bezirks abbrach, hatte er das Recht den amtierenden Priesterkönig zum Zweikampf auf Leben und Tod herauszufordern. Der Sieger gewann das Priestertum (Serv. ad Aen. 6,136). Ein Ritual, das die einfache Regel der Wildnis widerspiegelt, dass ein Lebewesen sterben muss, wenn ein anderes überleben will, und verdeutlicht, dass der Jäger auch immer zum Gejagten werden kann. Diese in der Tat archaisch anmutenden Grundaussagen verkörperte der *rex Nemorensis*. So problematisch und anachronistisch dieses Ritual auch bereits in römischer Zeit gesehen werden mochte, es hatte die Vitalität bis ans Ende des 2. Jh. n. Chr. fortzubestehen. Der Kult der *Diana Nemorensis* wird erstmals in einem Fragment des älteren Cato erwähnt (Cato fr. 58): „Das Heiligtum der Diana im Hain bei Aricia weihte Egerius Baebius aus Tusculum als latinischer Dictator. Diese Gemeinden waren vereint: Tusculum, Aricia, Lanuvium, Cora, Tibur, Pometia, Ardea Rutulorum". Das Ereignis wird meist um 500 v. Chr. datiert und dokumentiert die Weihung des heiligen Hains. Auch wenn die Forschung inzwischen davon ausgeht, dass das Heiligtum bereits früher be-

> **Die Diana Nemorensis**
> Diana ist in erster Linie die Göttin der Jagd wie die griechische Göttin Artemis, aber auch des Mondes und der Unterwelt. Ikonographisch hat sie viel mit der griechischen Artemis gemein, die als Herrin der Tiere und als Jägerin gezeigt wird. Als Jägerin wird Diana in langem oder kurzem Gewand, mit Köcher, Pfeil und Bogen oder auch Speeren, oft mit einem Hund abgebildet.

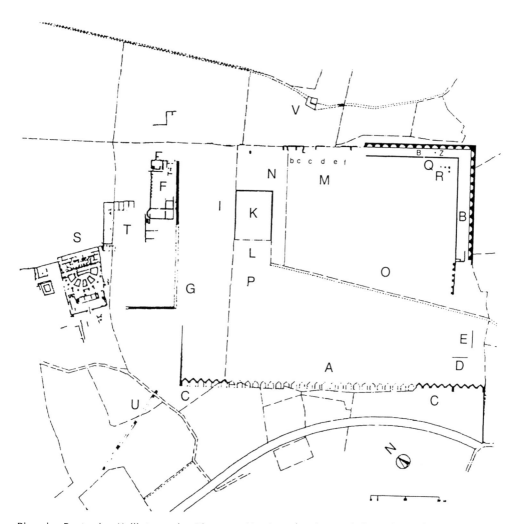

Plan der Reste des Heiligtums der Diana am Nemisee (nach Brandt [Hrsg.] 2000)

stand, so hält dieses Fragment doch sicherlich ein besonderes Ereignis fest, das die Verbindung der genannten Städte besiegelt und verdeutlicht, dass das Heiligtum der Diana am Nemisee nicht nur für die unmittelbare Umgebung, sondern für ganz *Latium vetus* eine besondere Bedeutung hatte. Im historischen Zusammenhang erscheint die *Diana Nemorensis* also erstmals in einem politischen und auch militärischen Kontext. Aricias Kontrolle über den Kult und seine strategische Lage machten die Stadt in dieser Zeit zu einer der wichtigsten latinischen Städte. Ein Tempel konnte jedoch für diese Zeit bisher nicht nachgewiesen werden. Wenngleich auch ein einfacher Altar im Mittelpunkt des Hains gestanden haben mag, kann nicht ausgeschlossen werden, dass es einen spätarchaischen Tempel am Hang des Kraters gegeben hat.

Das Jahr 338 v. Chr., der Sieg Roms gegen die latinischen Städte und die darauf folgende Eingliederung Aricias als *municipium* in den römischen Bürgerverband, sowie der Bau der Via Appia bis Capua im Jahr 312 v. Chr. waren Gründe für die Blüte des Heiligtums. Die verbesserte Infrastruktur und die neuen politischen und rechtlichen Bedingungen rückten das Heiligtum näher an Rom, und die Pilger aus der ganzen Region konnten nun den Ort leichter erreichen. In der Folge bauten die Bürger bzw. die Aristokratie Aricias um 300 v. Chr. einen Tempel für die *Diana Nemorensis*. Seine Fundamente konnten bisher nicht eindeutig identifiziert werden. Die Leiterin der letzten Grabungskampagnen, Giuseppina Ghini, hat jedoch einen Mauerrest auf der oberen Terrasse nachgewiesen, den sie für einen Hinweis auf diesen vermutlich ersten Tempelbau hält. Zweifelsfrei jedoch existierte ein Tempel, denn die gefundenen Stirnziegel (Antefixe), Giebelverzierungen (Akrotere) und anderen Architekturfragmente sind eindeutige Hinweise auf den Tempelbau. Es handelte sich dabei um einen größeren und prachtvoll ausgestatten Tempel, dessen vergoldetes Dach (Verg. Aen. 6,13) weithin sichtbar gewesen sein muss. Der Tempel war, trotz der Unterwerfung Aricias durch Rom, ein Zeichen für die Bedeutung der Stadt und den Wohlstand des Heiligtums. Der prachtvolle Bau, wenn er denn der erste gewesen ist, hat jedoch nicht nur das Heiligtum, sondern auch den Kult verändert. Zumindest tauchen zur selben Zeit Votivgaben aus Terrakotta auf, die die Göttin als Jägerin zeigen oder Körperteile, Köpfe und Tiere sowie Bronzefiguren, ein Spiegel u. a. Mit der Zunahme der Votivgaben, die auch für andere Heiligtümer Latiums zu konstatieren sind, entwickelten sich auch Werkstätten, und die ökonomische Bedeutung des Heiligtums nahm mit der Zunahme der Pilger ebenfalls zu. Die Pilger benötigten nicht nur Votivgaben, sondern auch Souvenirs, Rastplätze, Nahrung u. a. m. Und diejenigen, denen die Göttin geholfen hatte, hinterließen ihre Weihgeschenke als Dankesgaben. In der späten Republik zählte das Heiligtum zu den reichsten Mittelitaliens und auch im 2. Jh. n. Chr. lagen dort noch „reiche Schätze geweihten Geldes"(App. civ. 5,97).

Am Ende der mittleren Republik und der späten Republik, also zwischen der Mitte des 2. und der Mitte des 1. Jhs. v. Chr., erfolgten dann große Ausbaumaßnahmen, die sicherlich auch eine Reaktion auf die Anforderungen durch die zunehmenden Pilgerströme darstellten. Der Raum, den das Heiligtum einnahm, wurde neu und monumental ausgebaut – der natürliche Raum architektonisch gestaltet. Die meisten der heute noch zu sehenden archäologischen Reste stammen aus dieser Zeit. Dazu gehört die Terrassierung eines großen Geländes (44 000 m²). Dieses Areal besteht aus zwei Terrassen. Die untere Terrasse hat Abmessungen von 200 × 175 m und wird zur Seeseite hin von einer Mauer mit dreieckigen Nischen in *opus incertum* (C) abgestützt. Im Osten wird die Terrasse durch zwei im rechten Winkel aufeinanderstoßende Mauern mit halbrunden Nischen in *opus incertum* (B) gegen den Hang hin abgeschlossen. Parallel zu diesen verläuft eine Mauer, ebenfalls aus *opus incertum* (Q), die der Mauer mit den halbrunden Nischen (B) vorgeblendet ist. Zwischen den beiden Mauern verläuft eine gedeckte Portikus mit dorischen Säulen aus Peperin (Z) und vor der Mauer aus *opus incertum* eine zweite gedeckte Portikus ebenfalls mit dorischen Säulen (R) aus *opus incertum* und *opus mixtum* mit rotem Verputz und einem Gebälk aus Peperin. Die geschlossenen Räume (M) des linken Abschnitts der Portikus, die direkt an die Rückwand der unteren Terrasse anschließen, werden für Kammern, in denen die Weihgaben aufbewahrt wurden, gehalten. Die Räume, die sich westlich der geschlossenen Räume (M) befinden, sind nicht zu besichtigen (F, K, S, T). Der eigentliche Tempel der Diana wurde bisher immer in einem Bau vermutet, dessen Fundament aus *opus quadratum* in Peperin ausgeführt ist (K). Jedoch wurde der Tempel auch verschiedentlich auf der zweiten Terrasse

Die Arkaden (B) des Heiligtums der Diana Nemorensis

(V) vermutet. Dort befinden sich auch die auf dem Plan (s. S. 65) nicht eingezeichneten Räume der oberen Terrasse und ein halbkreisförmiges Nymphäum von 25 m Breite. In die gleiche Zeit gehören ein kleines Theater (S), eine Badeanlage (T), ein Wasserbecken und ein Getreidespeicher (CIL 14 4190). In den nördlich gelegenen Resten (F) vermutet man Räume, die von den Priestern und Gläubigen genutzt wurden. Die gepflasterte Via Virbia bog von der Via Appia bei Genzano ab und führte bis zum Heiligtum (U). Das Heiligtum wurde seit Augustus immer wieder von den Kaisern ausgebaut und gefördert. In der mittleren Kaiserzeit hatte die Popularität so zugenommen, dass, dies sieht man auch an den relativ kleinen Weihinschriften und -gaben, die erste Terrasse völlig überfüllt gewesen sein muss durch die zahlreichen Statuen, Inschriften und Votivgaben. Auch das Theater wurde Mitte des 2. Jhs. restauriert, wenn nicht sogar teilweise ersetzt, was die Stempel aus der Regierungszeit des Hadrian, Antoninus Pius und Marc Aurel belegen. Trotz dieser Renovierungsmaßnahmen stagnierte der Kult und im 3. Jh. n. Chr. wurde das Heiligtum von zwei Erdbeben schwer beschädigt. Das Ende des Kultes scheint die von Servius (ad Aen. 2,116) berichtete Überführung des *rex Nemorensis* nach Sparta gewesen zu sein. So waren die Wälder um das Heiligtum in der Spätantike erstmals seit vielen hunderten Jahren ohne ihren Priesterkönig, die Zahl der Gläubigen hatte bereits seit längerem stark abgenommen, die Christen nahmen Besitz von dem Kratersee und die ersten Eremiten zogen in die Höhlen entlang des Seeufers.

Lanuvium (Lanuvio)

Im hübschen Städtchen Lanuvio lohnt es sich, wie bereits Properz (s. u.) bemerkte, einige Stunden zu verbringen. Berühmt für seine Heiligtümer und bevorzugter Villenort der römischen Aristokratie, bieten sich dem Besucher auch heute noch in den engen Gassen und außerhalb von Lanuvio zahlreiche Reste der antiken Stadt. Lanuvium (Lanuvio) liegt am Südhang der Albaner Berge auf einem Vulkankegel (324 m ü. NN), rund 28,5 km südöstlich von Rom entfernt und war über die Via Appia, die nördlich der antiken Stadt verlief, gut zu erreichen. Von der Stadt kann man die pontinische Ebene bis Terracina überblicken und, wie Strabon erwähnt, das Meer und Antium (Anzio) sehen (Strab. 5,3,12). Die Lage ist es auch, die einerseits die strategische Bedeutung des Ortes ausmacht und andererseits spätestens seit dem 1. Jh. v. Chr. römische Aristokraten anzog, die hier die idealen Bedingungen für ihre Villen fanden.

Die von Appian (2. Jh. n. Chr.) überlieferte Gründungslegende der Stadt führt Diomedes, einen Helden des trojanischen Krieges aus Argos, als Gründungsheros an und betont damit das ehrwürdige Alter der Stadt (civ. 2,74). Eine zweite Variante, die der erste römische Geschichtsschreiber Fabius Pictor (3. Jh. v. Chr.)

überliefert, führt die Gründung der Stadt auf den eponymen Gründungsheros Lanoios, der mit Aeneas und Ascanius aus Troja geflüchtet war, zurück. Diese zweite Variante wurde erst 1969 mit Entdeckung einer griechischen Inschrift in Taormina (Stadt an der Ostküste Siziliens) bekannt. Die ältesten archäologisch fassbaren Siedlungsspuren auf dem Hügel von San Lorenzo sind in die Mitte des 14. Jhs. v. Chr. zu datieren. Lanuvium gehört zu den ältesten latinischen Städten und sein östliches und südliches Territorium bilden zugleich die Grenze zwischen *Latium vetus* und dem Siedlungsgebiet der Volsker. Als Mitglied des latinischen Bundes war Lanuvium auch Teil des Bündnisses, das 493 v. Chr. zwischen Rom und den anderen latinischen Städten geschlossen wurde (*foedus Cassianum*, s. S. 10). In diese Zeit etwa datiert auch ein herausragender und für die archaische Zeit Latiums bisher einmaliger Fund: die *Tomba del Guerriero*. Das **Grab eines Kriegers**, der in einem grob bearbeiteten Sarkophag aus Peperin bestattet worden war, wurde 1934 am südwestlichen Abhang des Hügels von San Lorenzo auf der Höhe der Viale Antonio Gramsci 52 entdeckt. Das Grab wird ins frühe 5. Jh. datiert und weist somit in die Zeit der Schlacht am *Lacus Regillus*. Die inzwischen im Museo Nazionale in den Diokletiansthermen in Rom ausgestellten Funde umfassen einen Brustpanzer aus Bronze, einen Bronzehelm, der mit Silber, Gold und Glaspaste geschmückt ist, eine Axt, ein Schwert und drei Speerspitzen. Besonders interessant neben dieser reichen und gut erhaltenen Ausstattung eines Kriegers sind aber die anderen Grabbeigaben: zwei Strigiles, zwei Alabastra, Bronzebeschläge eines Gefäßes und ein Bronzediskus. Der Diskus ist auf beiden Seiten mit Motiven aus dem sportlichen Wettbewerb verziert, einem Diskuswerfer und einem *desultor*. Ein *desultor* sprang von einem

Pferd oder Wagen zu einem anderen. Bereits in der Ilias des Homer (15,679–684) wird diese Form des „Reitsports" erwähnt. Die Alabastra, welche zur Aufbewahrung des Öls dienten, mit dem man sich vor dem Sport einrieb, und die Strigiles, die zur Reinigung von Öl, Schweiß und Sand nach dem Sport dienten, weisen ebenso wie der Diskus nicht nur auf die sportliche Betätigung der Aristokraten, sondern auch auf die Einflüsse des griechischen Kulturraums und den gymnasialen Wettbewerb. Obwohl die Funde der *Tomba del Guerriero* für den mittelitalischen Raum singulär sind, werfen sie doch ein bezeichnendes Licht auf das Selbstverständnis und Leben der Aristokraten der latinischen Städte jener Zeit, die ein gesteigertes Interesse an sportlichen Wettkämpfen hatten und auch daran teilnahmen.

Eine in Centuripe (Sizilien, Prov. Enna) gefundene griechische Inschrift, deren Datierung nicht sicher ist (2.–1. Jh. v. Chr.), erwähnt die Erneuerung eines Bündnisses durch den Senat von Lanuvium mit Centuripe. Dieses wichtige Dokument bestätigt die engen Beziehungen Lanuviums mit der griechischen Welt Siziliens und wird oft als Bestätigung für die von Dionysios von Halikarnassos behauptete Gründung zahlreicher latinischer Städte durch die Sikuler herangezogen. Letztlich bleiben aber alle Gründungsmythen, ob nun die von den Stadtheroen Diomedes und Lanoios oder den Sikulern, mit der griechischen Welt verbunden, was sich eben auch in den Funden der Stadtgeschichte widerspiegelt.

Lanuvium verlor, wie die anderen latinischen Städte, seine Selbstständigkeit 338 v. Chr., nachdem man gemeinsam mit Aricia, Velitrae und den Volskern aus Antium am Fluss Astura von den Römern besiegt worden war (Liv. 8,13,5). Die Bürger erhielten zuerst wohl das eingeschränkte Bürgerrecht ohne Stimmrecht (*civitas sine suffragio*), nicht viel später jedoch das volle römische Bürgerrecht. Lanuvium hatte seit dieser Zeit den Status eines *municipium*.

> **Anreise nach Lanuvium**
> Nach Lanuvio gelangt man von Nemi über Genzano. Am südöstlichen Ortsende Genzanos zweigt von der Nr. 7 die Via Appia Vecchia in Richtung Lanuvio und Velletri ab. Nach etwa 3 km biegt man rechts ab und erreicht Lanuvio über die Viale Giovanni XXIII, die einen in die Innenstadt zur Piazza Carlo Fontana führt. Es bietet sich an, südwestlich des Ortskerns auf dem Largo Galieti zu parken und von dort den Rundgang durch die Stadt zu beginnen.

In der späten Republik entwickelte sich Lanuvium zu einem Treffpunkt der politischen Prominenz. Neben Lucius Cornelius Balbus maior, dessen Landgut später an Marcus Aemilius Lepidus ging, und Marcus Iunius Brutus hielt sich auch Cicero öfter in Lanuvium auf und trug sich auch mit dem Gedanken dort eine Villa zu erwerben. In der Kaiserzeit kam es dagegen erst unter den Antoninen zu einer erneuten Blüte. In der kaiserlichen Villa, deren Reste mit großer Wahrscheinlichkeit nördlich von Lanuvium nachgewiesen sind, wurden die späteren Kaiser Antoninus Pius und Commodus geboren. Überliefert ist zudem, dass Commodus (180–192 n. Chr.) im Amphitheater der Stadt als *bestiarius*, ein Gladiator, der mit Tieren kämpfte, auftrat und wilde Tiere tötete (SHA Comm. 8,5). Eine Form der kaiserlichen Betätigung, die zumindest in den Augen des römischen Senates, mit dem Commodus in ständigem Konflikt lebte, für einen Angehörigen der römischen Aristokratie und besonders den Kaiser völlig unangemessen war.

Das heutige Lanuvio, welches den Charakter eines mittelalterlichen und frühneuzeitlichen Städtchens behalten hat, erhebt sich über dem antiken Lanuvium. Nur die *arx* im Norden der Stadt auf dem Hügel von San Lorenzo ist in einigen Bereichen nicht überbaut. Dort finden sich die konservierten Reste des Heiligtums der Iuno Sospita. Die antike Stadtanlage verteilte sich über vier Terrassen, deren letzte und höchste die *arx* mit dem Heiligtum der Iuno Sospita ist.

Beginnt man den Rundgang durch Lanuvium am Largo Galieti, steht man unmittelbar vor den Resten des **Herkulesheiligtums** aus dem 2. Jh. v. Chr., welches sich auf der ersten Terrasse befand und welches nach dem der Iuno Sospita wohl das bedeutendste Heiligtum Lanuviums war. Die Substruktionen, eine Mauer in *opus quadratum* (33 m lang und ca. 9,35 m hoch) und vermutlich das Tempelpodium, bestehen aus 19 Reihen von sich abwechselnden Bindern, das sind Quader, die bei einem zweischaligen Mauerwerk ganz oder teilweise von einer Seite zur anderen reichen, und Läufern, Quader, die der Länge nach vermauert sind. Die Identifizierung als Herkulesheiligtum ergibt sich aus den in diesem Gebiet gefundenen Weihgeschenken und Inschriften. Allerdings ist die genaue Lokalisierung des Tempels bisher nicht gesichert. Die zum Heiligtum gehörenden Reste ziehen sich bis zum Largo Tempio d'Ercole. Inschriftlich überliefert sind auch die Restaurierungsmaßnahmen in der Regierungszeit der Kaiser Tiberius (14–37 n. Chr.) und Hadrian (117–138 n. Chr.). Der von den Italikern, Etruskern und Römern verehrte Herkules hatte in Latium zahlreiche Heiligtümer (zum Herkuleskult s. S. 83 und 102 f.). In Lanuvium ist der Kult des Gottes anhand der Funde seit dem Ende des 3. Jhs. v. Chr. sicher nachzuweisen. Er wird hier wie in Rom und Tibur auch als Hercules Victor (der Sieger) verehrt und, wie eine Inschrift überliefert, in Verbindung mit der Iuno Sospita (*Hercules Sanctus – Iuno Sispes*, ILS 9246) – eine Verbindung, die durchaus kein Einzelfall ist und deren Darstellung sich u. a. auch auf Vasenbildern wiederfindet. Der Komplex muss für die Reisenden, Bauern und Händler, die Lanuvium von der Ebene oder dem Meer kommend über die Via Antiatina her erreichten, gut sichtbar gewesen sein. Da Herkules in Italien auch der Gott des Handels, der Kaufverträge und des Eigentums war, ist die Errichtung des Tempels in der Nähe einer solch wichtigen Verkehrsverbindung sicherlich kein Zufall.

Folgt man vom Largo Galieti einige Meter der Via Selci Larghe in nordöstlicher Richtung und hält sich dann links, so stößt man auf den Largo Tempio d'Ercole. Hier sind die Substruktionen der zweiten Terrasse der antiken Stadt sichtbar, die fast gänzlich von der mittelalterlichen Befestigungsanlage aus dem 9. Jh. eingenommen wird. An einigen Stellen ist das antike Mauerwerk in *opus quadratum* sichtbar, aber auch anderes römisches Mauerwerk wie *opus vittatum* (abwechselnde Schichten aus Ziegelmauerwerk und kleinteiligen Tuffquadern) wurde in die mittelalterliche Festungsanlage einbezogen und diente dieser als Substruktion. Auf dieser zweiten Terrasse befanden sich das Forum, die Thermen und das Theater der antiken Stadt.

Folgt man von hier der Via Capocroce und hält sich dann nach rechts, stößt man zuerst auf die Piazza Mattei. Dort sind noch einige vermauerte Spolien zu sehen, darunter die Inschrift eines römischen Schauspielers (s. u.) und die Reste eines marmornen Frieses mit zwei Tritonen (Meeresgottheiten mit menschlichem Oberkörper und Fischschwanz). Die Piazza Mattei grenzt an die Piazza S. Maria Maggiore. Hier finden sich am Palazzo Colonna eine vermauerte **römische Inschrift** und ein **Brunnen**, dessen Wasserspeier und Brunnenbecken

Römischer Sarkophag, als Brunnen verwendet

antik sind. Der Säulensarkophag wird ins 3. Jh. n. Chr. datiert und die Maske, die heute als Wasserspeier dient und eine Kopie des 1974 gestohlenen Originales ist, war vermutlich ein dekoratives Element aus dem Theater. Die Datierung des Sarkophages beruht vor allem auf der Gestaltung der Bart- und Haartracht der abgebildeten Personen. Auf der durch Säulen in drei Bildfelder gegliederten Vorderseite des Sarkophages ist im mittleren Feld ein zweiflügeliges leicht geöffnetes Portal zu sehen. Auf der linken Seite stehen zwei Frauen und auf der rechten zwei mit der Toga bekleidete Männer. Das zweiflügelige Portal wurde verschiedentlich als Tor zur Unterwelt interpretiert.

Die 112 cm hohe und 65 cm breite und in der Wand des Palazzo Colonna vermauerte Marmorbasis mit Inschrift (CIL 14 2104) gehörte zu einer Ehrenstatue des Titus Aurelius Aphrodisius, eines kaiserlichen Freigelassenen (Aug(usti) lib(erto)) und kaiserlichen Finanzbeamten (proc(urator) Aug(usti) a rationibus), der vom Senat und Volk von Lanuvium (s(enatus) p(opulus)q(ue) L(anuvinus)) mit dieser Statue geehrt wurde. Der Anlass der Ehrung ist unklar, jedoch scheint es sich um einen Freigelassenen des Antoninus Pius zu handeln, desjenigen Kaisers, dessen Geburts- und Sterbeort ein Landgut bei Lanuvium war und der eine enge Beziehung zu Lanuvium hatte. Er ließ u. a. Tempel in Lanuvium erneuern (SHA Pius 8,3). So wundert es nicht, dass ein Freigelassener des Kaiserhauses und hoher Finanzbeamter der kaiserlichen Verwaltung gerade in dieser Stadt geehrt wurde.

Um von der Piazza S. Maria Maggiore zu den Resten des antiken Theaters zu kommen, kehrt man am besten zurück zum Largo Tempio d'Ercole und wendet sich von dort rechts zur Via Elio Stillone, in die man wiederum rechts einbiegt. Man folgt dieser und der Viale Alcide De Gasperi, die einen bereits an römischen Mauerresten in opus reticulatum vorbeiführt, bis man unmittelbar vor Beginn der Festungsmauern auf die Reste des antiken Theaters stößt.

Das **Theater** von Lanuvium, dessen Reste im Stadtbild noch gut sichtbar sind, jedoch frei-

„Unsinnig große Unterbauten": die Monumente in den Albaner Bergen | Die antiken Monumente im Umland Roms

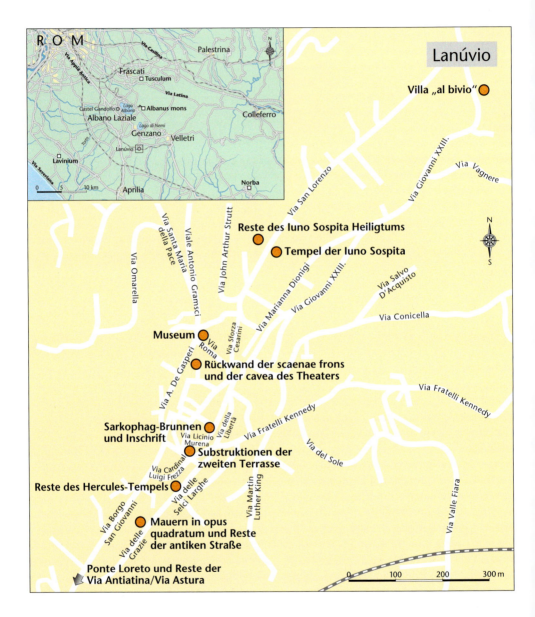

lich nicht mit den Resten des Theaters von z. B. Tusculum (s. S. 85 ff.) wetteifern können, zeugen von dem vitalen städtischen Kulturleben. Das Theater wird auf das 2. Jh. v. Chr. datiert, wobei es zuerst in augusteischer und dann in antoninischer Zeit (Mitte des 2. Jh. n. Chr.) restauriert bzw. umgebaut wurde. In der Via A. De Gasperi sind ein knapp 10 m langes Stück der Rückwand des Bühnengebäudes, der *scaenae frons,* zu sehen sowie Reste der Mauerverkleidung in *opus reticulatum*. Die solide Wand besteht aus Quaderblöcken, ähnlich der Mauer des Herkulesheiligtums. Auffällig ist aber die vorgelagerte Mauer in *opus caementitium*. Es ist anzunehmen, dass die Bühne vergrößert und durch das Mauerwerk somit verstärkt werden sollte. Auch lassen sich noch Balkenlöcher erkennen, die im Zusammenhang mit der Bühnentechnik zu sehen sind. Geht man aufmerksam durch die umliegenden Gassen, kann man an der Piazza Stampiglia und der Via Antonio Pio Reste des Unterbaus der *cavea* (Zuschauerraum) ausmachen. Diese war nach griechischem Vorbild in den Hang hineingebaut, zum Teil aber auch typisch römisch auf massiven Substruktionen errichtet und hatte einen Durchmesser von knapp 54 m. Von den Zuschauerrängen konnte man über das flache Land bis zum Meer blicken. Wie alle Theater war auch dieses mit zahlreichen Statuen und weiteren architektonischen Dekorelementen ausgestattet. Von den bei den Ausgrabungen gefundenen Statuen sei an dieser Stelle vor allem die Kolossalstatue des Kaisers Claudius (41–54 n. Chr.) erwähnt. Der Kaiser wird dabei sitzend mit den ikonographischen Merkmalen des Jupiter dargestellt. Mit dem idealen Körper ist ein als realistisch zu bezeichnendes Portrait des Kaisers verbunden. Da die Rückseite der Statue nicht vollständig ausgearbeitet ist, wird der Aufstellungsort eine Nische gewesen sein, ob im Theater oder an einem anderen Platz, ist unklar. Die Statue befindet sich heute in den Vatikanischen Museen. Aus der an gleicher Stelle gefundenen und heute verschollenen Inschrift geht hervor, dass der Senat und das Volk von Lanuvium dem Kaiser 42/43 n. Chr. eine Statue – vermutlich die oben beschriebene – errichten ließen.

Lanuvium war die Heimat des noch Shakespeare (Hamlet 2,2,386) bekannten Komödienschauspielers Quintus Roscius Gallus. Der zu seinen Lebzeiten (2./1. Jh. v. Chr.) hoch angesehene und beliebte Schauspieler war, was eher selten war, ein Freigeborener und wurde von Lucius Cornelius Sulla (138–78 v. Chr.) in den Ritterstand erhoben. Der rechtliche Status und die soziale und wirtschaftliche Lage der meisten Schauspieler klafften weit auseinander. Roscius jedoch war ein Superstar der Bühne, der durch seine Kunst zu einem großen Vermögen gekommen war und es sich leisten konnte, nur noch unentgeltlich aufzutreten. Marcus Tullius Cicero (106–43 v. Chr.) verteidigte ihn vor Gericht und lobte seine überragende Darstellungskunst. Doch nicht nur auf der Bühne, sondern auch als Schauspiellehrer und als Schriftsteller beschäftigte er sich mit dem Theater. Seine ersten Erfolge wird Roscius wohl in Lanuvium gefeiert haben.

Von dem hohen Ansehen, welches das Theater und die Schauspieler in Lanuvium genossen, zeugt auch die in der rechten Seitenwand der Kirche S. Maria Maggiore (Piazza Mattei) vermauerte **Inschrift des Pantomimen** Marcus Aurelius Agilius Septentrionis. Diese besondere und in der Kaiserzeit sehr populäre Form des Schauspiels trennte die Darstellung mit Gebärden vom Text bzw. Gesang. Besonders der tragische *pantomimus* erfreute sich seit der Kaiserzeit großer Beliebtheit und auch die Kaiser haben, wie etwa Augustus, Nero oder Trajan, diese Art des Schauspiels gefördert. Publius Ailios Aristeides (2. Jh. n. Chr.) formulierte in einer Rede, was die Kritiker einem Pantomimen wie Agilius Septentrionis vorwarfen: allzu viel Erotik und den als unmännlich angesehenen Tanz. Beides wohl Merkmale, die zur Faszination der Massen beitrugen.

Die Ehreninschrift (123 × 75 cm) für den berühmten *pantomimus*, der ein Zögling (*alumnus*) der Kaiserin Faustina der Jüngeren, der Gattin des Kaisers Marc Aurel (161–180

📖 Die inschriftliche Ehrung eines Bühnenstars (CIL 14 2113)

M(arco) Aurel(io) Aug(usti) lib(erto) | Agilio Septentrio|ni pantomimo sui | temporis primo, sacerdoti synhodi, Apollinis pa|rasito, alumno Faustinae | Aug(ustae), producto ab imp(eratore) M(arco) | Aurel(io) <Commodo> Antoni|no Pio Felice Augusto, | ornamentis decurionat(us) | decreto ordinis exornato, | et allecto inter iuvenes, | s(enatus) p(opulus) q(ue) Lanivinus

n. Chr.), der Mutter des Commodus, und Freigelassener (*libertus*, ein ehemaliger Sklave) des Kaiserhauses war, ist ein weiteres beredtes Zeugnis für die Theaterkultur Lanuviums. Er wird als erster *pantomimus* seiner Zeit (*pantomimo sui temporis primo*) bezeichnet. Ob es sich dabei um einen vom Kaiser verliehenen Ehrentitel handelt oder um eine Auszeichnung, die auf einen gewonnenen Wettbewerb zurückgeht, ist unklar. Sicher jedoch ist, dass er es in Lanuvium zu hohen Ehren gebracht hat. Der Stadtrat und das Volk von Lanuvium (*senatus populusque Lanuvinus*) verliehen ihm während der Herrschaft des Commodus (180–192 n. Chr.) die Ehrenabzeichen des städtischen Rates (*ornamentis decurionatus*) und nahmen ihn in die elitäre Organisation der städtischen Jugend auf (*allecto inter iuvenes*). Diesen Beschluss hielt der städtische Rat inschriftlich auf dem Sockel einer ebenfalls gestifteten Statue fest, die den Schauspieler für alle Bürger und Besucher der Stadt an einem öffentlichen Platz sichtbar ehrte. Eine ähnliche Ehrung erhielt dieser Bühnenstar einige Jahre später auch in Praeneste (CIL 14 2977). Der solchermaßen geehrte *pantomimus* ist ein gutes Beispiel dafür, wie weit ein ehemaliger Sklave, ausgestattet mit den richtigen Fähigkeiten und der Gunst des Kaisers, aufsteigen konnte.

Commodus, der selbst in einer Villa bei Lanuvium geboren wurde und eine besondere Vorliebe für das Theater und vor allem für Gladiatorenspiele hatte, wird die Popularität und den sozialen Aufstieg des Agilius Septentrionis in Lanuvium nachdrücklich gefördert haben.

Folgt man der Via A. de Gasperi weiter, stößt man nach wenigen Metern auf die Piazza della Maddalena und die Via Roma. Vor einem erhebt sich der am Ende des 19. Jhs. erbaute Palazzo Comunale, in dessen Erdgeschoss sich das **Museo Civico di Lanuvio** befindet. Beim Bau des Palazzo Comunale stieß man im Jahr 1881 auf die Reste der antiken römischen **Thermen**, die heute leider nicht mehr zu sehen sind. Die Existenz der Thermen wird auch durch eine Inschrift (CIL 14 2119) aus dem 2. Jh. n. Chr. bestätigt, die im Museum ausgestellt ist. Lucius Ocra leitete in seiner Eigenschaft als städtischer Magistrat die Renovierungsarbeiten der Umkleideräume und stiftete eine *piscina* (Schwimmbecken) sowie einen monumentalen Brunnen mit drei Armen in Form von Schiffsschnäbeln. Die Inschrift verdeutlicht einmal mehr die Aufgaben städtischer Magistrate, zu denen auch die Instandhaltung und Errichtung öffentlicher Gebäude gehörte, die aus eigener Tasche zu finanzieren waren.

Ein Besuch des kleinen Museums lohnt sich. Die vier Räume bieten Exponate zur vorrömischen, römischen und mittelalterlichen Geschichte der Stadt sowie eine epigraphische Sammlung. Neben einer Dokumentation zu dem oben erwähnten Kriegergrab des frühen 5. Jhs. v. Chr. sind hier die Reste einer Statuengruppe, die dem Licinius Murena (1. Jh. v. Chr.) zugeordnet wird, zahlreiche Votivgaben und Architekturfragmente vom Heiligtum der Iuno Sospita sowie weitere Funde aus Lanuvium und seinem Umland zu sehen.

Nördlich des Museums liegen auf dem Hügel von San Lorenzo im Park der Villa Sforza

Die Portikus des Iuno-Sospita-Heiligtums

Cesarini die Reste des **Heiligtums der Iuno Sospita**. Man erreicht die archäologische Zone von der Piazza della Maddalena aus am einfachsten über die Via della Maddalena und biegt dann von dieser kommend nach links in die Via Sforza Cesarini ein, die zum Park der Villa Sforza Cesarini führt.

Lanuvium war zahlreich an Opferstätten und Heiligtümern, wie Cicero (de fin. 2,20,63) hervorhebt. Besondere und überregionale Bedeutung hatte dabei das Heiligtum der Iuno Sospita. Die Entwicklung vieler latinischer Stadtstaaten ist eng mit dem monumentalen Ausbau von bereits bestehenden Heiligtümern verbunden, die meist überregionale Bedeutung besaßen. Auch in Lanuvium ist dies der Fall. Der erste Tempelbau auf der *arx*, der zugleich auch die erste Bauphase des Heiligtums der Iuno Sospita darstellt, ist in die zweite Hälfte des 6. Jhs. v. Chr. zu datieren. Das Heiligtum der Iuno Sospita in Lanuvium wird in der Folge zum wohl wichtigsten Iuno-Heiligtum Latiums. Die Bedeutung des Heiligtums lässt sich auch daran erkennen, dass Rom sich nach dem Sieg gegen die Latiner im Jahr 338 v. Chr. ausbedungen hatte, dass das Heiligtum künftig unter der gemeinsamen Verwaltung Roms und Lanuviums stehen sollte (Liv. 8,14,2). Hinzu kommt, dass Cicero in einer Rede für Lucius Murena 63 v. Chr. erwähnt, dass alle amtierenden Konsuln im Heiligtum der Iuno Sospita ein Opfer darbringen mussten (Mur. 90). Auch wenn Cicero Lanuvium nicht eindeutig als Schauplatz dieser Opferhandlung erwähnt und es seit 197 v. Chr. auch in Rom einen Tempel der Iuno Sospita gab, deutet doch vieles auf Lanuvium hin. Die Bedeutung des Heiligtums der Iuno Sospita für den römischen Staat belegen auch die zahlreichen überlieferten Prodigien aus Lanuvium. Besonders gehäuft werden diese Vorzeichen während des Krieges gegen Hannibal (218–201 v.Chr) überliefert. In einer für Rom existentiellen Krise sind es u. a. die Prodigien aus Lanuvium, die den Weg zu einem Ausgleich mit den Göttern und damit zum Sieg über die Karthager aufzeigen. Als Prodigien gelten Ereignisse, vor allem Naturereignisse, die als außergewöhnlich wahrgenommen werden und Teil der römischen Divination sind, jenes Verfahrens, das den göttlichen Willen und das Wissen um zukünftige Ereignisse ergründen soll.

Die Bedeutung des Kultes lässt sich auch an seinem überlieferten Reichtum erkennen. Die Weihgeschenke und die Einnahmen durch die zahlreichen Pilger hatten das Heiligtum so vermögend gemacht, dass es 42 v. Chr. möglich war, Octavian, dem späteren Kaiser Augustus, eine große Summe zu leihen. Appian, der dies überliefert (civ. 5,97), spricht im selben Zuge davon, dass dort auch noch zu seiner Zeit im 2. Jh. n.Chr „reiche Schätze geweihten Geldes liegen". Dieser Reichtum des Heiligtums hängt nicht zuletzt mit dem Bau des ersten Abschnittes der Via Appia von Rom nach Capua durch den Censor Marcus Appius Claudius Caecus im Jahre 312 v. Chr. zusammen. Durch diese wichtige Verkehrsader war auch das Heiligtum der Iuno Sospita, wie auch das der Diana am Nemisee für Pilger leichter und schneller zu erreichen, was einen weiteren Bedeutungszuwachs und eine Zunahme der wirtschaftlichen Bedeutung beider Heiligtümer nach sich zog. Den Reichtum an Weihgaben belegt auch eine Inschrift aus dem Heiligtum, die die Anfertigung einer 206 Pfund schweren Kultstatue aus Gold und Silber durch den Kaiser Hadrian überliefert. Das Edelmetall für die neue Statue bestand aus alten und beschädigten Weihungen (*vetustate corruptis*) für Iuno Sospita (ILS 316). Plinius der Ältere schildert allerdings, dass der Tempel eingestürzt und das Heiligtum im 1. Jh. n. Chr. in einem schlechten Zustand gewesen sei. Gleichzeitig rühmt er die alten und qualitativ hochwertigen Wandmalereien, die so schön gewesen seien, dass Caligula (37–41 n. Chr.) sie von der Wand abnehmen und nach Rom bringen wollte. Der Kaiser war so begierig, die beiden nackt dargestellten mythischen Frauenfiguren der Atalante und der Helena in seinen Palast mitzunehmen, dass ihn nur die Beschaffenheit der Wandverkleidung, die dies nicht erlaubte, daran hinderte (Plin. nat. 35,17 f.).

Das Erscheinungsbild der Göttin, das auch durch Abbildungen auf Münzen und Vasen sowie durch Skulpturen überliefert ist, schildert auch Cicero (nat. deor. 1,82): „Diese (Iuno Sospita) erblickst du nicht einmal im Traum anders als angetan mit einem Ziegenfell, mit einer Lanze, einem kleinen Schild und mit kleinen Schnabelschuhen." Zu den genannten Merkmalen kommt noch die Schlange, das heilige Tier der Göttin, hinzu.

Die Bedeutung des Beinamens der Iuno Sospita ist nicht eindeutig zu klären. Jedoch deuten die verschiedenen Schreibweisen des Beinamens *Sispes*, *Sispita* oder *Sospita* sowie ihre von Cicero geschilderte Ikonographie auf die Göttin als „Retterin" und kriegerische Gottheit, die Rettung im Krieg bringt. Auf diesen Aspekt verweist auch das Inschriftenmaterial. Die Weihinschriften für die Göttin sind allesamt von männlichen Auftraggebern, darunter ein *dictator*, ein Priester, Kaiser Hadrian und ein Soldat. Zu dieser besonderen Eigenschaft der Iuno Sospita kommen jedoch, soviel lassen die Votivgaben und auch literarischen Quellen erkennen, die klassischen Zuständigkeiten als Göttin der Frauen, des agrarischen und pastoralen Bereichs.

Auf Letzteres deutet auch die Beschreibung eines Rituals im Heiligtum der Iuno Sospita durch den römischen Dichter Properz (Mitte bis Ende des 1. Jhs. v. Chr.). Das geschilderte Ritual verbindet die Unschuld der jungen Frauen mit der erwünschten Fruchtbarkeit des Jahres. Die Schlange ist hier die Mittlerin zwischen Göttlichem und den Menschen. Die Schlange wurde in griechischer und römischer Zeit durchaus ambivalent gesehen: So konnte sie sowohl als gutes wie auch als schlechtes Vorzeichen gelten. Ihre Verbindung mit Höhlen und der Divination gilt auch für die griechische Zeit. Den Zugang der von Properz erwähnten Höhle wollen manche Wissenschaftler in dem am nördlichen Ende der Portikus (Abb. S. 79 M) befindlichen Eingang erkennen. Dieser Eingang führt zu einem in den Fels gearbeiteten

Stollen (nicht in der Abb. S. 79 eingezeichnet), der nach Nordosten verläuft und eine Länge von ca. 35 m hat. An der rechten Seite dieses Stollens befinden sich 9 nach Südosten ausgerichtete Räume von 3 bis 12 m Länge. Auf der linken Seite des Stollens verläuft ein Wasserkanal. Am nördlichen Ende des Stollens verläuft ein fast waagerecht zu diesem verlaufender weiterer Wasserkanal von etwa 40 m Länge. Vom Hauptstollen zweigen noch weitere Kanäle ab. Der Wasserkanal, welcher entlang der linken Seite des Stollens von Norden nach Westen in Richtung des Eingangs führte, endete in einem kleinen Brunnen. Die Untersuchungen an diesem Komplex sind bisher weder vollständig publiziert, noch abgeschlossen. Sicher ist jedoch, dass der Komplex in erster Linie der Wasserversorgung des Heiligtums diente. Ob ein Teil der Räume tatsächlich für das von Properz geschilderte Ritual genutzt wurde, konnte jedoch bisher nicht nachgewiesen werden.

Die Reste des Tempels der Iuno Sospita befinden sich in einem nicht frei zugänglichen Areal rechts der Via San Lorenzo (A–D). Das Gelände kann nur nach vorheriger Anfrage beim Museum besichtigt werden. Die frühesten archäologischen Reste in diesem Areal sind durch eine Grabungskampagne im Jahr 2006 nachgewiesen worden. Es handelt sich dabei um die Reste einer eisenzeitlichen Hütte, in der nach den Grabbeigaben eine junge Frau bestattet worden war. Diese Funde befanden sich unter dem archaischen Tempel vom Ende des 6. Jhs. v. Chr. Den ersten Tempel meint man in einem auf die Mitte des 6. Jhs. datierten schmalen Mauerzug aus Tuff identifiziert zu haben. Die Ausmaße dieses Gebäudes sind jedoch nicht festzustellen. Am Ende des 6. Jhs. entstand dann ein nach Westen orientierter tuskanischer Tempel, der im Unterschied zu den griechischen Tempeln auf einem Podium steht und annähernd quadratisch ist. Von dem

> **Der Drache von Lanuvium**
>
> Lanuvium steht seit Urzeiten unter dem Schutz eines alten Drachens. Hierhin, wo es sich lohnt, eine Stunde zu verbringen; man kommt ja nur selten dorthin (wo der heilige Weg plötzlich in einem dunklen Loch verschwindet, in dem – Mädchen, sei vorsichtig auf allen solchen Wegen – die Opfergabe für das hungrige Gewürm hineingetragen wird, wenn es alljährlich sein Futter verlangt und aus dem Erdinneren sein langgedehntes Pfeifen ertönen lässt; die Mädchen, die man für solche Riten hinabschickt, sind schreckensbleich, wenn ihre zarte Hand vom Maul der Schlange gestreift wird; diese schnappt nach dem Fressen, das ihr die Jungfrau hinhält; in den Händen der Jungfrau zittert selbst das Körbchen; waren sie keusch, so kehren sie in die Arme der Eltern zurück, und die Bauern rufen: „Es wird ein fruchtbares Jahr!").
>
> (Prop. 4,8; Übers.: G. Luck)

Bau sind nur wenige Reste in Peperin erhalten. Von diesem Tempelbau stammen auch die in einer Votivgrube Ende des 19. Jhs. gefundenen Terrakotten, von denen heute ein großer Teil im British Museum in London aufbewahrt wird. Der spätarchaische Tempel hatte vermutlich nur eine *cella* mit zwei Seitenräumen (*alae*) und zwei Säulenreihen im Vorraum zur *cella* (*pronaos*). Der Tempel maß ungefähr 22 x 16 m. Nach dem Sieg der Römer über den Latinischen Bund 338 v. Chr. entstand ein neuer Tempel unter Verwendung der Blöcke des Vorgängerbaus. Von diesem Bau ist nur der nördliche Teil, etwa zwei Drittel erhalten, da die südliche Terrasse, auf welcher der Tempel stand, abgerutscht ist und die Bauteile allesamt verschwunden sind. Neben dem Tempelpodium in *opus quadratum* (A) sind westlich und nördlich des Tempels Mauern in *opus reticula-*

„Unsinnig große Unterbauten":
die Monumente in den Albaner Bergen

Die antiken Monumente
im Umland Roms

tum (B) und ein mit Peperin und Basalt gepflastertes Areal (C) nachgewiesen worden.

Die größten Veränderungen des Heiligtums wurden dann in der ersten Hälfte des 1. Jhs. v. Chr. vorgenommen. Aus dieser Zeit stammen die zweistöckige und 120 m lange Portikus (P) in *opus reticulatum* mit dorischen Halbsäulen, von der heute ein einstöckiger rekonstruierter Teil im Park der Villa Sforza Cesarini zu sehen ist (Abb. S. 75), und die ebenfalls sichtbaren Räume in *opus reticulatum* am östlichen Ende der Portikus (Q), die wohl als *tabernae* dienten. Diese *tabernae* (Ladengeschäfte, Schenken u. Ä.) waren der Ort, wo die Pilger sich verpflegen und Votivgaben und Souvenirs kaufen konnten. Die Umbauten aus der zweiten Hälfte des 1. Jhs. v. Chr. wurden wohl durch den ersten römischen Konsul, der aus Lanuvium stammte, Lucius Licinius Murena, und seine Familie vorgenommen. Murena, der im Jahr 105 v. Chr. in Lanuvium geboren wurde, kämpfte sowohl im 2. wie 3. Mithradatischen Krieg gegen Mithradates VI. Eupator, den König von Pontos (120–63 v. Chr.) und bekleidete 62 v. Chr. das Konsulat. Auf ihn verweisen auch die Reste einer marmornen Gruppe von Reiterstandbildern, die nahe der Portikus (P) gefunden wurden. Coarelli vermutet, dass die Skulpturengruppe nach einem Bronzeoriginal des berühmten Bronzebildners Lysippos gearbeitet ist, die Alexander den Großen und seine Begleiter in der Schlacht am Granikos im Sommer 334 v. Chr. gegen die Perser zeigt. Nach dieser Hypothese hätte sich Lucius Licinius Murena nach seinen Erfolgen gegen Mithradates VI. in einem bewusst an Alexander den Großen angelehnten Siegesmonument in seiner Heimatstadt darstellen und so dem enormen sozialen Prestige, das seine Siege und das Konsulat im Jahre 62 v. Chr. für ihn bedeuteten, Ausdruck verleihen wollen. Unzweifelhaft war Murena in dieser Zeit zum ersten Mann in Lanuvium aufgestiegen. Die Reste der Reiterstandbilder befinden sich heute zum großen Teil im Museum in Leeds. Das Museum in Lanuvium bietet aber ebenfalls eine Dokumentation zu dieser Reiterstandbildgruppe wie auch zu den anderen Funden aus dem Bereich des Heiligtums.

Zwischen dem Largo A. Galieti und dem Kirchlein Madonna delle Grazie sind entlang der Via delle Selci Larghe und der Via delle Grazie längere Abschnitte der latinischen **Mauer** zu sehen. Diese Mauer in pseudoisodomem *opus quadratum* (pseudoisodom meint die Schichtung aus unterschiedlich hohen Lagen) ist aus Peperin und wurde zwischen dem Ende des 5. und Beginn des 4. Jhs. errichtet. Sie ist einerseits eine beeindruckende Verteidigungsanlage, wie wir sie auch in zahlreichen anderen latinischen Städten finden (zu den latinischen Mauern s. S. 165) und diente andererseits als Substruktion für die erste Terrasse der Stadtanlage.

Ebenfalls in diesem Abschnitt ist die **antike Straße** ausgezeichnet erhalten. Sie geht nach dem Verlassen des Stadtgebietes in die antike Via Antiatina über, die nach Antium (Anzio) führte. Diese Straße wird auch häufig *Via Astura* genannt, da sie auch zur Mündung des Flusses Astura beim heutigen Torre Astura und den dort in römischer Zeit zahlreichen Meervillen führte, deren Reste heute z. T. sichtbar, aber z. T. auch vom Meer bedeckt sind. Cicero besaß hier eine Villa und auch in der Kaiserzeit war dies ein beliebter Ort für die Villeggiatur. Die *Via Astura* war eine wichtige Lebensader, welche die Stadt mit der Küste verband. Verlässt man das moderne Lanuvio in südlicher Richtung über die Via Madonna delle Grazie, welche die Bahnlinie überquert, mündet diese in die antike *Via Astura*. Folgt man der modernen Straße, führt diese nach etwa 6 km zu einem gut erhaltenen Stück der römischen

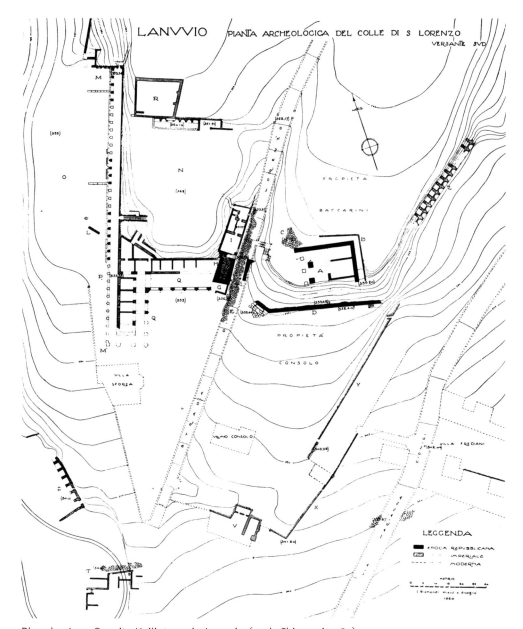

Plan des Iuno-Sospita-Heiligtums in Lanuvio (nach Chiarucci 1983)

Straße mit den Resten einer Brücke: des Ponte Loreto. Die 30 m lange und 5 m breite Brücke besteht aus einem Rundbogen in *opus quadratum* mit 4,72 m Spannweite. Die Brücke hat zwei Bauphasen, die ins 1. Jh. v. Chr. und 2. Jh. n. Chr. datiert werden.

Zuletzt sei noch auf die Reste der **Villa „al bivio"** hingewiesen, die sich von der Stadt kommend nordöstlich von Lanuvio an der rechten Seite der Via Giovanni XXIII befindet. Die frei zugänglichen archäologischen Villenreste, deren erste Bauten auf den Beginn des 2. Jhs. v. Chr. zu datieren sind, bedeckten eine Fläche von ca. 6 000 m². Die Villa hatte ein großes Atrium und bestand aus einer im Norden gelegenen *pars rustica* und einer *pars urbana*.

„Unsinnig große Unterbauten": die Monumente in den Albaner Bergen

Die antiken Monumente im Umland Roms

80 / 81

Die Vorderseite des Herkules-Sarkophags

Velitrae (Velletri)

An den südlichen Ausläufern der Albaner Berge liegt Velletri, das antike Velitrae (322 m ü. NN). Siedlungsspuren reichen an diesem Ort zurück bis in die mittlere Altsteinzeit.

Durch ihre strategisch bedeutsame Position in Halbhöhenlage auf dem Monte Artemisio besaß die Stadt seit jeher eine wichtige Kontrollfunktion sowohl für die Verbindung zwischen den Albaner Bergen und den Monti Lepini in Richtung auf das Sacco-Tal als auch für die Wege in die weitläufige Pontinische Ebene. In der frühen Republik war Velitrae daher häufig umkämpft und mal latinisch, mal volskisch, mal römisch dominiert. Rasch änderten sich die Koalitionen der Völker und Städte, die mit- und gegeneinander Krieg führten. Erst 338 v. Chr. wurde Velitrae – wie auch die anderen Latiner – endgültig von Rom unterworfen.

Wer als Villenbesitzer die *amoenitas* (reizende Lage) der Umgebung von Velitrae genießen wollte, musste eine längere Anreise in Kauf nehmen als etwa zu den Gütern am Albanersee oder bei Tusculum. Für die rund 40 km lange Strecke von Rom nach Velitrae benötigte man in der Regel zwei Anreisetage. Vielleicht konnte sich aus diesem Grund nie eine ausgedehnte Villenlandschaft bei Velitrae etablieren. Mit einer Übernachtung, etwa auf einem Landgut in der Gegend von Bovillae oder Albano, war die Fahrt jedoch bequem zu bewältigen.

Zumindest Kaiser Augustus dürfte diese Variante bevorzugt haben, wenn er auf das von seinem Großvater ererbte Landgut bei Velitrae reiste: Er schätzte ein eher gemächliches Reisetempo, „hetzte sich nicht und reiste in kurzen Etappen", wie sein Biograph Sueton (Aug. 82,1) schreibt. Allein schon „bis nach Praeneste und Tibur" benötige der Princeps von Rom aus „zwei volle Tage". In Velitrae angekommen, erinnerte sich Augustus möglicherweise an prägende Kindheitserlebnisse, soll er doch auf der Villa des Großvaters das Laufen gelernt haben (Suet. Aug. 6). Dieses Landgut glaubt man auf dem rund 3 km westlich von Velletri gelegenen Hügel von San Cesareo identifiziert zu haben. Hier befand sich eine römische Villa, die auf zwei Terrassen angelegt worden war und deren erste Bauphase in die erste Hälfte des 1. Jhs. v. Chr. datiert. In der ersten Hälfte des 2. Jhs. n. Chr., der Zeit des Hadrian und des Antoninus Pius, wurde dieser Villenkomplex zweimal renoviert; eine Periode, in der die Villeggiatur bei Velitrae gegenüber der späten Republik deutlich ausgeweitet wurde.

Von der antiken Siedlung Velitrae sind heute nurmehr wenige Reste sichtbar. Sie dehnte sich wahrscheinlich im Norden bis zur Via Andrea Velletrano, im Osten bis zur Via dei Lauri, im Westen bis zum Corso Vittorio Emanuele und im Süden bis zur Porta Napoletana aus. Das Forum vermuten die Archäologen an der Stelle der heutigen Piazza Umberto; etwas nordöstlich davon das nur inschriftlich (CIL 10 6565) belegte Amphitheater. Auch das Theater von Velitrae, von dem sich keine Überreste mehr erhalten haben, soll sich beim Forum befunden haben. Einige dort gefundene Architekturfragmente weisen ins 3. Jh. n. Chr., was – verglichen mit den Theatern anderer suburbaner Städte wie etwa Tusculum – sehr spät wäre. Es ist daher denkbar, dass es sich bei den Funden um das Material späterer Restaurierungen handelt und nicht um die originäre Bausubstanz des Theaters.

Drei Tempel waren in der Antike über das Stadtgebiet verteilt. Der erste stand an der Stelle der heutigen Kirche S. Clemente an der gleichnamigen Piazza, wo in der Portikus der Kirche noch geringe Reste der Mauern in *opus quadratum* aus Peperin zu sehen sind. Der zweite erhob sich etwas weiter nördlich an der Piazza del Comune, der dritte schließlich am Platz der antiken *arx* von Velitrae unter der Kirche **SS. Stimmate** (bekannt als S. Maria della Neve, Via delle Stimmate). Die Kirchenruine ist heute abgesperrt und in einem bedauernswerten Zustand.

Die Grabungen unter der Kirche (zuletzt 2004–2006) haben gezeigt, dass der Tempel vom 7. bis ins 5. Jh. v. Chr. drei Bauphasen durchlief. Allerdings ist es bisher nicht gelungen, die jeweiligen Grundrisse vollständig zu rekonstruieren. Der erste Bau (7./6. Jh. v. Chr.) bestand aus einer einfachen *cella* mit Pronaos und einer Umfassungsmauer in *opus quadratum*, die den heiligen Bezirk (Temenos) begrenzte. Die zweite Bauphase des Tempel ist in die Zeit um 530 v. Chr. zu datieren, als der etruskische König Tarquinius Superbus die Volsker besiegte, die Velitrae zuvor erobert hatten. Er wurde in Form eines tuskanischen Antentempels gestaltet und ähnelte in Architektur und Dekoration den zeitgleichen Tempeln im heiligen Bezirk von S. Omobono in Rom und dem Apollotempel von Veji (s. S. 144 ff.). Die dritte Phase (Anfang 5. Jh. v. Chr.) beschränkte sich auf die Erneuerung der Dekoration, möglicherweise zu einer Zeit, als die Volsker Velitrae wieder zurückerobert hatten. Spätere Funde zeigen, dass der Tempel bis in die frühe Kaiserzeit genutzt wurde.

Im **Museo Civico** von Velletri (Via Goffredo Mameli, 6) ist ein Teil der 1910 bei SS. Stimmate gefundenen Reliefziegel aus der zweiten Bauphase des Tempels ausgestellt; der andere befindet sich im Archäologischen Nationalmuseum von Neapel. Die äußerst filigran gearbeiteten, bemalten Stücke aus Terrakotta zeigen Wagenrennen mit Zwei- und Dreispännern, eine Prozession geflügelter Pferde und eine Bankettszene mit Musikbegleitung. Wurden sie lange Zeit für volskisch gehalten, werden sie nun der etrusko-italischen Tradition zugeordnet.

Zu den Funden von SS. Stimmate zählt auch die sogenannte *Tabula Veliterna*, ein Bronzeblech mit einer Inschrift in volskischer Sprache aus dem 4. Jh. v. Chr. (Original in Neapel). Ob die hier erwähnte Göttin Decluna in dem Tempel verehrt wurde, ist möglich, in der Forschung aber nicht unumstritten. Die vierzeilige Inschrift jedenfalls fixiert Verhaltensregeln für den Aufenthalt in einem der Decluna geweihten heiligen Hain.

Der Besuch des exzellenten Museums von Velletri lohnt aber allein schon wegen eines besonderen Exponats: dem 1955 gefundenen **Herkules-Sarkophag,** auf dem die zwölf Arbeiten (gr. *dodekathlos*) des Heros dargestellt sind. Der 2,57 m lange, 1,25 breite und 1,45 hohe Marmorsarkophag sowie sein Deckel sind fast vollständig erhalten. Teile der abgebildeten Szenen sind zwar stark verwittert, die erhaltenen Szenen aber ausgezeichnet gearbeitet. Im 2. Jh. begann die Körperbestattung und damit die Verwendung von Sarkophagen die vorher in der römischen Welt dominierende Einäscherung zunehmend zu verdrängen. Der Sarkophag lässt sich auf die Mitte des 2. Jhs. n. Chr. datieren, eine Zeit, in der man durchaus von einer beginnenden Massenproduktion von Sarkophagen sprechen kann. Die Herkules-Thematik war in dieser und der folgenden Zeit ausgesprochen beliebt. Bei den 70 bekannten Sarkophagen oder -fragmenten mit diesem Motiv lassen sich anhand ikonographischer Merkmale drei Produktionszentren ausmachen: Athen, Rom und Kleinasien. Der hier ausgestellte Sarkophag wird aus stilistischen Gründen Rom zugerechnet.

Im oberen, von Karyatiden gegliederten Fries der vorderen Längsseite, der nicht den zwölf Arbeiten des Herkules gewidmet ist, sieht man unter anderem in der Mitte Jupiter über dem sitzenden Götterpaar Pluto und Proserpina, die die Unterwelt beherrschen. Die Szenen des unteren Frieses werden durch Atlanten gegliedert, die den oberen Fries stützen. Der untere Fries ist dem Raub der Proserpina gewidmet. Passend zu dem oberen mittleren Motiv mit Proserpina und Pluto wird in der direkt darunter abgebildeten Szene der Raub der Proserpina wiedergegeben.

Die zwölf Arbeiten des Herkules sind auf den beiden Schmalseiten und einer der Längsseiten im oberen Fries abgebildet. Nach dem Mythos wird Herkules vom delphischen Orakel beauftragt, zwölf Arbeiten im Dienst des Eurystheus

> **Anreise nach Velletri**
>
> Von Rom aus geht es nach Velletri über die Via Appia Nuova (SS 7) oder über die östlich am Albaner- und am Nemisee vorbeiführende Via dei Laghi (SS 217). Vom Bahnhof Roma Termini aus verkehren Regionalzüge in direkter Verbindung nach Velletri; sie benötigen für die Strecke gut eine Stunde. Da sich von antiken Bauten nur marginale Reste erhalten haben, lohnt vor allem der Besuch des archäologischen Museums, dessen Exponate die reiche Geschichte Velletris in der Antike widerspiegeln.

von Mykenai (oder Tiryns) zu vollbringen. Auf der rechten Schmalseite beginnt die Darstellung der zwölf Arbeiten mit der Tötung des nemeïschen Löwen, dessen Fell neben der Keule eines der wichtigsten ikonographischen Erkennungsmerkmale des Herkules ist. Das Fell, das den Löwen eigentlich unverwundbar macht und dessen Kräfte Herkules nur überwinden kann, indem er den Löwen erwürgt, dient dem Helden hinfort als Panzer. Die zweite Szene zeigt die Tötung der Hydra von Lerna, einer neunköpfigen Wasserschlange, die Menschen und Tiere überfiel. Die Schilderung der Arbeiten führt über die Längsseite des Sarkophags bis zur linken Schmalseite und endet mit dem Raub der Rinder des Geryoneus, dem Kampf mit dem Höllenhund Kerberos und dessen Entführung sowie mit den Äpfeln der Hesperiden.

Warum die zwölf Arbeiten des Herkules (gr. Herakles) als Motiv so beliebt waren, kann man letztlich nicht bestimmen. Der Käufer eines Sarkophags konnte aber meist nur auswählen, was die Werkstätten auch anboten. Mythologische Szenen waren sehr beliebt, und nicht zuletzt wird die Identifikation mit der mythischen Erzählung, dem Helden und den ihm zugesprochenen Eigenschaften eine wichtige Rolle gespielt haben.

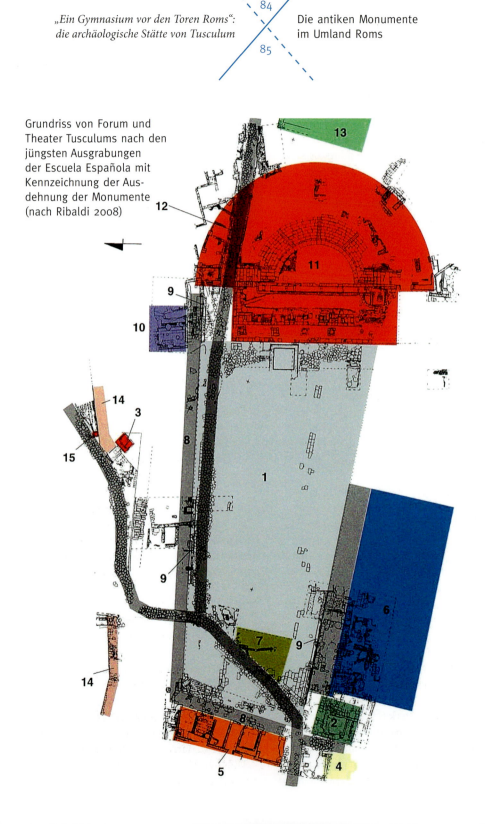

DIE ANTIKEN MONUMENTE IM UMLAND ROMS

„Ein Gymnasium vor den Toren Roms": die archäologische Stätte von Tusculum

Tusculum ist wie kaum eine andere Stadt zum Inbegriff der römischen Villenkultur geworden. Zu diesem bis heute währenden Ruhm hat ihr vor allem ein philosophischer Dialog Ciceros verholfen, der seine dortige Landvilla – das Tusculanum – zum Schauplatz hat und mit dem Titel „Gespräche in Tusculum" *(Tusculanae disputationes)* überschrieben wurde. Vom Tod seiner geliebten Tochter Tullia im Februar 45 v. Chr. tief bewegt und durch Caesars Diktatur am Ende seiner politischen Laufbahn stehend, befasste sich Cicero in diesem Werk – in der Tradition der stoischen Lehre – mit der Bewältigung des Schmerzes. Doch der ernste Grundtenor der *disputationes* rückte im Laufe der Jahrhunderte in den Hintergrund, und so weckt der Name „Tusculum" heute vor allem die Assoziation einer geistvoll-heiteren Auseinandersetzung römischer Dichter und Aristokraten mit der griechischen Geisteswelt inmitten marmorner Statuen und weitläufiger Wandelgänge.

Die heutzutage unbewaldete Südseite des Hügels von Tusculum täuscht darüber hinweg, wie dicht bebaut das Gebiet in der späten Republik und frühen Kaiserzeit gewesen war. Der Geograph Strabon (5,3,12) beschreibt Tusculum in augusteischer Zeit als „eine nicht übel angelegte Stadt; sie ist geschmückt mit den ringsum liegenden Anpflanzungen und Bauten, besonders den unterhalb auf der nach Rom blickenden Seite gelegenen: dort ist nämlich der Tusculaner Berg, ein Hügel mit gutem Boden und viel Wasser, der an vielen Stellen sanft zum Gipfel ansteigt und die stattlichsten Palastanlagen erlaubt". Diese Beschreibung zeigt deutlich, wie stark sich sowohl die Siedlungsstruktur als auch die Bedeutung der Stadt seit der frühen Republik verändert hatten – ein Wandel, wie er bei zahlreichen weiteren Landstädten im Suburbium festzustellen ist.

Der Legende nach soll Telegonos, ein Sohn von Odysseus und Kirke, die Stadt gegründet haben (Dion. Hal. ant. 4,45,1; Sil. 7,692); eine andere Überlieferung nennt Latinus Silvius, König von Alba Longa, als Gründer (Diod. 7,5,9). Für mögliche etruskische Wurzeln, wie sie der Name der Stadt vermuten ließe, gibt es keine Belege. Die ersten archäologischen Zeugnisse für eine Besiedelung des Hügels von Tusculum reichen bis in die Eisenzeit (10.–8. Jh. v. Chr.) zurück. Dabei dürfte es sich um eine für die latiale Kultur typische Hüttensiedlung auf der späteren Akropolis gehandelt haben. Vom 7. Jh. v. Chr. an dehnten die Bewohner die Siedlungsfläche dann weiter aus.

Tusculum war einst Mitglied des Latinerbundes. Im 5. Jh. v. Chr. stand die Stadt zumeist auf Seiten Roms, wandte sich im frühen

Anreise nach Tusculum

Die archäologische Stätte von Tusculum (Area Archeologica di Tuscolo) liegt rund 24 km südöstlich von Rom auf einem Hügel gleich oberhalb der Gemeinden Frascati, Grottaferrata und Monte Porzio Catone. Sie ist mit dem Auto von jedem der drei Orte aus bequem über asphaltierte Straßen zu erreichen. Ein Parkplatz sowie ein kleiner Kiosk befinden sich am Eingang der frei zugänglichen archäologischen Zone. Abgesperrt sind hingegen das Forum und das Theater, da dies nach wie vor Grabungsgelände ist. Wer mit öffentlichen Verkehrsmitteln nach Tusculum gelangen will, steigt in Rom (Stazione Termini) in die Regionalbahn nach Frascati und kann sich dort an der Piazza Roma ein Taxi nehmen. Im Museum der Scuderie Aldobrandini in Frascati (Piazza Marconi, 6) sind in einem neu eingerichteten Museum zahlreiche Funde aus Tusculum zu sehen.

4. Jh. v. Chr. aber von dem vertrauten Partner ab und schmiedete mit Praeneste und Velitrae eine Allianz gegen Rom. Wie Andreas Alföldi gezeigt hat, wurde Tusculum „unter der Bedingung begnadigt, dass es das römische Bürgerrecht annahm und somit ein Anhängsel des römischen Staates wurde". Somit erhielt Tusculum als wohl erstes *municipium* 381 v. Chr. das römische Bürgerrecht, weshalb Cicero es mehr als 300 Jahre später in seiner Rede *Pro Cn. Plancio* (19) als „uralte Landstadt" *(antiquissimum municipium)* bezeichnet. Das Territorium der Stadt blieb jedoch weiter eigenständig unter lokaler Selbstverwaltung.

Gleichwohl markiert dieses Datum eine Zäsur in der Geschichte der Stadt, denn von nun an bestimmte Rom Tusculums weitere Entwicklung. Tusculums politische Bedeutung schwand mehr und mehr, die Stadt wurde zu einem Vorort Roms. In der Folge entstanden vom Ende des 3. Jhs. v. Chr. an die ersten Villen bei Tusculum. Bei den Gütern jener frühen Periode handelte es sich aber mehr um *villae rusticae* mit agrarischer Produktion denn um rein dem *otium* gewidmete *villae suburbanae*. Auf einem solch vornehmlich landwirtschaftlich geprägten Gut bei Tusculum wurde 234 v. Chr. Cato der Zensor geboren. Seine Erfahrungen und Eindrücke aus den Albaner Bergen dürften in seine Schrift *de agri cultura* mit eingeflossen sein, die städtischen Grundbesitzern eine Handreichung zur rentablen Bewirtschaftung eines Landguts sein sollte.

Wann die Villeggiatur bei Tusculum zunehmend luxuriöse Züge annahm, ist auf Basis der vorliegenden archäologischen und literarischen Zeugnisse nicht eindeutig zu klären. Nachdem der gebürtige Tusculaner Cato aber bereits an der Wende vom 3. zum 2. Jh. v. Chr. riet, den Wohntrakt einer Villa „ordentlich" auszugestalten, ist davon auszugehen, dass diese Entwicklung im 2. Jh. v. Chr. einsetzte und sich im frühen 1. Jh. v. Chr. voll entfaltete. Fortan spielte die Landwirtschaft für Tusculum nur noch eine marginale Rolle, während das an Kunst, Philosophie und Literatur orientierte Landleben die Oberhand gewann. Wer etwas auf sich hielt, richtete sich hier sein „Gymnasium vor den Toren Roms" ein, wie Cicero (de orat. 1,98) einmal die tusculanischen Villen nennt. Und er konnte davon ausgehen, dass ein prominenter Nachbar den Wert des eigenen Anwesens noch erhöhte: „Dein Haus wird wohl nun durch die Nachbarschaft Caesars im Wert steigen", schreibt ebenfalls Cicero an seinen Freund Atticus (12,48,1) im Mai 45 v. Chr.

So liest sich die Liste der tusculanischen Villenbesitzer wie ein *Who is who* der römischen Republik: M. Porcius Cato Censorius, L. Licinius Crassus, Pompeius, M. Tullius Cicero und sein Bruder Quintus, M. Terentius Varro, Marcus Antonius – um nur die bekanntesten zu nennen. Später logierten auch die Kaiser hier, darunter Augustus, Tiberius, Nero, Domitian, Trajan und Marc Aurel. Diese Konzentration und Prägung ist eng mit der besonderen Struktur der römischen Oberschicht und dem Phänomen der *peregrinatio suburbana* verbunden, die die Adligen immer wieder an den unterschiedlichsten Orten zusammenführte.

Von den antiken Villen bei Tusculum haben sich zwar zahlreiche, in den meisten Fällen aber nur überaus bescheidene Reste erhalten. Eine Ausnahme ist beispielsweise die Kryptoportikus eines römischen Landhauses unter der Abtei San Nilo in Grottaferrata. In der Spätantike wurden die Landsitze – wie auch in vielen anderen Regionen Italiens – aufgrund der zunehmend unsicheren Verhältnisse verlassen; die Gebäude verfielen oder dienten als Steinbrüche. Im 9. und 10. Jh. eta-

Die Archäologische Zone mit Forum und Theater auf dem Hügelplateau von Tusculum

blierte sich in dem Gebiet eine Lehensherrschaft, der Ort war Heimat der Grafen von Tusculum und vieler hochrangiger Mitglieder der römischen Kurie. Ende des 12. Jhs. geriet die Stadt mit Rom in heftige Feindschaft, da sie auf Seiten des Kaisers stand. Als aber 1191 Papst Coelestin III. und Kaiser Heinrich VI. Frieden schlossen, war Tusculums Schicksal besiegelt: Am 17. April zerstörten die vereinigten päpstlichen, kaiserlichen und römischen Truppen die Stadt. Kein Stein sei dabei auf dem anderen geblieben, berichtet der englische Geschichtsschreiber und Augenzeuge des Geschehens Roger of Hoveden in seiner Chronik. Seither liegt der Hügel brach, neu erbaut wurde am Fuße des Hügels der Ort Frascati. Die neuzeitliche Landschaftsnutzung (Landwirtschaft, Siedlungsbau) tat hernach ein Übriges, um die steinernen Spuren Tusculums zu verwischen.

Weitaus bescheidener als der literarische und kulturgeschichtliche Nachhall Tusculums sind daher die Überreste der antiken Stadt. Doch ihr jahrhundertealter Ruhm lockte seit dem frühen 19. Jh. stetig Interessierte in die Albaner Berge. Einer der ersten „Ausgräber" war 1804 Luciano Bonaparte, der Bruder Napoleons. Er hatte in jenem Jahr die Villa Rufinella in Frascati erworben und begann, antike Kunstwerke für seine private Sammlung zu bergen. Durch die Jahrhunderte zieht sich das Bestreben, die Villen Ciceros, Catos oder Lucullus' zu lokalisieren und das Aussehen einer so oft besungenen Stadt zu rekonstruieren – bereits Petrarca war deshalb im Jahr 1343 nach Tusculum gekommen.

Ein ernsthaft archäologisch-wissenschaftliches Vorgehen entwickelte sich jedoch erst in der Mitte des 19. Jhs. mit Luigi Biondi und Luigi Canina. Nach den verdienstvollen Arbei-

"Ein Gymnasium vor den Toren Roms": die archäologische Stätte von Tusculum

Die antiken Monumente im Umland Roms

Cicero und sein Tusculanum

Marcus Tullius Cicero, der selbst mehrere Villen in Latium und Kampanien besaß, hat vielfach über die Villeggiatur geschrieben. Besonders schätzte er offenbar das Tusculanum, für dessen Ausstattung er dem Rat seines in Kunstangelegenheiten erfahrenen Freundes Atticus vertraute. So wünschte sich Cicero *Hermeracles,* Doppelbüsten des Hermes und des Herakles, darüber hinaus megarische Standbilder und pentelische Hermen mit Bronzeköpfen. Der in Athen weilende Atticus sollte die Artefakte besorgen. Cicero legte Wert darauf, dass in jene Teile seiner Villa, die primär philosophischer und literarischer Betätigung dienten, nur Gegenstände kamen, „die in höchster Weise dem *gymnasium* angemessen sind" (Cic. Att. 1,9,2). Zu diesen zählte er eine Minerva-Statue als Schutzpatronin seines *gymnasium* und eine Athena-Herme in der *academia,* da „der Ort durch Athena gleichsam in eine höhere Sphäre entrückt" wurde (Richard Neudecker). Als Cicero später weitere Kunstwerke für das Tusculanum suchte, lehnte er Statuen von Bacchantinnen und des Mars ab, da diese weder zu den bereits vorhandenen Stücken passten noch seiner geistigen Haltung entsprachen. Angemessenheit in Sujet und Preis – das war Cicero wichtig. Der künstlerische Wert einer Statue trat dabei in den Hintergrund.

ten von Thomas Ashby, George McCracken, Maurizio Borda sowie Lorenzo Quilici und Stefania Quilici Gigli im Laufe des 20. Jhs. sind seit 1994 die Archäologen der Escuela Española de Historia y Arqueología en Roma (EEHAR/CSIC) der Geschichte Tusculums systematisch auf der Spur. Ihnen und ihrem leider viel zu früh verstorbenen Direktor Xavier Dupré verdankt die Altertumswissenschaft durchgreifend neue Erkenntnisse zu ihrer städtebaulichen Entwicklung. Heute bietet Tusculum wie nur wenige weitere Stätten in Latium die Möglichkeit, sowohl die Struktur einer alten römischen Landstadt kennenzulernen als auch die Begeisterung der antiken Villenherren für die Landschaft der Albaner Berge nachzuvollziehen. Dabei hat sie längst noch nicht alle Details ihrer Geschichte preisgegeben – die nächsten Jahre bleiben spannend.

Der markanteste und höchstgelegene Teil der Stadt, die **Akropolis** (682 m), bietet außer einem eindrucksvollen Panorama kaum mehr sichtbare antike Reste. Wie in römischen Städten üblich, erhoben sich auch auf der Akropolis von Tusculum die wichtigsten Tempel. Die Quellen erwähnen zwei Kultgebäude für diese Stelle: das des Jupiter (Liv. 27,4,11) und das der Dioskuren (Cic. div. 1,98). Die Archäologen gehen aufgrund der bisherigen Erkenntnisse jedoch eher davon aus, dass nur ein Tempel auf der Akropolis stand, nämlich jener für Castor und Pollux, die Schutzpatrone der Stadt. Die präzise Lokalisierung des Jupiter-Tempels steht bisher noch aus.

Das einstige repräsentative Zentrum der Stadt, den baulich zusammenhängenden Komplex von Forum und Theater, erreicht der Besucher vom Parkplatz aus über den in westliche Richtung führenden, leicht ansteigenden Weg. Das **Forum** umfasst eine Fläche von etwa 80 × 38 m und grenzt im Osten unmittelbar an die Rückseite der Bühnenwand (*scaenae frons*) des Theaters. Der Platz wurde ursprünglich Ende des 4. oder Anfang des 3. Jhs. v. Chr. an einer für die Stadt schon immer in jeder Hinsicht zentralen Stelle angelegt: Hier trafen die beiden Straßen aufeinander, die von der Via Latina und der Via Labicana abzweigten und nach Tusculum führten.

Von dieser frühen Zeit und der einstigen Bedeutung der Stadt künden indes nur wenige

Reste, unter anderem das Cisterna arcaica genannte Brunnenhaus, die daran angrenzende nördliche Substruktionsmauer des Forums in *opus quadratum* sowie Fundamentreste eines Gebäudes an der Südwestecke des Platzes, gleich bei der erwähnten Straßenkreuzung. Auf diesem Fundament (10 × 7 m) aus dem 7. oder 6. Jh. v. Chr. stand ein Gebäude, dessen genauer Zweck bisher unklar ist. Möglicherweise handelte es sich um ein Heiligtum, dessen Wände aus Holz waren und von denen sich daher nichts erhalten hat.

Mit dem Steinpflaster erhielt das Forum in der ersten Hälfte des 1. Jhs. v. Chr. eine umlaufende Portikus, deren Säulenbasen an der Nordwestecke des Platzes noch deutlich zu erkennen sind. Zeitgleich entstand an der Südseite das zentrale Gebäude des Forums: eine **Basilika** (42,5 × 22,5 m). Dank der Grabungen der vergangenen Jahre ist es möglich, das Innere des Gebäudes zu rekonstruieren. Die Basilika war dreischiffig mit einem breiteren Mittel- und zwei schmäleren Seitenschiffen, getrennt durch jeweils neun ionische Säulen an den Längs- und jeweils vier auf den Schmalseiten. In ihrer Architektur weist die Basilika von Tusculum Ähnlichkeiten mit Anlagen in Palestrina, Cosa oder auch Pompeji auf, die alle in der zweiten Hälfte des 2. Jhs. oder im frühen 1. Jh. v. Chr. entstanden sind. Offenbar handelte es sich um einen in italischen Landstädten weit verbreiteten Bautypus.

Das Forum war in einer italischen Landstadt ein zentraler Ort für die politische Repräsentation. Hier konnte sich ein Aristokrat real als lokaler *patronus* seiner Klientel zeigen und ihr zugleich in Inschriften und Statuen dauerhaft vor Augen führen, welche Wohltaten er einer Stadt und ihren Bewohnern hatte zukommen lassen. So war auch das Forum von Tusculum reich mit Statuen geschmückt. Die meisten davon stammten aus julisch-claudischer Zeit, als das Forum sowie das unmittelbar daran angrenzende Theater neu gestaltet wurden. Die Stadt scheint in dieser Periode einen Aufschwung erfahren zu haben, was vermutlich auch mit der kaiserlichen Villeggiatur in Tusculum zusammenhing. Gleichzeitig legt der Fund einiger spätrepublikanischer Statuen nahe, dass das Forum von Tusculum bereits im 1. Jh. v. Chr. ein monumentales Stadtzentrum geworden war, das sich bestens zur visuellen Demonstration finanzieller und/oder politischer Macht eignete. Die zu diesem Ensemble gehörenden Statuen der beiden aus Tusculum stammenden römischen Konsuln Q. Caecilius

> ### 💡 Ein Caesarkopf aus Tusculum
> Bei den Ausgrabungen in Tusculum im frühen 19. Jh. förderten die Archäologen um Luigi Biondi und Luigi Canina zahlreiche qualitätvolle Statuen und Porträtbüsten zutage. Eines der herausragendsten Stücke ist ein Porträtkopf von Gaius Iulius Caesar aus weißem Marmor. Bei dieser ebenso gehaltvollen wie detaillierten Darstellung der Gesichtszüge des Diktators handelt es sich sehr wahrscheinlich um eine zeitgenössische Darstellung, die einen hohen Aussagewert über die Physiognomie Caesars besitzt. Die Statue, zu der der Kopf einst gehörte, blieb verschwunden. Möglicherweise wurde diese Statue nach dem Jahr 44 v. Chr. aufgestellt, als der Senat beschlossen hatte, Caesar zu Ehren in den Städten und in sämtlichen Tempeln Roms ein Standbild von ihm aufzustellen, wie der Historiker Cassius Dio (44,4,4) berichtet. Wer den Marmorkopf heute im Original sehen will, muss allerdings in die Nähe von Turin reisen: dort ist er – neben weiteren Stücken aus Tusculum – in der Antikensammlung des Castello di Agliè ausgestellt (www.ilcastellodiaglie.it).

Metellus (147 v. Chr.) und M. Fulvius Nobilior (189 v. Chr.) zeigen darüber hinaus, dass die Familien ihrer berühmten Vorfahren gedachten, deren Ruhm auch 150 bzw. 200 Jahre später noch auf die lebenden Mitglieder der Familie ausstrahlte.

Die Grabungskampagne des Jahres 2008 gab Aufschluss über die Deutung eines bereits in den 1950er Jahren entdeckten Gebäudes südlich von Basilika und Tempel. Hier befand sich ein monumentales unterirdisches **Nymphäum,** dessen Exedren die Stützmauern des Forums nach außen abschlossen und eine prächtige Schaufassade bildeten. Den auf der Via Latina am Fuße des Hügels von Tusculum vorbeiziehenden Reisenden dürfte sich so zusammen mit dem ähnlich konstruierten extraurbanen Heiligtum eine beeindruckende Silhouette geboten haben. Im weiteren Verlauf des letzten vorchristlichen Jahrhunderts ließ der Magistrat von Tusculum das Forum weiter umbauen, um ihm ein einheitliches Erscheinungsbild zu geben. Östlich der Basilika wurden Gebäude für administrative und Handelszwecke errichtet; an der Westseite fanden Kultbauten ihren Platz.

Bei diesen Kultbauten im Stadtzentrum von Tusculum handelte es sich um sechs kleine Räume an der westlichen Schmalseite des Forums, die im Laufe der Zeit ihr Aussehen immer wieder veränderten. Mindestens drei von ihnen waren **kleine Heiligtümer** (sacella), die übrigen dienten anderen religiösen Zwecken. Ihre Mauern sind in *opus reticulatum* ausgeführt, die Böden mit Mosaiken geschmückt, die Wände mit Malereien oder Marmorinkrustationen verziert. Welchen Gottheiten diese *sacella* geweiht waren, konnte bisher nicht geklärt werden. Identifiziert werden konnte hingegen jene Gottheit, die in dem einige Meter südlich dieser Räume befindlichen Tempel verehrt wurde. Dieser ebenfalls bescheiden dimensionierte Kultbau (6,16 × 5,20 m) mit einer Apsis an der Südwand war dem Gott Merkur geweiht. Diese Zuschreibung ermöglicht der Fund einer Platte aus weißem Marmor mit der Inschrift *MERCVR[IO] / L(ucius) TVCCIVS L(ucii) L(ibertus) P<H>ILOCLES / MAG(ister)* – „Dem Gott Merkur – der Magister Lucius Tuccius Philocles, Freigelassener des Lucius" (frühes 1. Jh. n. Chr.). Die vor dem Eingang des Tempels gefundene Platte ist heute, wie viele weitere Artefakte aus Tusculum, im Museum der Scuderie Aldobrandini in Frascati ausgestellt.

Ein besonderes städtebauliches Merkmal von Tusculum ist die enge räumliche Verbindung von Forum und **Theater.** Dessen stark restaurierte untere Sitzränge *(ima cavea)* aus Tuffstein lehnen sich – ohne die für römische Theater üblichen Substruktionen, wie sie etwa beim Marcellus-Theater in Rom zu sehen sind – in griechischer Manier an den sanft ansteigenden Hügel an, während für die obersten Ränge *(summa cavea)* Unterbauten errichtet wurden. Um Platz für das Theater zu schaffen, wurden eigens die ursprünglich an der Ostseite des Forums stehenden Häuser abgerissen. Der Theaterbau ist in die erste Hälfte des 1. Jhs. v. Chr. zu datieren. Mit dem zunehmenden Zustrom von Mitgliedern der stadtrömischen Oberschicht wuchs offenbar auch das Verlangen nach szenischen Darbietungen. Das in seiner letzten Ausbauphase rund 2000 Menschen fassende Theater von Tusculum ist damit älter als das erste steinerne Theater Roms, das Pompeius-Theater, das im Jahr 55 v. Chr. eingeweiht wurde.

Die halbkreisförmige *orchestra* und die rechteckige *scaenae frons* des Theaters sind in typisch römischer Art und Weise gestaltet. Sie sind ebenso wie die seitlichen Zugänge *(aditus)* noch gut erkennbar. Das Bühnenhaus

Die *cavea* des Theaters von Tusculum

wurde offenbar später als die *cavea* errichtet, es datiert in die erste Hälfte des 1. Jhs. n. Chr. Das vermutlich eher schlichte (hölzerne?) Bühnenhaus des hellenistisch geprägten Theaters der späten Republik wich nun unter dem Prinzipat einem prunkvolleren Bau.

Die *scaenae frons* war mit einem ausgeklügelten Mechanismus ausgestattet, mit dem der Theatervorhang *(aulaeum)* bewegt werden konnte. Der Vorhang wurde demnach nicht wie heute von oben nach unten, sondern von unten nach oben bewegt. Dieser Mechanismus entstand mit der Erweiterung in julisch-claudischer Zeit.

Wie auf dem Forum, so wurden auch im Theater Skulpturen gefunden, und zwar fünf Statuensockel mit den Aufschriften *ORESTES, PYLADES, IASO / TELEGONVS, TELEMACHOS* und *DIPHILOS / POETES* (CIL 14 2647–2651). Sie stammen aus der Zeit des Kaisers Tiberius und befinden sich heute im Garten der Villa Rufinella in Frascati. Orestes und Pylades zählen zum Personal der Tragödie *Orestes* des Euripides, mit Diphilos ist vermutlich der Dichter aus Sinope am Schwarzen Meer gemeint (4. Jh. v. Chr.), der mit Menander und Philemon zu den Klassikern der Neuen Komödie zählt. Telegonos, Sohn des Odysseus von Kirke, gilt als der legendäre Gründer Tusculums; wie sein Halbbruder Telemachos, Sohn des Odysseus von Penelope, und Jason, der Anführer der Argonauten, gehört auch er ins Reich der griechischen Mythologie. Wo genau die Statuen standen, ist nicht mehr zu rekonstruieren. Wahrscheinlich bildeten sie mit den oben erwähnten Konsul- und Kaiserstatuen ein Ensemble an der dem Forum zugewandten Rückwand des Bühnenhauses. Für den Archäologen Filippo Coarelli ist dieses Statuenprogramm mythologischer und realer Personen eine umfassende ideologische Konzeption und dazu bestimmt, die Geschichte der Stadt Tusculum konzentriert darzustellen. Es ist jedenfalls bemerkenswert, dass sich im öffentlichen Bereich einer italischen Landstadt bei Rom so viele Statuen mit Bezug zum griechisch-hellenistischen Kulturkreis erhalten haben. Die Villenbesitzer pflegten somit nicht nur auf ihren Gütern die griechisch-hellenistische Kultur, sondern übertrugen diese offenbar auch auf die öffentlichen Plätze der Landstädte, in deren Nähe ihre Villen lagen.

Die Gestaltung des Komplexes als enge Verknüpfung von Forum und Theater erinnert an die Porticus Pompeiana in Rom, die etwas jünger ist als die Anlage von Tusculum. Der Überlieferung nach soll das Theater von Mytilene auf Lesbos Pompeius als Vorbild gedient haben, doch ist es nicht unwahrscheinlich, dass ihn auch ein solcher Bau direkt vor den Toren Roms inspiriert haben könnte.

Eine weitere Besonderheit des Theaters von Tusculum ist die sogenannte *via tecta*, die unter den Sitzrängen hindurchführende gedeckte Straße vom Forum auf die Akropolis. Da es sich hierbei um die bereits bestehende Hauptstraße *(decumanus maximus)* und somit um eine zentrale Verkehrsachse handelte, wurde diese beim Bau des Theaters nicht verlegt, sondern in den Bau integriert. Das Straßenpflaster ist im nördlichen Bereich der Sitzränge noch deutlich zu erkennen. Rechts der leicht ansteigenden *via tecta* befindet sich eine weitere Zisterne (17 × 25 m), deren Anlage auf das 1. Jh. v. Chr. zurückgeht und auf der später die Substruktionen für die oberen Sitzränge des Theaters fußten.

Auf einem Hügel wie Tusculum spielten Infrastrukturanlagen zur Wasserversorgung eine wichtige Rolle. Im Fall Tusculums gab es offensichtlich keine Defizite, denn Strabon (5,3,12) bezeichnet die Stadt als „gut bewässert" *(eúhydros)*. So überrascht es nicht, dass die **Cisterna arcaica,** eines der ältesten noch sichtbaren Monumente, der Wasserversorgung diente. Die aus dem späten 6./frühen 5. Jh. v. Chr. stammende Anlage befand sich an der vom Forum zur Via Labicana führenden Straße. Allerdings ist die Bezeichnung „Zisterne" nicht ganz treffend, denn der Bau aus präzise gearbeiteten, ohne Mörtel aufeinander geschichteten Tuffsteinblöcken diente nicht als Wasserspeicher, sondern als eine Art Brunnen der Wasserverteilung und -entnahme. Gespeist wurde er über einen unterirdischen Stollen, der in die Rückwand mündete. Dieser 400 m lange Gang führte unter dem Theater hindurch zur Akropolis; in ihm sammelte sich das Grundwasser und floss zur Cisterna arcaica. Dort konnten die Tusculaner aus zwei monolithischen Becken das Wasser schöpfen.

Ebenfalls der Wasserversorgung diente die nur wenige Meter nordöstlich des Brunnenhauses gelegene Fontana degli edili, der **Brunnen der Ädilen.** Der Name leitet sich von einer Inschrift (CIL 14,2626) auf dem Becken aus Peperin ab, in der Q. Coelius Latiniensis und Marcus Decumius genannt werden, die im Jahr 70 v. Chr. das Ädilenamt in Tusculum bekleideten.

Etwas weiter nordwestlich sind die Reste eines antiken **Heiligtums** sichtbar. Wie die – allerdings wesentlich größeren – Anlagen in Tivoli und Palestrina lag es an einer beherrschenden Stelle des Hügels und muss den von der Via Latina heraufblickenden Reisenden ein beeindruckendes Bild geboten haben. Heute ist das extraurbane Heiligtum stark überwuchert und daher nur schwer zugänglich. Seine architektonische Gliederung lässt sich dennoch erkennen. Der Tempel bestand aus einem rechteckigen, etwa 90 m langen Podium, dessen talseitig gerichtete Substruktionen mehrfach unterteilt waren. Ein Teil der Räume ist eingestürzt, in den übrigen haben sich die Tonnenwölbungen und das Mauerwerk in *opus mixtum* (Retikulatmauern mit Ziegelbändern) erhalten. Ein 55 m langer Korridor entlang der Hauptachse Nordwest-Südost verband die einzelnen Räume des Unterbaus. Von den eigentlichen Aufbauten des Kultgebäudes haben sich nurmehr zwei große Zementsockel auf dem Podium erhalten, die auf einen Prostylos-Tempel hindeuten. Die beiden Sockel entsprechen dem Pronaos und der *cella*, getrennt durch einen 1,95 m breiten Durchgang, der in der Antike der Vorderwand der *cella* entsprach. Bei Ausgrabungen im Jahr 1997 kamen noch zwei der Stufen zum Vorschein, die beide Räume miteinander verbanden.

Mit Tusculums Blütezeit war es unter dem Prinzipat jedoch keineswegs vorbei. Wie bereits erwähnt, hatten zahlreiche Kaiser hier ihre Villen, und in der Regierungszeit des Antoninus Pius (138–161 n. Chr.) entstand am westlichen Ende der Stadt ein neues **Amphitheater** (siehe auch „Amphitheater im Suburbium", S. 57). Dem Auge des Besuchers entziehen sich dessen Überreste leicht, liegen sie doch in einer Senke unterhalb der letzten Linkskehre der von Grottaferrata nach Frascati führenden Straße, bevor diese zum Parkplatz der archäologischen Zone von Tusculum abzweigt. Zudem sind die wenigen Mauerreste von üppiger Vegetation bedeckt und daher nur schwer zu erkennen.

Das elliptische Amphitheater folgte mit seiner Längsachse dem Verlauf einer Talsenke, so dass die Sitzränge der Längsseiten an den Hügel angelehnt waren, während die kürzeren im Nordwesten und Südosten befindlichen Teile durch gemauerte Substruktionen gestützt wurden. An diesen halbkreisförmigen Abschlüssen lagen auch die Zugänge zur Arena. Unter den Sitzrängen befanden sich Umgänge, von denen noch Portale und Fenster der Außenfassaden sowie Treppen zu erkennen sind, die zu den oberen Sitzrängen führten. Die Arena war wie das Kolosseum in Rom unterkellert und konnte zumindest teilweise durch eine mobile Bodenabdeckung (mittels Holzbohlen?), deren steinerne Einfassung teils noch zu sehen ist, geschlossen werden. In diesen unterirdischen Räumen könnten Raubtiere für Tierhatzen beherbergt worden sein, die über Aufzüge in die Arena gehievt wurden. Die Arena maß 53 × 35,10 m, das Amphitheater 72,60 × 55 m. Es fasste etwa 3000 Zuschauer, so dass Besucher aus den Nachbarstädten Tusculums gewiss gern gesehene Gäste waren, um die Ränge zu füllen.

So ist es kein Zufall, dass zwei wichtige Monumente der Stadt, das Amphitheater und das extraurbane Heiligtum, unmittelbar an der Via dei Sepolcri lagen, die vom 12. Meilenstein der Via Latina abzweigte und zum Forum von Tusculum führte. Wie der Name **Gräberstraße** nahelegt, war sie gesäumt von Grabmonumenten, von denen aber nur noch geringe Reste zu sehen sind. Es gab somit auch in Tusculum die typische Gräberstraße, wie sie in Rom entlang der Via Appia oder in Pompeji zu finden ist. Dass sich die Gräber gerade an diesem Abzweig der Via Latina befanden, spricht für die Bedeutung dieser wohl stark frequentierten Straße. Hier konnten tusculanische Familien das gebührende Andenken an die Verstorbenen geschickt mit der Demonstration von Vermögen und Einfluss verbinden.

Unter den Monumenten, die sich entlang der Via dei Sepolcri befinden, ist das am besten erhaltene das **Grabmal des M. Coelius Vinicianus** – wenngleich auch von diesem Monument nurmehr der gemauerte Kern geblieben ist. Die 1849 dort gefundene Grabinschrift (CIL 14 2602) erlaubt die sichere Zuschreibung zu Vinicianus, Volkstribun des Jahres 53 v. Chr. Im Bürgerkrieg stand er auf Seiten Caesars (vgl. Cic. fam. 8,4,3) und kommandierte im Jahr 47 v. Chr. zwei Legionen in Bithynien und Pontus.

Die „stattlichsten Palastanlagen", die Strabon bei Tusculum gesehen hatte, lagen seiner Beschreibung zufolge nicht nur auf dem

Hügel selbst. Auch das Land unterhalb des *Albanus mons,* das sich im Süden und Südwesten an Tusculum anschloss und „die gleiche Qualität und Ausstattung" besaß (5,3,12), war dicht mit Landhäusern bebaut. Sie sind heute bis auf minimale Reste verschwunden. Zu diesen zählt die Kryptoportikus einer römischen Villa, die im frühen 11. Jh. beim Bau der **Abtei San Nilo** in Grottaferrata in deren Substruktionen integriert wurde. Der im Wesentlichen rechteckige Grundriss der im 15./16. Jh. entstandenen Festung lehnt sich stark an jenen der Villa an (Ausdehnung: ca. 105 × 90 m). Die antiken Reste verbergen sich vor dem Besucher der byzantinischen Abtei erst einmal, da sie sich innerhalb des Konvents befinden und nur zu bestimmten Zeiten zugänglich sind.

In der Portikus des Innenhofs sowie dem kleinen **Antiquarium** der Abtei (beides nur auf Anfrage zugänglich) sind einige Funde und Inschriften aus der Villa und ihrer Umgebung zu besichtigen. Dazu zählt beispielsweise ein auf einer Marmorplatte fragmentarisch überlieferter Text mit Sentenzen stoischer Moralphilosophie (Ende 1./Anfang 2. Jh. n. Chr.). Deren Stil ist wenig ausgefeilt und kann daher keinem der Autoren des klassischen römischen Literaturkanons zugeschrieben werden. So handelt es sich wohl um eine Zusammenstellung geläufiger Weisheiten, wie *mores bonis artibus quam domum supellectile ornatiorem habere oportet* („Der Charakter sollte eher mit guten Eigenschaften ausgestattet sein als das Haus mit Hausrat"; Zeile 18–20) oder *fortunatus modestus, infortunatus fortis esto* („Der Glückliche sei bescheiden, der Unglückliche stark"; vorletzte und letzte Zeile) – so zumindest lauten die einzigen beiden noch vollständig rekonstruierbaren Sätze. Ausgestellt ist ebenfalls eine Inschrift aus dem 6. Jh. n. Chr., die einen Bischof Fortunatus erwähnt. Bereits in früher Zeit besaß Grottaferrata demnach als Bischofssitz eine besondere religiöse Bedeutung.

Von den antiken Resten in und bei Frascati kann hier nur noch das **Grabmal des Lucullus** (Sepolcro di Lucullo) erwähnt werden. Die Reste dieses Rundgrabs sind in der Via del Sepolcro di Lucullo/Largo Pistricci im Zentrum von Frascati zu entdecken. Der auf einer rechteckigen Basis mit rund 10 m Seitenlänge errichtete etwa 11 m hohe Zementkern *(opus caementitium)* ist in die moderne Bebauung integriert worden und soll – so hat es zumindest die volkstümliche Benennung tradiert – das Grab des Feldherrn und Feinschmeckers Lucullus gewesen sein. Sinnigerweise liegt direkt daneben ein Restaurant. Auch wenn Lucullus in Tusculum eine Villa besaß, ist diese Zuschreibung reine Spekulation, zumal die Mauertechnik der (nicht zugänglichen) *cella* im Innern in eine spätere Zeit weist, nämlich ins erste nachchristliche Jahrhundert.

Seit einigen Jahren sind zahlreiche Funde aus Tusculum in den **Scuderie Aldobrandini** in Frascati ausgestellt. Zu den ältesten Exponaten zählen Aschenurnen aus dem 4./3. Jh. v. Chr. von Mitgliedern der Familie der Rabirier. Neben den beiden bereits genannten Inschriften sind besonders die Statuen sowie die Architekturdekorationen aus Marmor und Terrakotta (1. und 2. Jh. n. Chr.) hervorzuheben, die zeigen, wie reich die Plätze und Gebäude der Stadt geschmückt gewesen sein müssen.

Das sogenannte Grabmal des Lucullus im Zentrum von Frascati

„Jener Ort auf seinen seligen Höhen": Tibur (Tivoli) und seine Umgebung

Die antiken Monumente im Umland Roms

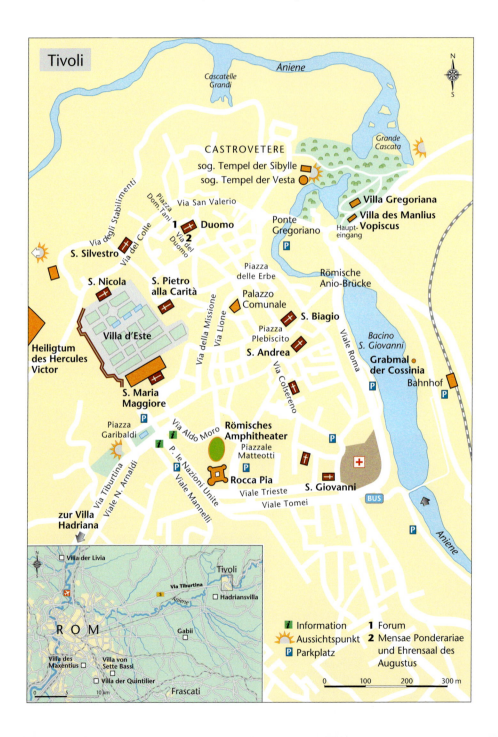

DIE ANTIKEN MONUMENTE IM UMLAND ROMS

„Jener Ort auf seinen seligen Höhen": Tibur (Tivoli) und seine Umgebung

Neben Rom und Praeneste ist Tibur im 5. und 4. Jh. v. Chr. die bedeutendste Stadt Latiums. Das Territorium der Stadt war nach dem römischen das größte der latinischen Stadtstaaten und umfasste auch kleinere Siedlungen im Umland. Tibur gehörte wohl, soweit wir dies aus den Quellen ersehen können, zwischen dem 6. und 4. Jh. v. Chr. nicht dauerhaft zum Latinischen Bund. Die Stadt blieb in dieser Zeit unabhängig und war neben Praeneste in zahlreichen Konflikten die Hauptgegnerin Roms – auch wenn die antiken Quellen, die Jahrhunderte später und aus römischer Perspektive berichten, dieser Bedeutung Tiburs nur ungenügend Rechnung tragen. Der letzte größere Konflikt zwischen Rom und Tibur fand 361–354 v. Chr. statt. In dieser militärischen Auseinandersetzung verbündeten sich die Tiburtiner mit den in Latium eingefallenen Galliern und auch Praeneste war in den Kampf gegen Rom involviert – ein letzter machtvoller Versuch Tiburs gegen die Vorherrschaft Roms zu kämpfen. 354 waren dann sowohl Tibur wie auch Praeneste gezwungen, sich Rom zu unterwerfen und jeweils separate Verträge mit Rom zu schließen. Ihre außenpolitische Unabhängigkeit verlor die Stadt endgültig im Jahr 338 v. Chr. nach dem Sieg Roms über die Latiner. Tibur blieb jedoch im Gegensatz zu anderen latinischen Städten in ihrer inneren Verfassung unabhängig. Erst im Zuge des Bundesgenossenkrieges wurde die Stadt dann um 90 v. Chr. *municipium* und ein Teil der römischen Bürgergemeinde. Seit dem 2. Jh. v. Chr. entwickelte sich Tibur zunehmend zu einer Stadt, deren Anziehungskraft auf die römische Aristokratie sich in den zahlreichen *otium*-Villen (s. S. 19 ff.) um den Ort niederschlägt. Einerseits waren es sicherlich die reizvolle Lage der Stadt, ihre Geschichte und ihr Wohlstand, die die römischen Großen anlockten. Andererseits waren jedoch auch die Nähe und sogar der Blick nach Rom von Bedeutung, wie der Archäologe Martin Tombrägel in einer Arbeit zu den *otium*-Villen Tivolis u. a. herausgearbeitet hat. Von den 350 Villen im Umland Tiburs klassifiziert er 54 als *otium*-Villen. Von diesen 54 wiederum sind 53 nach Westen und damit auch mit dem Blick nach Rom orientiert. Ein ausgesprochen wichtiger Befund, wird dadurch doch klar, dass selbst hier, wo das Hauptaugenmerk auf der Muße, wenn auch nicht auf dem „Müßiggang" lag, der sichtbare und geistige Bezugspunkt immer Rom und somit auch die politische Sphäre blieb. Zu den prominentesten Villenbesitzern der Republik und Kaiserzeit im Gebiet von Tibur gehören u. a. Marcus Iunius Brutus, Gaius Iulius Caesar oder Marcus Antonius sowie die Kaiser Augustus, Claudius, Hadrian und Marc

> **Anreise nach Tivoli**
> Von Rom aus erreicht man Tivoli mit dem PKW über die Via Tiburtina bzw. SS 5, direkt aus Rom heraus oder über den Gran Raccordo Anulare (GRA), die Ringautobahn. Schneller ist die Fahrt über die südlicher gelegene Autobahn A 24, die man nach dem Autobahnkreuz A 24/A 1 bei der Abfahrt Tivoli verlässt und dann nordwärts bis Ponte Lucano und zur Via Tiburtina fährt. Zur Villa Hadriana biegt man vor Tivoli in der Ortschaft Ponte Lucano rechts ab und folgt der Beschilderung.
>
> Mit öffentlichen Verkehrsmitteln erreicht man Tivoli am leichtesten mit der Regionalbahn ab Stazione Tiburtina, ab Stazione Termini fahren die Züge seltener. Vom Bahnhof aus ereicht man die Innenstadt über die Fußgängerbrücke über den Anio in ca. 15 Minuten. Zur Villa Hadriana fährt die Stadtbuslinie (Linie CAT 4) vom Platz nach der Fußgängerbrücke.

Aurel. Ein imposantes Beispiel für die Architektur dieser Villen ist die Villa des Quintilius Varus auf einem nordwestlich unweit von Tivoli gelegenen Geländesporn. Die Villa, die dem 9 n. Chr. in der Varusschlacht gefallenen römischen Statthalter gehört haben soll, erhob sich auf gewaltigen Substruktionen und erstreckte sich über mehrere Terrassen. Die Villa ist bisher nicht ergraben, stark überwuchert und befindet sich auf privatem Grund. Die Aussicht sowohl in Richtung Rom wie auch in Richtung Tibur muss beeindruckend gewesen sein. Auch heute noch hat man von diesem Geländesporn einen guten Blick auf die antiken Substruktionen von Tivoli und seinem Herkulesheiligtum.

Die Monumente im Stadtgebiet von Tivoli

Die Tempel auf der **Akropolis** von Tibur und besonders der Rundtempel, der durch viele Jahrhunderte immer wieder beschrieben und abgebildet wurde, standen vor allem für die Reisenden des 18. und 19. Jhs. für die Schönheit der Stadt. Kaum ein Bildungsreisender dieser Zeit hat diesen Ort und das felsige Tal des Aniene (lat. Anio) mit seinen Wasserfällen nicht bewundert. Viele dieser Reisenden übernachteten auch in dem direkt neben den Tempeln gelegenen Gasthaus. Johann Gottlob Herder, der am 28. Oktober 1788 in einem Brief von seinem Besuch in Tivoli berichtet, beschreibt nicht ganz frei vom Pathos dieser Zeit seine Eindrücke: „Oben an der Ecke des Bergs steht ein lieblicher Tempel der Vesta, gemeiniglich der Sybillentempel genannt, rund und schön; wir haben beide Tage Mittags in ihm gegessen. Der stille Anio ist vor dem Blick; der rauschende Anio im Ohr und erfüllt das ganze Tibur, wo man geht und steht, mit einer hohen und schönen Empfindung des Schauers und der göttlichen Gegenwart."

Die beiden Tempel, die auch heute noch direkt neben einem Restaurant liegen, sind neben der Villa des Hadrian sicherlich die meistbesuchten antiken Monumente der Stadt. Sie liegen am linken Ufer des Aniene im nordöstlichen Teil von Tivoli auf einem Felsvorsprung. Der Verlauf des Wassers und die Felsformation mit den Wasserfällen hat sich durch das Wasser und andere Umwelteinflüsse seit der Antike immer wieder verändert, so dass der heutige Besucher nicht mehr denselben Eindruck wie der antike Beobachter hat.

Bereits im 5. und 4. Jh. v. Chr. war die Akropolis von einer Mauer aus Travertin in *opus quadratum* umgeben. Einige Reste dieser Ummauerung sind auch heute noch sichtbar. Die Akropolis, die in der Antike durch einen künstlichen Graben vom Rest der Stadt getrennt wurde, war durch eine Brücke mit dem Stadtareal verbunden. Die beiden Tempel sind im 2. und 1. Jh. v. Chr. erbaut worden und der Rundtempel wird auf der zu den Wasserfällen gerichteten Seite durch Substruktionen abgestützt, deren Bogenkonstruktionen man noch erkennen kann. Die Frage, welchen Göttern die Tempel geweiht waren, hat zu zahlreichen Spekulationen geführt. Die meist genannten Varianten sind die Göttin Vesta, Albunea – die Sibylle von Tibur – und Tiburnus der Stadtheros. Coarelli hat zuletzt den Rundtempel der Sibylle und den rechteckigen Tempel dem Tiburnus zugewiesen. Letztlich jedoch bleiben beide Zuweisungen spekulativ.

Von dem **rechteckigen Tempel**, der zwischen der Mitte des 2. und dem Beginn des 1. Jhs. datiert wird, sind das 1,76 m hohe Podium (15,59 x 9,15 m) und die *cella* (Kernbau) erhalten, beide in *opus quadratum* und aus tiburtinischem Travertin. Der Zugang ist von der Talseite abgewandt, was für die herausgehobe-

Der sogenannte Tempel der Sibylle am Ufer des Anio in Tivoli

ne Position des Tempels und die Aussicht ungewöhnlich ist. An den beiden Längsseiten und der Rückfront der Cellamauer sind Halbsäulen vorgeblendet (Pseudoperipteros) und an der Front zwei Dreiviertelsäulen, eine römische Sonderform der umlaufenden Ringhalle. Der Tempelfront direkt vorgeblendet ist eine weitere Reihe aus vier Säulen (Tetrastylos), von denen jedoch nur noch die äußeren beiden die Zeiten überdauert haben. Von den ionischen Kapitellen ist nur eines an der nördlichen Rückwand erhalten. Der Tempel war, was man noch an den wenigen Spuren erkennen kann, verputzt.

Der **Rundtempel,** ein Peripteros (Tempel mit umlaufender Säulenhalle) mit ursprünglich 18 korinthischen Säulen, von denen nur noch 10 erhalten sind, hat ein 2,29 m hohes Podium und einen Durchmesser von 14,25 m. Die Tür der *cella* ist nach Süden gerichtet und man blickte zur Zeit der Errichtung des Tempels auf die Wasserfälle. Von den beiden ursprünglich vorhandenen Fenstern ist nur noch eines erhalten. Die *cella* ist in *opus incertum*, die Fassade des Podiums in *opus quadratum* aus Travertin erbaut. Die äußere Seite der *cella* war wiederum verputzt. Das Dach scheint recht flach und konisch gewesen zu sein. Auf dem Architrav (Gebälk über den Säulen) in der gleichen Flucht wie das erhaltene Fenster der *cella* befindet sich das Fragment einer Inschrift, in der Lucius Gellius genannt wird. Es handelt sich dabei wohl um Lucius Gellius Poblicola, den Konsul des Jahres 72 v. Chr. Den Fries schmücken Blumengirlanden zwischen Rinderschädeln (Bukranien) und Opferschalen (*paterae*). Die Datierung des Tempels jedoch basiert allein auf den stilistischen Merkmalen und bewegt sich zwischen dem Beginn und der Mitte des 1. Jh. v. Chr.

Der Tempel wird der Sibylle von Tibur, Albunea, zugeschrieben. In einem Strang der mythologischen Überlieferung ist sie die zehnte Sibylle. Der Name Albunea scheint von der milchigen Farbe des schwefelhaltigen Wassers (von lat. *albus* = weiß) zu stammen. Marcus Terentius Varro (116–27 v. Chr.) überliefert die Legende von der Auffindung des Bildnisses der Albunea auf dem Grund des Aniene mit einem Buch in einer Hand (Lact. Inst. 1,6,12). Das Buch symbolisiert die prophetischen Fähigkeiten der Sibylle und das Orakel. Auch Tibull spielt in seinen Elegien auf dieses Ereignis an, wenn er schreibt: „und all die heiligen Losorakel, welche die Sybille von Tibur in ihrem trockenen Bausch durch die Fluten des Anio getragen und ans Ufer gebracht hatte" (2,5,69 ff.). Daher scheint die Vermutung, dass einer der beiden Tempel der Albunea geweiht gewesen sei, auch naheliegend. Filippo Coarelli geht sogar soweit, dass er eine rechteckige Einlassung in der inneren Cellawand direkt gegenüber dem 5 m hohen Eingang für den Aufbewahrungsort der Weissagungen der Sibylle von Tibur hält.

Gegenüber den beiden Tempeln auf der anderen Seite der felsigen Schlucht sowie in der Schlucht sind Reste von römischen Bauten zu sehen, darunter die einer Villa. Letztere wird dem Manlius Vopiscus, einem Freund des Kaisers Domitian, zugeschrieben und erstreckte sich zu beiden Seiten des Anio. Diese Villa wird von Statius (ca. 45–96 n. Chr.) in seinen *silvae* (1,3) für ihr kühles Klima und ihre kühne, die Naturkräfte überwindende Architektur gepriesen. Sogar der brausende Anio zügle seine Wildheit, um den Vopiscus bei seinem Aufenthalt in der Villa nicht zu stören. Heute befinden sich die Reste der Villa im Park der **Villa Gregoriana**, deren Eingang sich links des rechteckigen Tempels befindet.

Ein Besuch dieses Areals und der Wasserfälle von Tivoli lohnt sich.

Das **Forum** Tiburs lag an der heutigen Piazza del Duomo im Norden der Altstadt. Seine Ausdehnung ging jedoch über den heutigen Platz hinaus. An der Rückseite des Domes verläuft parallel zur Apsis des heutigen Kirchenbaus eine Apsis der antiken Basilika in *opus quasi reticulatum*. Der rechteckige Bau stand senkrecht zur nordöstlichen Längsseite des Forums, nahm etwa den Raum des heutigen Domes ein und diente verschiedenen administrativen und ökonomischen Zwecken.

Die zwei wichtigsten erhaltenen Monumente des antiken Forums sind die **mensae ponderariae** (Eichtische) und ein rechts davon gelegener **Apsidenraum.** Der Eingang zu den *mensae ponderariae* befindet sich an der Piazza del Duomo rechts des Domes (S. Lorenzo). Sowohl der Apsidenraum wie auch die *mensae ponderariae* sind Stiftungen des Freigelassenen Marcus Varenus Diphilus. Den Apsidenraum, eine Weihung zu Ehren des Augustus, stiftete Diphilus aus seinen eigenen Mitteln für das Heil des Kaisers anlässlich seiner Rückkehr aus den Provinzen 19 oder 13 v. Chr. (*pro salute et reditu Caesaris A(ugusti)*). Die private Stiftung des Diphilus knüpft somit an die Beschlüsse des römischen Senats an, der Augustus nach dessen Rückkehr aus dem Osten im Jahre 19 v. Chr. in Rom den Altar der Fortuna Redux weihte. In dem zum Forum hin offenen Apsidenraum befand sich im Scheitelpunkt eine Basis, auf der eine Statue des sitzenden Kaisers Augustus angebracht war. Die Statue im Jupiterschema zeigt den thronenden Kaiser halbnackt mit freiem Oberkörper und einem über die Schulter hängenden Mantel, der den Unterkörper bedeckt. Die erhobene Hand ist auf ein Zepter gestützt, in der anderen hält er eine Weltkugel. Den Kopf krönt ein Eichenkranz. All dies sind Merkmale der Ikonographie des Jupiter. Der Einsatzkopf des Kaisers ist nicht erhalten. Dieses frühe Beispiel der Kaiserverehrung zeigt, dass Diphilus, dem als Freigelassenen die Traditionen der Republik wenig bedeuteten, Augustus ohne Scheu in die Sphäre des Göttlichen rückte. In dieser ersten Phase des Baus von einem Augusteum, einem Ort des Kaiserkultes zu sprechen, scheint jedoch zu früh, wenngleich der Fund eines Kolossalporträts des Kaisers Nerva auf die spätere Nutzung als Augusteum hinweist. Der Freigelassene, dem öffentliche Ämter weitgehend verwehrt waren, präsentierte sich so am Forum einer breiten Öffentlichkeit als Anhänger der augusteischen Politik und Wohltäter der Stadt. Letzteres zeigen auch die Inschriften der beiden von ihm gestifteten *mensae ponderariae* (Eichtische). Nicht nur, dass sein Name auf beiden Eichtischen inschriftlich festgehalten war, auch auf den beiden Basen der Statuen seiner Patrone, die links und rechts vor den Eichtischen standen, prangte erneut sein Name. Diphilus, der sich selbst mit einer Statue im öffentlichen Raum nicht verewigen durfte, kompensierte dies, indem er seinen Namen gleich viermal inschriftlich festhielt und dazu vermerkte, dass ihm der Platz auf Beschluss des städtischen Rates der *decuriones* überlassen worden war (CIL 14 3687 f.). Gleichzeitig ehrte er seine beiden Patrone Marcus Varenus, dessen Namen er übernommen hatte, und Marcus Lartidius. Der Freigelassene Diphilus war *mag(ister) Herc(ulaneus)*, also ein Angehöriger einer Vereinigung, die in Zusammenhang mit dem Herkuleskult in Tivoli (s. u.) steht. Die beiden marmornen Tische, welche jeweils auf drei senkrechten Platten stehen, dienten der Überprüfung und Eichung von Hohlmaßen.

Das Grabmal der Vestalin Cossinia

Am rechten Ufer des Aniene unweit der Villa Gregoriana wurde innerhalb einer römischen Nekropole ein 1929 gefundenes Grabmal konserviert. Es handelt sich um das Grabmal der Vestalin Cossinia. Der auf einem fünfstufigen Monument aus Travertin sitzende Marmoraltar trägt sowohl vorne wie auf der Rückseite eine Inschrift. Cossinia, die laut der Inschrift auf der Rückseite mindestens 66 Jahre alt wurde, erhielt den Grabplatz auf Beschluss des Senats. Sie wurde mit einer mit Goldschmuck versehenen Elfenbeinpuppe und einer Schatulle aus Bernstein beigesetzt. Die jungfräuliche Priesterin der Vesta wurde also mit zwei Gegenständen beigesetzt, die ihre quasi kindliche Unberührtheit symbolisierten.

Am südlichen Ende des Stadtkerns liegen neben der 1459 von Papst Pius II. erbauten Burg Rocca Pia die Reste des **Amphitheaters** (s. S. 57), das wohl in der Zeit Hadrians (117–138 n. Chr.) erbaut wurde. Der Zugang befindet sich an der Schmalseite der Scuderie Estensi, wo die Via Aldo Moro auf die Piazza Giuseppe Garibaldi trifft. Der Vicolo Barchetto, eine schmale Gasse, führt zu dem heute noch für Veranstaltungen genutzten Areal. Erhalten sind neben der Arena die Reste des in *opus mixtum* erbauten und von Gängen durchzogenen Unterbaus, über dem sich die *cavea* (Zuschauerraum) erhob. Der Bau maß in der Längsachse 85, der Querachse 65 m und gehört damit eher zu den kleineren Bauten dieses Typs. Der Bau lag am südwestlichen Ende des antiken Stadtgebietes und ermöglichte so einerseits den aus dem Umland anreisenden Besuchern den schnellen Zugang und milderte andererseits die auch heute noch bekannten negativen Auswirkungen von Massenveranstaltungen für die Einwohner einer Stadt ab. Auch ein Theater, das jedoch bisher

„Jener Ort auf seinen seligen Höhen":
Tibur (Tivoli) und seine Umgebung

Die antiken Monumente
im Umland Roms

archäologisch nicht nachgewiesen werden konnte, ist für Tibur inschriftlich belegt.

Herkules war die Schutzgottheit Tiburs und Plinius der Ältere, so überliefert Sueton, sprach von der heiligen Stadt des Herkules (Calig. 8). Auch für die lateinischen Dichter ist die Verbindung zwischen Tibur und Gott sprichwörtlich (z. B. Prop. 2,32,5; Mart. 1,12,1). Westlich der Stadt auf einer Terrasse unterhalb der Villa d'Este und von deren unterer Terrasse einzusehen, liegen die monumentalen Reste des **Herkulesheiligtums** von Tibur, einem großen Terrassenheiligtum ähnlich dem der Fortuna in Praeneste. Entstanden ist dieser Komplex zwischen der Mitte des 2. und dem 1. Jh. v. Chr. Seine Reste sind zum Teil unter heute stillgelegten Industriebauten verborgen und leider bisher für die Öffentlichkeit nicht zugänglich, auch wenn die Öffnung der archäologischen Zone in Planung ist. Das Heiligtum ist eines der bedeutendsten Latiums und besaß eine große Anziehungskraft, zumal Herkules als Schutzgott des Handels, der Verkehrswege, der Hirten, Viehherden und Quellen in Latium und ganz Italien eine prominente Rolle unter den Göttern einnahm. Für Tibur trifft dies in besonderem Maße zu, da die Lage der Stadt an einem der wichtigsten Weidewege, der zur Sommerweide in den Apennin und zur Winterweide in die Ebene führte, sie zu einem idealen Platz für den Handel und besonders für die Viehwirtschaft machte. Dies, die strategisch günstige Lage zwischen dem Bergland und der Ebene und der Wasserreichtum der Region

Rekonstruktion des Herkulesheiligtums in Tivoli (Sapelli Ragni u. a. [Hrsg.] 2009)

waren bereits seit der Frühzeit ausschlaggebend für die Bedeutung der Stadt.

Das Heiligtum, das an drei Seiten von einer zweistöckigen Portikus umgeben war, öffnete sich zur Ebene hin. An dieser zur Ebene hin offenen Seite befand sich auch ein Theater, in dessen Scheitelpunkt der Tempel des Herkules stand. Die Terrasse mit der Portikus und dem Tempel ruhte auf gewaltigen Substruktionen, die eine große Zahl an Räumen in sich bargen. Die gewaltigen Bogenkonstruktionen, die das Heiligtum an der zum Anio abfallenden Hangseite abstützten, sind noch heute gut zu sehen. Unter dem westlichen und heute überbauten Teil des Heiligtums verlief die Via Tiburtina. Diese gedeckte Straße (*via tecta*) verdeutlicht die wichtige Funktion des Heiligtums für den Handel und besonders die Viehwirtschaft. Die große überdachte Ladenstraße war ein, wenn nicht *das* Nadelöhr, durch das alle Viehherden im Rahmen der Transhumanz, die im Herbst zu den Weiden in der Ebene und im Frühling zur Sommerweide in den Bergen führte, getrieben wurden. Es ist sehr wahrscheinlich, dass hier die Registrierung der Tiere vorgenommen wurde, um danach die Besteuerung vornehmen zu können. Außerdem wird hier bereits ein beträchtlicher Teil des Viehhandels abgewickelt worden sein. Die Entstehung solcher großer überregionaler Heiligtümer in Verbindung mit der Transhumanz ist auch für andere Regionen belegt, so z. B. für Delphi. Barbro Santillo Frizell hat in einer 2009 erschienenen Publikation zu recht darauf aufmerksam gemacht, dass die schwefelhaltigen Quellen Tiburs nicht nur für die Heilung von Menschen eingesetzt wurden, sondern auch für die Viehwirtschaft von Bedeutung waren. In welcher Form, belegt das Beispiel des Pferdes Samis, das bei den **Aquae Albulae**, den schwefelhaltigen Quellen Tiburs, wie uns eine Versinschrift verrät, durch Schwefelbäder von einer Verletzung genas (CIL 14 3911). Dieses Pferd war bei einem Jagdunfall durch ein Wildschwein am Knie verletzt worden. Der Besitzer hat der Quellnymphe Lympha aus Dank für die Genesung des Pferdes ein Denkmal aus Marmor errichtet, auf dessen mit der Inschrift versehener Basis noch Reste von Pferdehufen zu sehen sind. Da der Besitzer des Pferdes, der aus dem in Südetrurien gelegenen Roselle stammte, einen Weg von gut 200 km auf sich nahm, scheinen die Heilkräfte der Quelle bekannt gewesen zu sein. Die Hirten und Viehhändler, deren Existenz von der Gesundheit ihrer Schafe und Ziegen abhing, werden die Möglichkeiten der schwefelhaltigen Quellen sicherlich ebenso genutzt haben. Die heilende Wirkung der Quellen wirft auch ein neues Licht auf die zahlreichen Votivgaben, die Tiere oder Körperteile von Tieren darstellen. Sie könnten nicht nur für die den Göttern geopferten Tiere stehen, sondern auch für die Genesung der Tiere von Krankheiten. Den Göttern Körperteile in Form von Votivgaben zu weihen, war bei Heilung suchenden Kranken, deren Gebrechen genau jenes Körperteil betraf, üblich.

Das Heiligtum des Herkules, welches spätestens seit dem 2. Jh. v. Chr. zahlreiche Pilger anlockte und dadurch auch eine enorme ökonomische Bedeutung für die Stadt hatte, besaß jedoch auch kulturelle Aufgaben. So berichtet Aulus Gellius in seinen *noctes Atticae* (19,5,1–10), dass er selbst während eines Gastmahls und einer angeregten Diskussion auf der Villa eines reichen Freundes in Tivoli, um seine Meinung zu unterstützen, kurzerhand in die Bibliothek des Heiligtums geeilt sei, um einen Text von Aristoteles als Beleg anführen zu können.

Unterhalb des Heiligtums an der Strada degli Orti befindet sich ein weiteres bemerkenswertes Monument: der **Tempio delle Tosse**. Der runde aus der ersten Hälfte des 4. Jhs. n. Chr. stammende Bau mit einer abschließenden Kuppel wurde lange für einen Tempel gehalten. Doch es handelt sich sehr wahrscheinlich um ein in *opus vittatum* erbautes Atrium, das zu einem großen Villenkomplex gehörte.

Folgt man der Strada degli Orti weiter in Richtung auf die Ebene und biegt dann am Ende der Straße rechts in die SS 5 ein, führt diese Straße zum **Ponte Lucano**, einer römischen Brücke, und dem **Grab der Plautier**. Beide Monumente liegen etwa 3,5 km westlich von Tivoli in der Ebene nahe der Hadriansvilla im Stadtteil Villa Adriana direkt an der antiken Via Tiburtina. Das Tumulus-Grab der Plautier ist mit Travertin verkleidet und wurde von dem Konsul des Jahres 2 v. Chr. Marcus Plautius Silvanus zwischen 10 und 14 n. Chr. errichtet. Plautius bekleidete zusammen mit Augustus das Konsulat.

Die Hadriansvilla

Die auf einem tiefgelegenen Plateau südlich von Tivoli liegende Villa Hadriana wurde um die Mitte des 16. Jhs. durch die Grabungsarbeiten des Architekten Pirro Ligoro wiederentdeckt. Zu Tage kamen große Teile des Mauerwerks und eine Vielzahl von Brunnen und Nymphäen, die Ligoro, beauftragt von Kardinal Hippolit II d'Este, bei der Anlage der Gärten der Villa d'Este inspirierten. Die Qualität der Marmorarbeiten, des Statuenschmucks und der gesamten dekorativen Ausstattung der wiederentdeckten Villa führte aber, wie allenthalben im barocken Rom, zu deren systematischer Ausbeutung. Doch allein die Ausmaße der Villa, die sich mit ihrem Areal auf einer dem heutigen Stand der Forschung gemäßen Fläche von über 125 Hektar erstreckte und somit weit größer war als Neros Domus Aurea in Rom, geben dem heutigen Besucher einen besonderen Eindruck ihrer ehemaligen Pracht. Bei seinen Zeitgenossen musste Hadrians Projekt einen überwältigenden Eindruck hinterlassen haben, da es zumindest in seiner letzten Bauphase in seiner Größe, Konzeption und Ausstattung den Rahmen der bisher gekannten Villenarchitektur steigerte, wenn nicht sogar sprengte. Dabei bleibt die Ortswahl der Villa ganz den überlieferten aristokratischen Gepflogenheiten treu. Obstplantagen und Olivenhaine sowie Weinberge umgeben von Wäldern bestimmten das landschaftliche Bild und bildeten mit dem günstigen Klima den Rahmen für einen idealen *locus amoenus*. Die für den Kaiser, aber auch für sein Volk so wichtige Nähe zu Rom war durch die gut ausgebaute Via Tiburtina und den damals noch schiffbaren Anio gegeben. Die Wasserversorgung, die für eine Gartenvilla, welche zudem mit mehreren Thermen, zahlreichen künstlichen Wasserflächen, Nymphäen und Zierbrunnen versehen war, unabdingbar war, erfolgte durch die in unmittelbarer Nähe gelegene Aqua Marcia und drei weitere Aquädukte. Auch die schwefelhaltigen Heilquellen der Aquae Albulae, die auch heute für die Thermalbäder von Tivoli von Bedeutung sind, konnten genutzt werden.

Die Anlage selbst scheint für den heutigen Betrachter ein einziger Ausdruck des *otiums* zu sein, der Ort, an dem Hadrian sich von den anstrengenden kaiserlichen Verpflichtungen erholen und sich ganz seiner Liebe zur griechischen Kultur und Philosophie widmen konnte. Und in der Tat scheint es, dass nichts an Arbeit erinnern sollte und arbeitende Menschen für den Kaiser und die Besucher der Villa nicht sichtbar sein sollten. Somit ist beim Bau der Villa ein komplettes unterirdisches Verbindungs- und Versorgungsnetz entstanden, das in seiner Dimension als einzigartig für die da-

> **Hadrian, der Reise-Kaiser**
> Das Hauptaugenmerk der hadrianischen Politik lag auf der inneren Entwicklung des Imperium Romanum. Die zahlreichen Reisen, die Hadrian während seiner einundzwanzigjährigen Regentschaft (117–138 n. Chr.) unternahm, verschafften ihm breite Kenntnisse der lokalen und regionalen Verhältnisse, aber auch der Probleme des Reiches. Gleichzeitig wirkte seine Anwesenheit in den Provinzen integrativ und war für die Bevölkerung ein Zeichen für die Sorge des Kaisers um ihre und die Belange des Reiches. Bis auf fünf Provinzen bereiste er alle Landesteile des ausgedehnten Imperiums. Seine erste Reise führte Hadrian ab dem Frühjahr 121 n. Chr. über Gallien, Raetien, Germanien bis nach Britannien, wo er den Bau des Hadrianswall veranlasste. Schon zwei Jahre später reiste er zunächst wegen der Partherkrise in den Osten, nach Syrien, Kappadokien, Bithynien und Asien. Doch weilte er im Anschluss an diese Reise von Oktober 124 bis in den Sommer 125 in Griechenland und dort vor allem in Athen, was seine Vorliebe für die griechische Kunst und Kultur unterstreichen mag. Auch auf späteren Reisen in den Osten blieb er stets längere Zeit in Athen. Sichtbares Zeichen dieser Verbundenheit mit der Stadt und Griechenland ist sicher die Gründung des Panhellenion in Athen und der Tempel des panhellenischen Zeus, dessen Inauguration 131/132 in Anwesenheit Hadrians vollzogen wurde. Bei all seiner Liebe zum Osten durfte er aber auch Rom und Italien nicht vernachlässigen, so dass er im Jahre 127 von März bis August eine Reise durch Italien bzw. durch Norditalien machte. Weitere Reisen in den Osten führten ihn auch nach Arabia und Iudaea. Nachdem er 128 kurz in Nordafrika Station machte, ging auch seine wohl schmerzlichste Reise auf diesen Kontinent. Die Reise im Sommer 130 nach Ägypten bedeutete für Hadrian einen großen Verlust, ertrank doch dort unter ungeklärten Umständen sein Geliebter, Antinoos, im Nil. Zur Erinnerung gründete Hadrian an dieser Stelle die Stadt Antinoupolis.

malige Zeit zu gelten hat. Dieses Verkehrsnetz verband die weit auseinanderliegenden Gebäude der Villenanlage miteinander und erstreckte sich über annähernd fünf Kilometer. Die Unterkünfte der Sklaven waren in den Substruktionen der sogenannten *Poikile* oder Ost-West-Terrasse untergebracht. Sie sollen dabei bis zu vier Stockwerken umfasst und Platz für etwa 1500 Personen geboten haben. Von den *Cento Camerelle* (Hundert Kammern, 29) genannten Räumen hatten die Bediensteten nur Zugang zu den unterirdischen Verbindungswegen und den großen Thermen, die ihnen zur Verfügung standen.

Das unterirdische Versorgungsnetz ist aber nicht nur Ausdruck des in jeder Hinsicht ungestörten Rückzugsortes, sondern auch Beleg für die einheitliche und bis ins letzte Detail durchkomponierte Planung der Villa. Die landschaftlich vorgegebene Terrassierung wurde durch zahlreiche Strukturierungsarbeiten „verbessert" und den Vorstellungen einer idealen Villenanlage angepasst. Dazu gehörte auch die ebenfalls unterirdisch angelegte hydraulische Wasserversorgung, die dieses kostbare Gut an seine überall auf dem Areal verstreuten Bestimmungsorte beförderte.

Erstaunen mag, dass dieses architektonische und künstlerische Meisterwerk – welches im Übrigen für die „Normalsterblichen" durch eine heute kaum mehr vorhandene hohe Mauer unsichtbar war – literarisch kaum Spuren hinterlassen hat. Einzig die um 400 n. Chr. erschienene *historia Augusta* gibt einen literarischen Beleg, der allerdings aufgrund des zeitlich großen Abstands und auch durch die nicht immer gewährte Verlässlichkeit der Aussagen von nur geringem Quellenwert ist: „Seinen Landsitz in Tibur baute er auf erstaunliche Weise aus; er griff dort nämlich die klangvollen Namen von Provinzen und Örtlichkeiten wieder auf; so schuf er sich sein Lykeion, seine Akademie, sein Prytaneion, seinen Kanopos, seine Poikile und sein Tempe; und um ja nichts auszulassen, stellte er sogar die Unterwelt dar" (SHA 26,5). Da Hadrian aber wegen seiner vielen Reisen beinahe das gesamte Imperium Romanum besuchte und auch als der „Reise-Kaiser" in die Geschichte einging, scheint die Lesart der *historia Augusta* gut nachvollziehbar zu sein. Besser noch, die Villa wurde aufgrund der Belege als Ort interpretiert, an dem Hadrian Orte und Plätze nachgestaltete, die ihm besonders am Herzen lagen. Die Angaben der *historia Augusta* wurde daher von den Ausgräbern und Archäologen seit Ligoro auf Gebäude und Teile der Villa übertragen. Dabei haben diese Benennungen, ob sie nun passen oder stimmig sind, teilweise bis heute Gültigkeit.

Inwieweit die Villa nun ein Ort der versammelten „Reise-Andenken" oder ein eigener kleiner Kosmos nach Hadrians Geschmack war, ist eine Frage der Interpretation. Doch unumstritten ist, dass die Villa Hadriana in ihrer Größe und ihrer Ausgestaltung Ausdruck der kaiserlichen Macht und deren Inszenierung war.

Die zur Zeit ergrabenen Teile der Villenanlage lassen sich gut in vier Quartiere, den Nordpark, die *regio princeps*, die *regio otiosa* und das Südviertel (ausführlich bei Schareika 2010) einteilen, was dem Besucher auch die Orientierung auf dem großen Areal erleichtert.

Der Besucher gelangt wie auch der antike Gast über die Nordseite auf das Gelände der Villa. Dabei führt der Rundweg zunächst in den Hauptbereich, die *regio princeps*. Zentraler Ort und auch Empfangsraum ist die Ost-West-Terrasse *Poikile* (28). Die gewaltige künstliche Terrasse mit der monumentalen Quadriportikus umfasst 230 × 96 m und stellt eine abgewandelte Form des traditionellen Peristylhofes dar. Im Zentrum der Gartenterrasse befindet sich ein 100 × 25 m großes Wasserbecken. Von der Terrasse gewinnt der heutige Besucher einen Überblick über einen Teil der Anlage und die umliegende Landschaft. Dies allerdings entspricht nicht der ursprünglichen Gestaltung des Säulenhofes, der durch Trennmauern klar abgegrenzt war und somit auch ein Ort der Ruhe und Stille sein konnte. Einen Eindruck bietet die vollständig erhaltene 9 m hohe Ziegelmauer auf der Nordseite, der eine Säulenkolonnade vorgelagert war. Die Säulengänge auf der Nord- und Südseite waren ebenfalls, wie die in der zweiten Bauphase hinzugefügten, leicht konvexen Mauern der Schmalseiten, überdacht und dienten dem antiken Besucher als Wandelgang, der ihn vor jeder Witterung schützte. Eine Inschrift verweist auf die Nutzung der Säulengänge als *porticus miliaria*, sie waren also den antiken Regeln eines gesundheitsfördernden Spaziergangs (*ambulatio*) entsprechend ausgerichtet.

Von der zentralen Ost-West-Terrasse gelangt man zu allen weiteren Gebäuden der *regio princeps*. Etwas zurückgesetzt sieht man an der östlichen Schmalseite die ältesten Thermen (24) der Anlage, die Teil der kaiserlichen Villa und mit dieser durch einen Gang direkt verbunden waren. Die Thermen sind nach dem in südlicher Richtung angegliederten beeindruckenden Rundbau benannt, denn *heliocaminus* bezeichnet einen zur Sonnenseite gelegenen Raum. Dabei diente der mit einer kassettierten Kuppel ausgestattete Raum weniger dem Sonnenbaden, was der Name vermuten ließe, son-

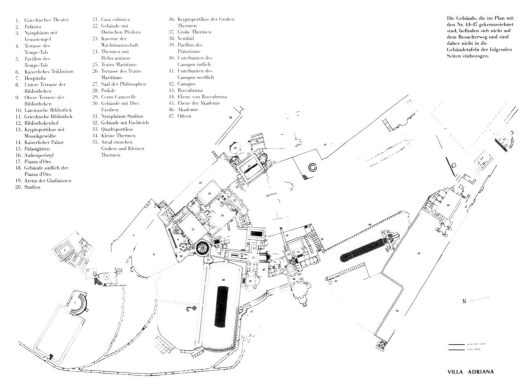

Plan der Hadriansvilla von Tivoli (nach Adembri 2005)

dern als *sudatio* – Schwitzbad. Die Südwest-Ausrichtung gewährleistete eine optimale Sonnenwärme, welche die Warmluft der Fußboden- und Wandheizung unterstützte. Zusätzliche Feuerbecken verdichteten die Hitze und den nötigen Dampf für das Schwitzbad. Die zum Teil noch in Resten erhaltenen Marmorverkleidungen und Mosaiken in den übrigen Räumen der Thermenanlage verweisen auf deren Zugehörigkeit zur kaiserlichen Villa.

Wendet man sich wieder in Richtung der Ost-West-Terrasse, dann schließt sich an der nordöstlichen Seite ein monumentaler Apsidensaal (27) an, der vermutlich als Audienzhalle oder Ratssaal fungiert haben dürfte. Seinen Namen „Saal der Philosophen" erhielt der Saal durch die sieben Nischen in der Rückwand der Apsis, die Statuen der Sieben Weisen beherbergt haben sollen. Möglicherweise waren die Nischen aber auch den sieben Planetengöttern gewidmet. Ein Portal mit zwei Säulen an der Nordseite bildet den Haupteingang zum Saal, der, wie die Dübellöcher und Halterungsspuren in den Wänden belegen, ganz mit Marmor verkleidet war. Auch Reste von Porphyr lassen sich nachweisen.

Auf der anderen Seite des Saales gelangt man durch einen Durchgang zum Inselpavillon, auch *Teatro Marittimo* (25) genannt, dem neben dem Canopus bekanntesten und architektonisch reizvollsten Teil der Villenanlage. Über die auf der Nordseite gelegene Vorhalle, von der nur noch die Säulenbasen vorhanden sind, betritt man zunächst das Atrium, das den Hauptzugang zu der überdachten runden Portikus bildet. Die Portikus selbst, die auf der Außenseite durch eine Wand komplett geschlossen war, umschließt eine durch einen Wassergraben abgetrennte künstliche Insel. Zu dieser Insel gelangte man nur über zwei hölzerne Zugbrücken, die in der Spätantike allerdings durch eine gemauerte Brücke ersetzt wurden. Die so erreichte Abgeschlossenheit der Gebäude auf der Insel trug zu deren Aura der Unerreichbarkeit bei und ließ viele Betrachter vermuten, dass es sich hierbei um den privaten Rückzugsort des Kaisers handelte. In der modernen Forschung geht man jedoch eher davon aus, dass es sich – auch aufgrund der Nähe zur Audienzhalle – um einen exklusiven Audienzsaal handelt, der individuellen Audienzen vorbehalten war. Diese Lesart kommt auch der symbolischen Aussagekraft der Architektur näher. Durch die Bauelemente Kanal, Insel und Rundbau und die Ausrichtung des Gebäudes liegt eine Assoziation zum Erdkreis (*orbis*), dem Ozean und den Himmelsrichtungen, also dem gesamten Kosmos nahe. Der Kaiser selbst aber ist der Mittelpunkt dieses Kosmos (Schareika 2010).

Die sich an den Inselpavillon anschließenden Gebäude im Osten, die als Bibliothekenhof, Terrasse der Bibliotheken und als griechische bzw. lateinische Bibliothek (8–12) bezeichnet werden, sind Teile des Verwaltungstrakts der Villa. Hier befanden sich die Besprechungs- und Arbeitsräume, die deutlich zum Ausdruck bringen, dass der Kaiser, wie im Übrigen auch alle anderen aristokratischen Villenbesitzer, an seinem ausgewählten Muße- und Rückzugsort nicht frei von Arbeit und der Sorge um das Imperium Romanum war. An diesen Verwaltungstrakt schließen sich in den *Hospitalia* (7) und dem Pavillon mit Belvedere die Unterkünfte für die weniger bzw. besser gestellten Besucher der Villa an.

Über eine mit einem Mosaik aus Marmor, Glaspaste und Muscheln geschmückte Kryptoportikus im Süden des peristylförmigen Bibliothekenhofes betritt der Besucher schließlich das Herzstück der Villenanlage, die Räume der Kaiserresidenz (14). Diese baut auf einer *villa suburbana* aus republikanischer Zeit auf. Allerdings wurde diese fast völlig umgestaltet und den Bedürfnissen des Kaisers angepasst. Eindrücklich vermittelt dies die schon erwähnte Kryptoportikus, die gleichfalls Teil der ursprünglichen Villa war und trotz ihrer wertvollen Dekoration der kaiserlichen Villa nur noch als Versorgungskorridor diente. Über die einzelnen Räumlichkeiten der Kaiservilla lassen sich kaum noch Aussagen treffen, da aufgrund der Plünderung der Einrichtung, der Verkleidung der Wände und Böden und anderer architektonischer Elemente manchmal sogar die Bausubstanz zu leiden hatte. Dennoch haben sich überall auf dem Gelände des Palastes beeindruckende Mosaikreste in situ erhalten, die es zu entdecken lohnt. Nordwestlich des Peristylhofes befindet sich ein viereckiger Raum mit kleinen, rechteckigen Wandnischen, der als Privatbibliothek Hadrians betrachtet wird. Am westlichen Ende des Palastes befindet sich das sogenannte Sommer-Triklinium, ein halbkreisförmiger Saal mit Halbkuppelgewölbe und Wandnischen für Statuen und Brunnen. Dicht beim Sommer-Triklinium schließt sich das „Gebäude mit dorischen Pilastern" (22) an, dessen Benennung auf die erhaltenen und in den 1950er Jahren zum Teil wiederaufgerichteten Pfeiler zurückgeht. Seine Funktion ist nicht mehr zu klären. Doch nahm man lange Zeit an, dass der sich anschließende Trakt mit apsisbesetzter Rückwand der Thronsaal Hadrians sei. Neuere Grabungen konnten jedoch die Anlage eines Peristylgartens nachweisen und widerlegen diese Hypothese eindeutig.

Vom „Gebäude mit den dorischen Pilastern" gelangt man vorbei an der „Casa colonica" (Pächterhaus, 21) zur „Piazza d'Oro" (17), dem goldenen Platz, der seinem Namen alle Ehre macht. Der Garten, der durchaus als „Lustgarten" bezeichnet werden kann, wird in seiner

Absidialraum des Frigidariums
der Großen Thermen mit Säulen
aus Cipollinmarmor

ganzen Länge von einem rechteckigen Wasserbecken durchzogen. Symmetrisch angeordnete Beete und Becken zeugen von einer prachtvollen Gartenanlage, einem Peristyl, das von einer doppelten Säulenkolonnade umgeben ist.

Geht man wieder in Richtung der großen Ost-West-Terrasse zurück, dann gelangt man zu den Gebäuden des sogenannten Winterpalastes, die sich an der Südseite der Terrasse befinden. Seinen Namen hat dieser Teil der Villa durch die beheizbaren Räume erhalten. Das „Gebäude mit den drei Exedren" (30) diente dabei als Vestibül, also als Empfangsraum für diesen Villenkomplex. Dieses betritt man von der Terrasse her kommend über das Atrium, das von einem monumentalen Brunnen beherrscht war. Der zentrale Saal wird durch drei große Exedren mit Rundportiken, die als Garten angelegt waren, bestimmt. Wendet man sich nach Osten, so erreicht man den Stadion-Nymphäum-Hof (31), der allein wegen seiner länglichen Form als Stadion bezeichnet wird. Dieser mit einer Vielzahl von Brunnen, Wasserspielen, Portiken raffiniert gestaltete Trakt diente wahrscheinlich als Aufenthaltsort des Kaisers. Eine Seite des Hofes begrenzt ein monumentaler Brunnen mit gestufter Exedra. Das davorliegende, von Säulen umgebene rechteckige Podium lässt vermuten, dass dieser Teil des Hofes auch als Sommer-Triklinium genutzt wurde. Das sich anschließende Gebäude mit dem Fischteich (32) beherbergte die beheizbaren luxuriös ausgestatteten Wohnräume des Kaisers. Das Fischbecken war seit republikanischer Zeit ein zentraler Bestandteil einer jeden Villa.

Südwestlich des Winterpalastes kann der Besucher das Antinoeion sehen, welches neu ergraben wurde und noch nicht zugänglich ist. Daran schließlich grenzt nun die *regio otiosa*, das der Erholung und Muße gewidmete Quartier, an die *regio princeps*. Den Eingang zu diesem Bereich bildet das „Große Vestibül" (38). Dieses bestand aus einer Reihe von prunkvollen Durchgangsräumen und -gärten und war direkt mit dem „Winterpalast" verbunden. An der Westseite befindet sich ein kleiner Tempel, der als *Lararium* gedeutet wird, das familiäre Ahnenheiligtum, das in keinem römischen Haus fehlen durfte.

Die beiden Thermen, die sich östlich an das „Große Vestibül" anschließen, waren durch einen unterirdischen Gang miteinander verbunden, welcher der Versorgung der Anlage diente. Auch in ihrer Ausrichtung nach Westen glichen sich die Thermen. Doch damit enden sicher die Gemeinsamkeiten. Die Großen Thermen (37), welche man vom Süden her erreichte, bestechen zwar durch ihre Dimensionen, doch die Innenausstattung verrät, dass die Großen Thermen vornehmlich dem Dienstpersonal und den Wachmannschaften vorbehalten waren. Weitaus pompöser wirken die Kleinen Thermen (34). Sie gehören zu den luxuriösesten Gebäuden der Villa. Die Vielfalt der in feinstem *opus sectile* gearbeiteten Marmormosaiken, aber auch die architektonische Extravaganz des Grundrisses und der Gewölbe zeigen an, dass sie dem Kaiser und auserwählten Gästen vorbehalten waren. Herzstück der Anlage ist dabei der oktogonale Saal mit abwechselnd konkaven und geraden Wänden, der von einer gewagten Kuppel überdacht wurde. Dieser gab dem Grundriss der Thermen eine gänzlich neue Form.

Von den Großen Thermen wendet sich der Rundweg vorbei am sogenannten Prätorium (39), das Unterkünfte für das Dienstpersonal und Vorratslager bot, zur Panorama-Banketthalle und der Festportikus, dem sogenannten Canopus (42).

Diese in einem engen, z. T. künstlich eingegrenzten Tal liegende Portikus ist sicher einer der bekanntesten Orte der Villa Hadriana. In der Mitte der Portikus erstreckt sich ein 119 × 18 m langes Wasserbecken, ein Euripus, der in seiner Dimension den Betrachter an einen gewaltigen Strom denken lässt. Umgeben war das Wasserbecken von Säulengängen, zwischen denen Statuen aufgestellt waren. Einen kleinen Eindruck dieser Pracht erhält der Besucher durch das auf der Nordseite wiederaufgestellte Säulenhalbrund. Auf der Westseite war der Säulengang ergänzt oder unterbrochen durch eine Reihe Karyatiden, die eine Pergola gestützt haben mögen. Die doppelte Säulenreihe auf der Ostseite des Wasserbeckens war in jedem Falle überdacht. Zusammen boten sie den idealen Raum und Rahmen für große Bankettgesellschaften, an denen nach Schätzungen bis zu 420 Personen teilnahmen. Am Ende der Anlage befindet sich ein monumentales Nymphäum in Form einer halbkuppelförmigen Exedra. Neben kleineren Flügelräumen, die einigen Klinen (Speiseliegen) Platz gaben, ist der Kuppelsaal das wahre Meisterwerk der Anlage. Über ein komplexes Zuleitungssystem konnte ein von der Kuppel herabfallender Wasserschleier erzeugt werden, der die Besucher neben der anzunehmenden weiteren luxuriösen Ausstattung sicherlich begeistern konnte, ihnen aber auch an heißen Tagen angenehme Kühle verschaffte. Ein halbkreisförmiges Marmorbänkchen mit schräger, gemauerter Oberfläche, das als *stibadium* (Speisesofa, Marmorbank) gedeutet werden kann, lässt die Funktion des Saales als Speisesaal als sicher erscheinen, also als Platz des Kaisers und seiner besonders ausgewählten Gäste bei einem der schon erwähnten prunkvollen Festbankette.

Auf dem Rückweg zum Ausgang sollte auf jeden Fall dem Nordpark noch Aufmerksam-

Canopus der Hadriansvilla

keit geschenkt werden, wenn dies nicht schon auf dem Hinweg erfolgte. Der Bezirk umfasst nach dem heutigen Stand der Grabungen vier Gebäudekomplexe: die nördlichen Gartenterrassen, auch Tempe-Tal (4–5) genannt, das Gebäude mit der Sphinx (Palästra) (2), das Nymphäum mit dem Venustempel und das Nordtheater oder griechische Theater. Von der großflächigen Brunnenanlage mit dem kleinen Rundtempel (3), der weniger eine religiöse Kultstätte als eine zum Nymphäum passende Assoziation gewesen sein mag, genießt der Besucher zudem den freien Blick auf das Tal und die Ausläufer des modernen Tivoli. Ein Theater (1) durfte auf dem Komplex der Villa sicher nicht fehlen. Dieses wird ergänzt durch das *odeion* im südlichen Teil, welches vornehmlich für musikalische Aufführungen genutzt wurde. Vom Bau präsentiert sich das Theater in seiner römischen Ausformung mit der halbkreisförmigen *cavea*, die sich ideal in die Beschaffenheit des Geländes einfügt.

Das Südviertel ist bis heute noch am wenigsten erschlossen und gibt noch am meisten Rätsel auf. Aufgrund der noch andauernden Arbeiten sind daher die Gebäude des Viertels der Öffentlichkeit nicht zugänglich, der Besucherrundweg führt nicht in diese Gegend. Doch wird ein Besuch in Zukunft sicher lohnenswert sein.

Die Größe und Ausstattung der Villa Hadriana sowie deren Symbolik als Ausdruck der kaiserlichen Macht und Weltanschauung zeugen davon, dass für Hadrian seine Villa in Tibur einen besonderen Stellenwert besaß. Dennoch war sie nicht sein einziger Villenbesitz, der zudem die Kaiservillen seiner Vorgänger als imperiales Erbe umfasste. Nach Philostratus (vita Apollonii 8,20) soll die Villa in Antium sein bevorzugter Rückzugsort gewesen sein; seine letzten Tage verbrachte der Kaiser auf seiner Villa bei Puteoli am Golf von Neapel.

Die Villa des Horaz bei Licenza

„Jener Ort will dich mit mir auf seinen seligen / Höhen halten: dort wirst du, wenn sie noch warm, / mit geziemender Träne netzen die Asche deines Freundes, des Dichters." Mit diesen Worten rühmt Horaz Tibur (carm. 2,6), jene Stadt, in deren Nähe, so viel scheint gewiss, Horaz ein Landgut besessen hat.

Horaz, der neben Vergil wie kein anderer die augusteische Dichtung und das goldene Zeitalter der lateinische Literatur verkörpert, hat mit seinem Werk die europäische Literatur nachdrücklich geprägt. Je größer die Bedeutung einer historischen Persönlichkeit, desto größer ist die Versuchung die Orte seines Wirkens und Lebens identifizieren zu wollen. Ob nun Caesar, Cicero oder eben Horaz: die Versuche, ihnen Villen zuzuordnen und damit den Genius des Politikers, Redners oder Dichters heraufzubeschwören, ist allzu verführerisch. Bei Horaz jedoch scheinen die sein Landgut rühmenden Verse so gut auf die Villa bei Licenza zu passen, dass man lange Zeit sicher glaubte, die Villa des Dichters vor sich zu haben.

Daher kommt den archäologischen Resten eine herausgehobene Stellung zu, vor allem da

> **Anreise zur Villa des Horaz**
> Licenza erreicht man von Tivoli kommend über die Via Tiburtina–Valeria in Richtung Vicovaro und die von der Via Tiburtina-Valeria abzweigende Straße SS 314 Licinese. Die Villa des Horaz liegt in einer Senke unterhalb Licenzas. Ein schneller Weg zurück nach Rom (ca. 50 km entfernt) führt dann über die A 24, die Autostrada dei Parchi, von Rom nach L'Aquila über die Autobahnauffahrt Mandela-Vicovaro. Das Ausgrabungsgelände ist außer montags täglich am Vormittag zwischen 8.30 Uhr und 14.00 Uhr geöffnet.

Die Villa des Horaz bei Licenza, Blick nach Nordosten, im Vordergrund die Thermenanlage

Horaz so viel über sein „Sabinum", die Erfüllung all seiner Wünsche und Gebete, schrieb. Allerdings ist bei solchen Zuschreibungen eben häufig auch der Wunsch der Vater des Gedankens. Die Ergebnisse der zwei bzw. drei größeren Grabungskampagnen anfangs des 20. Jhs. durch Angelo Pasqui, Giuseppe Lugli und Thomas Price datierten den Villenkomplex in weiten Teilen in die Zeit der späten Republik bzw. der frühen Kaiserzeit. Die neueren Grabungen unter der Leitung des amerikanischen Archäologen Bernard David Frischer von 1997 bis 2003 ergaben entscheidende zusätzliche Befunde und veränderten vielfach die Interpretation des vorgefundenen Bestands: eine Umdatierung vieler Funde musste vorgenommen werden – die Villa in ihrer heutigen Gestalt stammt in weiten Teilen vom Ende des 1. und aus dem 2. Jh. n. Chr. Für heutige Bewunderer des Dichters mag tröstlich sein, dass, wenn es auch bisher keine archäologischen Reste gibt, die eindeutig auf Horaz als Besitzer der Villa verweisen, es auch keine Funde gibt, die diese Annahme ausschließen. Vielmehr ergaben die Grabungen im Fundamentbereich erste Hinweise auf die tatsächliche republikanische Villa. Die Villa, wie Horaz sie gekannt haben mag, könnte also, wenn es denn tatsächlich der Ort des Sabinums ist, wieder aus den Überresten des kaiserzeitlichen Baus erstehen. Vertiefte Arbeiten in diesem Bereich, die noch ausstehen, dürften äußerst vielversprechend sein.

Der Grundriss der Villa, ein längliches Rechteck, umspannt ein Areal von 43 × 114 m, das leicht nach Süden hin abfällt. Der Garten nimmt den größten Teil des Villengeländes ein. Dieser war von allen Seiten mit einem auch zum Garten geschlossenen und durch Fenster unterbrochenen Wandelgang in der

Art einer Kryptoportikus umgeben. Marmorverkleidete Pilaster und Statuen strukturierten und schmückten die in *opus reticulatum* gemauerte Kryptoportikus, von denen einige erhaltene Überreste im kleinen Museum in Licenza ausgestellt sind. Besonders bemerkenswert ist ein Kassettenteil der Portikusdecke aus Marmor. Sorgfältig ausgearbeitet ist die achtblättrige Akanthusrosette in der Mitte, unter den fein geschwungenen Blättern schauen Frösche hervor, Muscheln und Krabben erwachsen aus dem Blattwerk. Ausgrabungen im westlichen Korridor legten ältere in *opus incertum* gemauerte Wandreste frei, die dann in die Kryptoportikus eingearbeitet wurden. In der Mitte des Gartens befand sich eine rechteckige *piscina* (25), die quer zur Längsseite liegend den Garten geradezu in zwei Teile untergliedert. Der Wohntrakt befindet sich auf der Nordseite des Areals und war somit nach Süden orientiert. Von dort genoss man über die Kryptoportikus hinweg den Blick auf die umliegenden Berge. Der wohl zweigeschossige Wohntrakt der Villa umfasst 43 × 25,50 m. Zusammen mit der Kryptoportikus ist der Wohntrakt in die zweite Bauphase der Villa zwischen 75 und 125 n. Chr. zu datieren. Ein schmaler Gang trennt das Haus in einen breiteren nördlichen und einen schmaleren südlichen Streifen. Beide Wohntrakte umschließen einen Hof: im nördlichen Teil ein Peristyl, im südlichen Teil ein Atrium. Im Bereich des Atriums (12) ergaben die neuen Grabungen einen Hinweis auf die republikanische Villa. Ein kleines rechteckiges Wasserbassin wurde unter dem kaiserzeitlichen Fundament gefunden. Dies könnte als Schmuckelement des republikanischen Gartens gedient haben oder es war Teil der *pars rustica* der Villa. Die Vorstellung, in einem der sich anschließenden Räume mit den Mosaikfußböden das Schlafzimmer des Horaz vor sich zu haben, muss aber leider revidiert werden. Im nördlichen Wohntrakt befinden sich an der Ostseite ein großes Wintertriklinium (6) und ein kleineres Sommertriklinium (7), das in den Peristylhof hineingebaut wurde.

An die nördliche Ostseite schließt sich der Badekomplex der Villa an. Auch hier lassen sich die zwei Bauphasen erkennen. Aus der Zeit von Horaz stammen nur drei der sich an die Kryptoportikus anschließenden Räume (32–34). Der Umbau und die umfassende Vergrößerung der Thermen fällt erst in die zweite Bauphase. Von besonderem Interessen ist der Raum mit dem ovalen Innenhof am östlichen Rand des ergrabenen Geländes (53), der lange Zeit als *vivarium* oder *aquarium* interpretiert wurde, als Ort zur Tier- oder Fischzucht. Wahrscheinlicher jedoch ist es, dass es sich um das *laconicum* handelt, ein trockenes Schwitzbad oder die Sauna des kaiserzeitlichen Badekomplexes.

Die Ausstattung der Villa mit Mosaikfußböden mit geometrischen Mustern und

💡 Horaz

Q. Horatius Flaccus wurde am 8. Dezember 65 v. Chr. in Venosa zwischen Lukanien und Apulien geboren. Im Bürgerkrieg kämpfte er zuerst gegen Octavian, den späteren Kaiser Augustus. Sein literarisches Schaffen beginnt in der ersten Hälfte der 30er Jahre v. Chr. Der berühmte Dichter der *Aeneis*, Vergil, empfahl Horaz dem Maecenas. Dieser wiederum empfahl ihn dem Octavian. Horaz wurde ein Teil des berühmten Freundeskreises des Maecenas, der ihm etwa 32 v. Chr. das Sabinum, ein Landgut in den Sabiner Bergen, schenkte. Der Dichter gewann dadurch eine neue Heimat und einen Ort, den er in zahlreichen Versen rühmte und feierte. Horaz starb am 27. November 8 v. Chr.

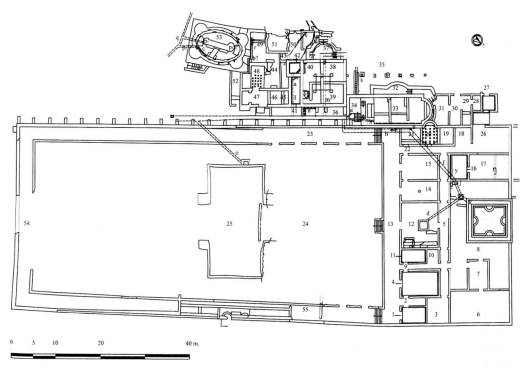

Grundriss der Villa des Horaz (nach Frischer u. a. [Hrsg.] 2006)

einfachen, aber qualitätvollen Wandfresken war sicherlich nichts Außergewöhnliches. An einigen Stellen sind die Mosaikfußböden in situ erhalten. Die Zuordnung der Fragmente der Fresken gestaltet sich als schwierig. Zum 2000. Todestag des Horaz im Jahr 1993 wurden die Fragmente daher erneut untersucht und die Ergebnisse dieser neuen Zusammenstellung sind ebenfalls in einem vom Hauptgebäude des Museums von Licenza getrennten Raum zu sehen.

„Ländliche Flur, wann werd' ich dich schaun? Wann darf ich nun von Neuem / Bald aus der Vorwelt Schriften und bald aus verträumten Stunden / Schöpfen nach Lebenstumult friedsamer Vergessenheit Labsal?" Diese Verse des Horaz (sat. 2,6,60–62), die der Sehnsucht nach der Ruhe des Ortes und den damit verbundenen Studien Ausdruck verleihen, können auch für den archäologisch und historisch Interessierten, der mit der „Vorwelt Schriften" auf den Spuren des Horaz nach Licenza reist, gelten.

„Des Sommers Vergnügen":
Praeneste (Palestrina) und das Heiligtum
der Fortuna Primigenia

Die antiken Monumente
im Umland Roms

Die östliche Exedra der Terrazza degli Emicicli (IV)

DIE ANTIKEN MONUMENTE IM UMLAND ROMS

„Des Sommers Vergnügen": Praeneste (Palestrina) und das Heiligtum der Fortuna Primigenia

An den Westhang des Monte Ginestro im östlichen Latium schmiegt sich Palestrina, das antike Praeneste (465 m ü. NN). Die Stadt mit ihren heute rund 15000 Einwohnern zählte in der Antike zu den ältesten und einflussreichsten Landstädten Latiums. Strabon (5,3,11) zufolge soll sie wie Tibur einst griechisch gewesen sein und „Polystephanos" geheißen haben; es existieren aber auch noch andere Gründungslegenden. Die archäologischen Zeugnisse belegen zumindest eine bis ins frühe 8. Jh. v. Chr. zurückreichende Siedlungsgeschichte. In der Folgezeit bestanden enge Kontakte mit Etrurien, wie die vor allem in der Colombella-Nekropole gefundenen hochwertigen Grabbeigaben belegen (heute in den Kapitolinischen Museen bzw. in der Villa Giulia in Rom ausgestellt). In den Gräbern waren die Mitglieder einer zahlenmäßig sehr kleinen lokalen Oberschicht bestattet, die aufgrund von Landbesitz und der Kontrolle über Handelswege zu Macht und Wohlstand gekommen waren.

Praenestes herausragende Stellung unter den Landstädten in Latium setzte sich auch vom 7. bis ins 5. Jh. v. Chr. fort, als die Stadt ein dominierendes Mitglied des Latinischen Bundes war. Im Jahr 499 v. Chr. schloss sie sich Rom an (Dion. Hal. ant. 5,61; Liv. 2,19,2), wandte sich aber gut hundert Jahre später in der Zeit nach dem Galliersturm (387 v. Chr.) wieder von Rom ab und dem Latinischen Bund zu. 338 v. Chr. wurde Praeneste dann endgültig von Rom unterworfen (Liv. 8,14,9) und erhielt den Status einer *civitas foederata*. In diese wechselvolle mittelrepublikanische Epoche fällt eine Phase kunstfertigen Schaffens, in der die sogenannten Praenestinischen Cisten entstehen. Sie sind das Werk von Bronzeschmieden, die diese Behälter für Toilettenutensilien fertigten. Ihr meist zylindrischer Gefäßkörper ist entweder vollständig aus Bronze gearbeitet oder besteht aus einem Holz- oder Lederkern mit Bronzebeschlägen. Charakteristisch sind die figürlichen Deckelgriffe sowie die reichen Gravierungen auf Deckeln und Gefäßkörpern der Cisten. Diese Gravierungen zeigen mythologische Szenen, deren Nähe zum antiken Theater unverkennbar ist.

Weithin bekannt war die Stadt auch für ihre Kulttradition. So beschreibt wiederum Strabon (5,3,11) sie mit den bezeichnenden Worten: „Praeneste ist dort, wo das bemerkenswerte Heiligtum der Fortuna ist, das Orakel erteilt." Eine Verortung in dieser Reihenfolge verdeutlicht die Strahlkraft dieses Kultes in Latium. Das Losorakel, von dem später noch ausführlicher die Rede sein wird, ist demnach nicht erst mit dem heute noch sichtbaren mächtigen Heiligtum entstanden, sondern war älter und wurde in den Bau integriert. Zeugnis der kultischen Vielfalt ist auch das berühmte Nilmosaik, das beim antiken Forum gefunden

Anreise nach Palestrina

Palestrina ist mit dem Auto von Rom aus über die Via Prenestina (Landstraße) oder die an der Ausfahrt Nr. 19 des Autobahnrings G. R. A. abzweigende mautpflichtige Autobahn A 1 dir. (Richtung Neapel) zu erreichen. Diese verlässt man bei der Ausfahrt S. Cesareo und folgt auf den Staatsstraßen 216, 6 und 155 den Hinweisschildern „San Cesareo – Zagarolo – Palestrina". Anbindung mit öffentlichen Verkehrsmitteln: Cotral-Überlandbusse ab den Metro-Endstationen Rebibbia (Linie A) und Anagnina (Linie B); vom Bahnhof Zagarolo fährt ein Shuttlebus nach Palestrina. Das Archäologische Museum und das Fortuna-Primigenia-Heiligtum befinden sich oben am Monte Ginestro im bzw. beim Palazzo Barberini (Piazza della Cortina).

„Des Sommers Vergnügen": Praeneste (Palestrina) und das Heiligtum der Fortuna Primigenia

wurde und heute im Archäologischen Museum zu sehen ist (s. u.).

Der wohl massivste Eingriff in die antike Stadtgeschichte folgte auf das Jahr 82 v. Chr.: Praeneste hatte sich im Bürgerkrieg auf die Seite der Popularen (Marius) gestellt und fiel nach Sullas Sieg dessen Proskriptionen anheim (App. civ. 1,94). Er ließ die Stadt plündern und rücksichtslos alle erwachsenen männlichen Einwohner von Praeneste ermorden – ein Akt, der sich in den epigraphischen Zeugnissen widerspiegelt: Die Namen alteingesessener Magistratsfamilien sind nach diesem grausamen Ereignis kaum mehr auf Inschriften nachgewiesen. Sie werden verdrängt von den Veteranen Sullas, die nach dessen Sieg hier angesiedelt wurden und an die Stelle der bisherigen Führungsschicht traten – wie auch in anderen Städten Latiums.

Von dieser Zeit an wird Praeneste mehr und mehr zu einem „sommerlichen Vergnügen" (*aestivae deliciae*) der Stadtrömer, wie der Schriftsteller Florus in seiner *Epitome de Tito Livio* (1,5) die Stadt bezeichnet. Als er sein Werk im 2. Jh. n. Chr. verfasste, hatte sich die Gegend längst als Villenort etabliert und spornte die Besitzer der Landgüter zu baulichen Höchstleistungen an, wie Juvenal berichtet (14,86–95). Die monumentalen Tempelanlagen besaßen dabei nicht nur hinsichtlich der Ortswahl eine besondere Anziehungskraft, sondern dienten auch als architektonisches Vorbild.

Wer heute Palestrina besucht, sollte daher auch zuerst das „bemerkenswerte **Heiligtum der Fortuna**" besichtigen. Denn von den halbkreisförmigen Sitzrängen der einstigen Tempelanlage, die heute als Stufen zum Eingang des aus der Renaissance stammenden Palazzo Barberini führen, genießt der Reisende „eine Aussicht, deren Schönheit sich nicht sagen lässt", wie Ferdinand Gregorovius im 19. Jh. schwärmte. Von hier schweift der Blick über die Terrassen des Heiligtums und Palestrina hinweg über einen weiten Teil der Campagna „bis zu dem in der Ferne strahlenden Meer", wo „die Weltstadt Rom aus blauen Dünsten" auftaucht – was zu Gregorovius' Zeiten gewiss häufiger der Fall war als heute. Das Heiligtum wurde erst in den Jahren nach dem Zweiten Weltkrieg ergraben, nachdem ein heftiges Bombardement im Jahr 1944 einen großen Teil der mittelalterlichen Gebäude zerstörte, die zuvor auf den antiken Ruinen des Heiligtums standen.

Die terrassierte Anlage als Hauptmerkmal der Heiligtümer in Latium ist in diesem Buch schon mehrfach erwähnt worden (Tibur, Tusculum). Diese bewusste Nutzung der „Differenz von Bodenniveaus" lässt sich aufgrund des guten Erhaltungszustandes jedoch kaum eindrucksvoller erleben als in Palestrina – zumal „das latinische Fortunaheiligtum (…) den in Europa vielleicht nie mehr übertroffenen Höhepunkt dieses baukünstlerischen Prinzips" darstellt (Hans Lauter). Die verschiedenen künstlichen Terrassen, Portiken und der die Anlage krönende Tempel sind über axial angeordnete Rampen und Stufen mehrfach untereinander verbunden. Beim abschließenden Halbrund der Treppen handelt es sich im Prinzip um die Sitzränge eines Theaters (Koilon), die in die Terrassenanlage integriert und zu einer monumentalen Treppe geworden sind. Planerische Grundlage des Gesamtkomplexes ist ein Quadrat mit einer Seitenlänge von 400 Fuß (ca. 118 m), dem wiederum ein festes geometrisches Raster von Einheiten zu je 50 Fuß (14,80 m) zugrunde liegt. Die Symmetrie und ausgeklügelte, zueinander in bestimmte Größenverhältnisse gesetzte Maße der einzelnen Baukörper prägen das Heiligtum.

Der Besucher betritt die Anlage heute über die Piazza della Cortina und befindet sich da-

Blick vom Eingang des Palazzo Barberini über den Tempelkomplex und Palestrina hinweg in die Campagna

mit direkt auf der obersten der insgesamt sechs Terrassen des Heiligtums (Terrazza della Cortina/VI). In der Antike lag der Zugang hingegen am Fuße des Heiligtums, so dass es sich empfiehlt, für eine Besichtigung erst einmal auf die unterste Terrasse hinabzusteigen und so den seinerzeit üblichen Weg der Pilger durch das Heiligtum nachvollziehen zu können. Diese unterste Terrasse (I) in Polygonalmauerwerk auf Höhe der heutigen Via del Borgo bildete das Fundament des Komplexes. Von der leicht erhöhten Terrasse II führten zwei Treppen zu zwei Wasserbassins der Terrasse III, die sich hinter je einer viersäuligen Portikus verbargen. Dahinter lagen Räume mit Tonnengewölbe, in denen sich im Westteil der Anlage marginal die Wanddekoration im ersten pompejanischen Stil erhalten hat (Raum ganz rechts). Hier begann der eigentliche sakrale Bereich, vor dessen Betreten sich die Wallfahrer reinigen konnten.

Von diesen beiden Punkten folgte die Strecke in einem merklichen Anstieg zwei symmetrischen Rampen, die auf der vierten Terrasse in der zentralen Achse des Bauwerks mündeten. Diese 18,50 m hohen und insgesamt fast 150 m breiten Doppelrampen bestanden aus zwei Verbindungsgängen: einem offenen und gepflasterten auf der Innenseite sowie einem vollständig geschlossenen mit tonnengewölbter Decke auf der Außenseite. Diese raffinierte Lösung erlaubte es, dass die Besucher des Tempels nach einem anstrengenden Aufstieg aus dem gedeckten Gang ins Freie traten und von dem Balkon zwischen den Rampen aus das beeindruckende, bis zum Meer reichende Panorama sowie erstmals auch den finalen Rundtempel der Fortuna Primigenia vor Augen hatten – das Ziel ihrer Reise. Die Architektur bezieht die Landschaft der römischen Campagna in das baulich-topographische Konzept der Anlage mit ein und setzt ganz bewusst auf die Blickachsen. Ob auch der offene Gang von den Besuchern des Tempels genutzt wurde oder, wie Filippo Coarelli vermutet, den Opfertieren vorbehalten blieb, ist unklar. Daher lässt sich auch nicht mit Sicherheit bestimmen, ob der Wechsel zwischen Schatten in dem gedeckten Gang und dem Licht auf dem Balkon zwischen den Rampen ein beabsichtigter Effekt war.

Eine zentral angeordnete, von einem Korridor durchzogene Treppe teilte diese sogenannte Terrasse der Halbkreise (Terrazza degli Emicicli/IV), benannt nach den beiden halbkreisförmigen Exedren in der Mitte jeder Seite. Sie waren eingelassen in eine Portikus mit dorischen Säulen, während die Exedren selbst mit ionischen Säulen geschmückt waren. Die tonnengewölbte Portikus besaß eine Kassettendecke, von der noch einige Reste bei der Ostexedra sichtbar sind. In beiden Exedren verlief jeweils ein über Stufen erreichbares Podium sowie eine von Konsolen (noch sichtbar in der westlichen Exedra) gestützte Bank, auf der sich vermutlich die Pilger niederlassen konnten, um den hier vorgenommenen Kulthandlungen beizuwohnen.

Vor den Exedren entdeckten die Archäologen im Westen die Reste eines gemauerten Rundaltars auf einem niedrigen Stufenunterbau (sichtbar), im Osten die Reste eines rechteckigen Fundaments (heute verschwunden). Auf diesem war vermutlich eine Statue der Göttin Fortuna platziert. Diesen Schluss legt zumindest der heute im Museum (Saal I) ausgestellte Kolossalkopf der Fortuna nahe, der in dem Brunnenschacht vor der Ostexedra der Terrasse IV gefunden wurde. Dieser Schacht war ursprünglich von einem kreisförmigen Bauwerk umschlossen, einem Monopteros aus Travertin. Er bestand aus einem Podium mit dorischem Fries, auf dem sieben korinthische Säulen platziert waren. Ein Architrav mit korrespondierendem Fries sowie ein kegelförmiges Dach schlossen den Rundbau nach oben ab. Zudem versperrte ein Metallgitter den freien Raum zwischen den Säulen von der Balustrade bis zum Architrav. Wasser hatte der vermeintliche Brunnenschacht indes nie gesehen, er war vielmehr zentraler Bestandteil jenes Losorakels, für das Praeneste weithin bekannt war. Tholos und Brunnen spielten dabei eine wichtige Rolle, wie aus einer Beschreibung Ciceros (div. 2,85–87) hervorgeht.

Die sich zentral fortsetzende Treppe führte weiter zu der oberhalb der Terrazza degli Emicicli gelegenen Terrazza dei fornici a semicolonne („Terrasse der Bögen mit Halbsäulen"/V), die wiederum auf der Portikus der Terrazza degli Emicicli ruht. Deren von ionischen Halbsäulen eingerahmte Räume dienten wohl eher Handels- denn kultischen Zwecken – Händler hatten hier vielleicht ihre Stände. Schließlich gelangten die Pilger über weitere Stufen hinauf zu der obersten Terrazza della Cortina (dem modernen Zugang/VI). Sie war ein ausgedehnter Platz (etwa 100 × 50 m), auf drei Seiten von einer Portikus mit einer Doppelreihe korinthischer Säulen und zwei parallelen Tonnengewölben im Innern umgeben. Der südliche Teil des Platzes blieb offen und erlaubte den Blick ins Tal. In der Mitte der Rückseite öffnete sich oberhalb der Portikus eine theatergleiche halbkreisförmige *cavea* (VII), ebenfalls umkränzt von einer Portikus mit doppelter Säulenreihe, die Rückseite durch eine Mauer geschlossen – Reste davon sind heute noch im Palazzo Barberini sichtbar. Durch diese Anordnung verwandelte sich die Nordportikus der Terrazza della Cortina unterhalb der *cavea* in eine Kryptoportikus, die man über jeweils drei Bogenportale links und rechts der zu den Sitzrängen hinaufführenden Freitreppe betrat. Eine größere, triumphbogenähnliche Arkade mit Brunnennische flankierte jeweils diese Konstruktion, die heute von der vorgeblendeten Flügeltreppe des 16. Jhs. verdeckt ist und als Ausstellungsraum des Museums dient. Für mögliche (Theater-)Aufführungen könnte in der Antike eine mobile Bühne aus Holz auf der Terrazza della Cortina aufgebaut worden sein, während das Publikum auf den Travertinstufen Platz fand.

Schematische Rekonstruktion des Heiligtums der Fortuna Primigenia von Palestrina (nach Kähler 1958)

Oberhalb der halbkreisförmigen Portikus entlang der *cavea* krönte schließlich ein mittig platzierter Rundtempel mit einem Durchmesser von 11,50 m, die *aedes Fortunae,* das Heiligtum. Dessen Reste haben sich ebenfalls im Palazzo Barberini erhalten und sind dort an der Rückwand im zweiten Stock zu sehen. Möglicherweise handelte es sich dabei um einen eher niedrigen, geschlossenen Tempel, worauf eine Beschreibung des Gebäudes aus dem späten 13. Jh. hindeutet, die das Kultgebäude der Fortuna von Palestrina mit dem Pantheon in Rom vergleicht. Dieser Rundtempel könnte in der Nähe jenes Orts gestanden haben, an dem Ciceros Bericht zufolge jener Olivenbaum stand, aus dem Honig floss – und aus dessen Holz später die Truhe für die Lose gefertigt wurde. In dem Tempel befand sich eine weitere Kultstatue der Göttin Fortuna in vergoldeter Bronze (Plin. nat. 33,61).

Wie ist das Heiligtum von Palestrina in die religiöse Welt des römischen Umlands einzuordnen? Die Verehrung der Fortuna Primigenia („Erstgeborene") an diesem Ort reicht mindestens bis in die Mitte des 3. Jhs. v. Chr. zurück, wie literarische und epigraphische Quellen zeigen (Liv. 23,19,18; 45,44,8-9; CIL 1² 60). Offenbar handelte es sich um zwei einst eigenständige Kulte: jenen der Fortuna mit Jupiter und Juno im Kindesalter, verbunden mit einem Losorakel, sowie den eigentlichen Fortunakult. Beide waren längst etabliert, als es an den Bau des Heiligtums ging. Sie bestimmten dessen Konstruktion mit, die beide Kulte zumindest architektonisch miteinander vereint. Als Cicero das Heiligtum in *de divinatione* beschrieb, war seine kultische Bedeutung zwar geschwunden, doch sein Renommee wirkte immer noch fort.

Nach allem, was die Forschung bisher zu Kult und Heiligtum von Praeneste zusammengetragen hat, ist der erste der beiden Kulte topographisch bei dem Schacht im Osten der Terrazza degli Emicicli zu lokalisieren. Dieser „umzäunte heilige Ort" *(locus saeptus religiose)* lag etwas abseits der zentralen Laufwege durch das Heiligtum und war über eigene Zugänge erreichbar, weshalb ihm eine eigenständige Stellung zukam. Hier zog ein Knabe die von Cicero erwähnten *sortes* (Losstäbchen) aus dem Schacht ans Tageslicht und gab sie dem *sortilegus* (Weissager; die Inschrift CIL 14 2989 nennt dieses Amt explizit in Verbindung mit dem Kult der Fortuna Primigenia), der ihren Spruch den Wallfahrern deutete. Diese Szene ist, ein außergewöhnlicher historischer Glücksfall, auch auf dem Deckel einer der praenestinischen Cisten dargestellt, die heute im etruskischen Museum der Villa Giulia in Rom zu sehen ist. Eine ähnliche Abbildung ist auch auf einem Denar des Jahres 68 v. Chr. von M. Plaetorius Cestianus, dessen Heimat Praeneste war, zu sehen. Auf der Vorderseite der Münze hält ein Junge ein Täfelchen mit der Aufschrift *SORS* (Los, Schicksal). Auf der Rückseite ist eine Frauenbüste zu sehen, die vermutlich Fortuna darstellt. So ist das Losorakel von Praeneste nach dem Zeugnis der Ciste noch älter als es Literatur und Epigraphik ausweisen und wohl bereits seit dem 4. Jh. v. Chr. praktiziert worden – ob schon seit dieser Zeit an dem durch den sichtbaren Schacht markierten Ort, muss jedoch offen bleiben.

Wie vergleichbare Funde aus Italien vor allem seit dem 2. Jh. v. Chr. nahelegen, suchten die Wallfahrer beim Orakel der Fortuna Primigenia Rat und Hilfe bei alltäglichen Sorgen und Nöten, in diesem Fall wohl besonders um eine glückliche Nachkommenschaft. Vor allem schwangere und frisch entbundene Frauen verehrten die Fortuna Primigenia von Praeneste in ihrer Funktion als Nährerin von Jupiter und Juno als mütterliche Gottheit. Auch hier lassen sich Parallelen zu hellenistischen

Ciceros Beschreibung des Orakels von Praeneste

„Die Urkunden der Praenestiner bezeugen, Numerius Suffustius, ein ehrenwerter und vornehmer Mann, sei häufig im Traum, am Schluss sogar unter Drohungen, dazu aufgefordert worden, an einem bestimmten Ort einen Steinblock zu spalten; aufgeschreckt durch die Geschichte habe er sich, obwohl seine Mitbürger ihn verspotteten, daran gemacht, das Geheißene auszuführen – und so seien aus dem geborstenen Felsen die Lose hervorgesprungen, mit Kerben in ihrem Eichenholz: Zeichen urtümlicher Buchstaben. Der betreffende Ort ist heute in frommer Ehrfurcht eingefriedet; er liegt nahe beim Tempel Iuppiters, der als Säugling dargestellt, zusammen mit Iuno in Fortunas Schoß sitzend und nach deren Brust verlangend, von den Müttern aufs gewissenhafteste verehrt wird. Zur gleichen Zeit, heißt es, floss an dem Ort, wo jetzt der Tempel der Fortuna steht, Honig aus einem Olivenbaum; die Beschauer aber verkündeten, jene Lose würden höchsten Ruhm genießen, und auf ihr Geheiß soll aus dem Olivenbaum eine Truhe verfertigt worden sein: dort barg man die Lose, und heute zieht man sie, wenn Fortuna dazu auffordert. – Welche Gewissheit nun können diese Lose vermitteln, die – wenn Fortuna dazu auffordert – von der Hand eines Knaben gemischt und gezogen werden? Wie gelangten sie überhaupt an jenen Ort? Wer hat das Eichenholz zugeschnitten, geglättet, beschrieben? Es gibt nichts, sagt man, was für Gott zu machen unmöglich ist. Hätte er doch die Stoiker weise gemacht, damit sie nicht alles mit ihrer abergläubischen Ängstlichkeit und zu ihrem Elend glauben müssten! Nun, zumindest diese Form der Wahrsagung ist jetzt im täglichen Leben von der Bühne verschwunden; die Schönheit des Heiligtums freilich und sein Alter bewahren den Losen von Praeneste auch heute noch ihren Ruf (zumindest beim Volk; denn welcher Amtsträger oder welcher Mann von Bedeutung macht noch von den Losen Gebrauch?). An den übrigen Orten aber ist das Losewesen gänzlich eingefroren."

Cic. div. 2,85–87; Übers.: Ch. Schäublin

Kulten ziehen, etwa zu der bekannten Orakelstätte des Trophonios in Lebadeia (Boiotien). Der eigentliche Ort kultischer Verehrung lag hingegen weiter oben bei dem zentralen Rundtempel und bildete eine Einheit mit der Terrazza della Cortina – auf der sich der dazugehörige Altar befunden haben muss – sowie der darüberliegenden *cavea*. Das Losorakel auf der Terrazza degli Emicicli dürfte jedoch für die meisten Wallfahrer von größerer Bedeutung gewesen sein.

Doch nicht nur kultisch, auch architektonisch hat der Tempel eine besondere Stellung inne. „Palestrina, das geradezu eine – allerdings rigoros systematisierte – Anhäufung modernster hellenistischer Formen und Motive darstellt", urteilt der Bauforscher Hans Lauter, „bedeutet auch das Nonplusultra des Terrassenheiligtums in dem hier geschilderten Sinne." Der von Prototypen aus der östlichen Ägäis inspirierte Bau nimmt deren grundsätzliche Konzeption bühnenbildnerischer Architektur auf, die geprägt ist von einer monumentalen Frontfassade sowie der – gerade auch den Römern so wichtigen – ingeniösen bautechnischen Beherrschung der Natur. Eine der wesentlichen Neuerungen des Heiligtums von Palestrina war der massive Gebrauch von *opus caementicium*, das aufgrund seiner Stabilität neue Statiklösungen erlaubte, die die Möglichkeiten herkömmlicher Bautechniken übertrafen. Gleichzeitig war es günstiger und einfacher zu handhaben, so dass für den Bau viele ungelernte Arbeiter herangezogen werden konnten, wie sie nach den römischen Eroberungen im Osten in jener Zeit in großer Zahl zur Verfügung standen.

Eine weitere Neuerung war, dass es „in der Anlage von Praeneste nicht einen einzigen Baukörper vom Charakter eines Tempels" gab (Heinz Kähler). Dadurch unterscheide sich dieser Komplex „grundsätzlich von jedem griechischen Heiligtum, auch jedem des hellenistischen Ostens, ja selbst von allem, was bis dahin und zur gleichen Zeit in der Architektur Italiens geschaffen wurde". Diese neuartige Interpretation zeitgenössischer Architekturformen, eine singuläre Auseinandersetzung mit hellenistischen Elementen, schien besonders Pompeius beeindruckt zu haben, denn er orientierte sich etwa hundert Jahre später beim Bau seines Theaters in Rom unter anderem an der Anlage von Praeneste. In der Hauptstadt hatte Pompeius die originäre Nutzung als Theater verbrämt, indem er die Sitzränge als Stufen des Tempels der Venus Victrix deklarierte.

Wer das Heiligtum von Palestrina entworfen hat, ist nicht abschließend geklärt. Auf jeden Fall handelte es sich bei seinem Baumeister um einen überragenden Vertreter jener Architektengeneration, die an der Wende vom 2. zum 1. Jh. v. Chr. in Latium wirkte und dort die großen Heiligtümer von Terracina, Tivoli oder Nemi entwarf. Jüngsten Hypothesen zufolge könnte es sich bei dem Schöpfer des Fortuna-Primigenia-Heiligtums um Gaius Mucius gehandelt haben, dessen Familie auf Seiten des Marius und somit in Opposition zu Sulla stand. Der aus Kleinasien stammende Architekt hatte in den Jahren 102/101 v. Chr. auch den bei Marius' Haus in Rom gelegenen Tempel des Honos und der Virtus entworfen, einen Bau, dessen vollkommene Gestaltung Vitruv (7 praef. 17) ausdrücklich würdigte. Ob Gaius Mucius zur gleichen Zeit auch in Palestrina wirkte, ist offen. Dass die Praenestiner im Bürgerkrieg zu Marius hielten, stützt jedenfalls die Hypothese, dass Marius in der Stadt einen gewissen Einfluss besaß – womöglich auch in Bezug auf den Neubau des Heiligtums.

Die Datierung des Fortuna-Primigenia-Heiligtums ist in den Altertumswissenschaften kontrovers diskutiert worden. Lange Zeit herrschte die Meinung vor, es der sullanischen Zeit zuzuschreiben. Dagegen sprechen aber vor allem die epigraphischen Zeugnisse: In den maßgeblichen Bauinschriften finden sich die Namen von Magistraten aus bedeutenden Familien von Praeneste, die nach Sullas Sieg im Bürgerkrieg Opfer der Proskriptionen wurden und aus dem politischen Leben verschwanden. Ihre Nachkommen gelangten unter Sullas Herrschaft ebenfalls kaum mehr in politische Ämter. Mittlerweile geht die althistorische Forschung daher von einer Errichtung in den letzten Jahrzehnten des zweiten vorchristlichen Jahrhunderts aus.

An die Besichtigung des Heiligtums schließt sich sinnvollerweise ein Besuch des **Archäologischen Museums** (Museo Archeologico Nazionale) von Palestrina an, das seit 1956 im Palazzo Barberini untergebracht ist und dessen Sammlung 1998 neu strukturiert wurde. In Saal I, der dem Fortuna-Kult gewidmet ist, ist der oben erwähnte späthellenistische Marmorkopf der Fortuna-Primigenia-Statue von der Terrazza degli Emicicli ausgestellt, der ins letzte Viertel des 2. Jhs. v. Chr. datiert. Die kleine Skulptur mit zwei kopflosen Figuren auf einem *ferculum* (Tragbahre) symbolisiert das zweifache Erscheinungsbild der Fortuna: Links ist die Göttin im jugendlichen, rechts im reifen matronenhaften Typus dargestellt. Dieses Kultbild (vermutlich 1. Jh. v. Chr.) wurde bei Prozessionen umhergetragen. Möglicherweise symbolisiert es die bei-

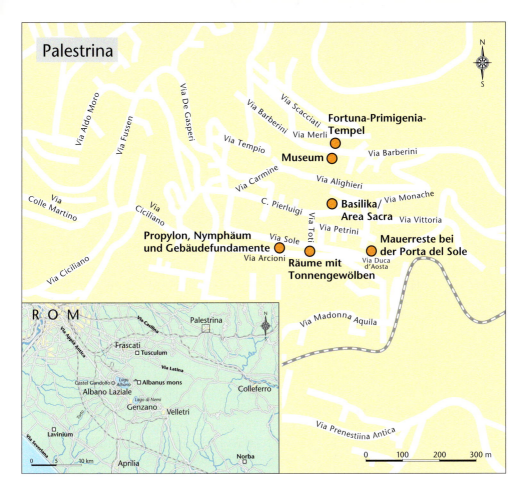

den Verehrungsformen der Fortuna, wie sie in dem Heiligtum von Palestrina vereint sind.

Im dritten Stock erwartet den Besucher schließlich in Saal XVI das berühmte **Nilmosaik von Palestrina.** Einst schmückte es den Fußboden eines Apsidensaals der gleich beim antiken Forum der Stadt gelegenen großen Aula (zum Fundort s. u.). Nach seiner Entdeckung Anfang des 17. Jhs. erlebte das Mosaik eine regelrechte Odyssee, 1640 wurde es gar bei einem wenig sorgfältigen Transport auf Pferdekarren schwer beschädigt. Mithilfe von heute in Schloss Windsor aufbewahrten Aquarellen gelang es dem Mosaiksetzer Battista Calandra jedoch, das Werk in bemerkenswerter Qualität zu restaurieren. Erst nach dem Zweiten Weltkrieg brachte man es endgültig in den dritten Stock des Palazzo Barberini.

Die heutige Anordnung der einzelnen, nur teilweise im Originalzustand konservierten Segmente der komplexen Landschaftskomposition entspricht jedoch nicht mehr der ursprünglichen. Diese ist kaum mehr eindeutig zu rekonstruieren; einen sorgfältig begründeten Vorschlag hat vor einigen Jahren Bernard Andreae präsentiert. Klar ist zumindest die generelle Szenerie: Sie zeigt das Niltal von seinem Delta bei Alexandria bis zu den nubischen Bergen während der jährlichen Überschwemmung.

Der obere Teil zeigt das bergige Nubien, bevölkert von realen Tieren (Hyänen, Affen, Kamele) ebenso wie von Fabelwesen (Homokentauren). Beischriften in griechischen Buchstaben dienen der leichteren Identifikation. Im Zentrum sind monumentale Gebäude dargestellt, rechts etwa ein großer Pharaonentempel, umgeben von einer Mauer mit Türmen. Hier könnte es sich um das Osiris-Heiligtum von Kanobos oder einen Tempel in Memphis handeln. Am linken Bildrand ist in Form eines runden Brunnens eines der sogenannten Nilometer abgebildet. An diesen festen Messstationen beobachteten die Ägypter bereits zur Zeit der ersten Dynastie (4. Jt. v. Chr.) die Nilflut zu religiösen und fiskalischen Zwecken.

In der im rechten unteren Eck dargestellten Stadt ist wohl Alexandria mit dem Binnenhafen und prächtigen Gebäuden zu erkennen. Links daneben finden sich auf engstem Raum zwei äußerst gegensätzliche Lebenswelten: „Hütte und Palast" (Bernard Andreae).

Die Forschung sieht in dem Nilmosaik – ein Sujet, das auch in anderen römischen Städten vorkommt –, eine Auftragsarbeit einer alexandrinischen Werkstatt aus dem letzten Viertel des 2. Jhs. v. Chr. Für diesen Zeitraum sprechen vor allem stilistische Gründe sowie die bauhistorische Datierung des Fundortes am Forum.

Neben Heiligtum und Museum birgt das **Stadtgebiet von Palestrina** noch einige antike Reste. Diesen ist in der Forschung aufgrund der Prominenz des Heiligtums freilich deutlich weniger Aufmerksamkeit geschenkt worden. Sie erlauben dem Besucher dennoch, sich einen Überblick über die antike Stadtanlage zu verschaffen.

Entlang des südlichen Rands der ältesten Besiedlungszone (heute Via degli Arcioni) verläuft eine Mauer in *opus quadratum* aus Tuffsteinen. In ihrer Mitte befinden sich die Überreste eines monumentalen **Propylons** mit Brunnennischen. Dieser in *opus caementitium* ausgeführte und mit *opus incertum* verkleidete Zugang muss aufgrund der Mauertechniken und der exakten Symmetrie zum Fortuna-Primigenia-Heiligtum zeitgleich mit diesem entstanden sein. Das Propylon war der Hauptzugang zur Oberstadt von Praeneste.

Auf der gegenüberliegenden Straßenseite sind die in den 1960er Jahren ergrabenen Reste des *cardo* der sullanischen Kolonie sowie, östlich davon, die Fundamente von Gebäuden zu entdecken. Sie lagen am Nordrand der Unterstadt von Praeneste, die nach 82 v. Chr. dort errichtet wurde, und dienten vermutlich öffentlich-administrativen Zwecken. In der Mauer des Hauses am Westrand der Grabungsfläche sind die Reste eines **Nymphäums** erhalten, das aus einer Exedra in der Mitte und zwei kleineren Seitennischen mit rechteckigem Grundriss besteht. Zusammen mit dem Propylon und den anderen Gebäuden bildete dieses Bauensemble eine imposante Konstruktion am Eingang zum Tempel- und Stadtbezirk.

Östlich des Propylons liegen mehrere Räume in *opus incertum* mit gewölbter Decke und Tuffsteinbögen; von ihnen rührt der moderne Name der Via degli Arcioni her. Ihre einstige Funktion ist nicht mehr zu bestimmen.

Wer einige Meter weiter durch die Porta del Sole (17. Jh.; bei dieser noch **Mauerreste** der frühesten Stadtbefestigung in *opus quadratum*) auf die Piazza S. Maria gelangt und sich dann nach Westen wendet, erreicht über die Via Anicia bald die Piazza Regina Margherita im Herzen der Altstadt. Bereits in der Antike markierte dieser Platz das Forum der Stadt, damals allerdings üppiger dimensioniert als heute. Die mittelalterliche **Kathedrale S. Agapito** an der Westseite der Piazza wurde über den Mauern eines Tempels aus dem 4. oder 3. Jh. v. Chr. errichtet. Möglicherweise war dies der Jupiter-Tempel, dessen Kultbild nach Roms Sieg über Praeneste 388 v. Chr. auf dem Kapitol ausgestellt wurde. Vor der Ostwand haben sich die Reste des antiken Tempelpodiums und seiner Mauern in *opus quadratum* aus Tuffstein unterhalb des modernen Straßenniveaus erhalten, ebenso wie Reste des Straßenpflasters in Kalkstein.

Unmittelbar hinter den Tempelresten befindet sich der Zugang zur sogenannten **Area Sacra**. Der Name führt allerdings in die Irre, denn es handelt sich dabei um die **Basilika** von Praeneste. Sie verbirgt sich hinter der Fassade des ehemaligen Priesterseminars an der Nordseite des Platzes, in der die Reste antiker Mauern erkennbar sind. Diese Wand bildete im Altertum die Südseite der vierschiffigen Forumsbasilika (55 × 30 m). Die an den Fels gebaute Rückwand der Basilika in *opus incertum*, die heute den Hof des ehemaligen Priesterseminars begrenzt, zeigt deutlich ihre zweizonige Wandgliederung. Wie das Fortuna-Heiligtum wird die Basilika in das späte 2. Jh. v. Chr. datiert. Trotz der baulichen Nähe ist die Basilika aber nicht mehr Teil des Fortuna-Primigenia-Heiligtums, sondern besitzt als Teil des Forums einen eigenständigen Status.

Links und rechts schließt sich je ein kleineres Gebäude an die Basilika an: Im Westen liegt die mit einem ägyptisch beeinflussten Fischmosaik geschmückte sogenannte **Grotte der Lose** (Antro delle Sorti). Dieses noch an Ort und Stelle befindliche, bedauerlicherweise aber stark zerstörte mehrfarbige Mosaik zeigt zahlreiche Meerestiere und ein Heiligtum, das möglicherweise Poseidon geweiht war. Ähnliche Darstellungen sind aus Pompeji und Rom bekannt. Trotz seines schlechten Erhaltungszustandes zeigt sich dem Besucher deutlich die hohe Qualität des Fischmosaiks. Dieses lässt auch erahnen, wie stark das Nilmosaik durch sein Schicksal entstellt wurde. Östlich der Basilika befindet sich eine **Apsishalle**, aus der das Nilmosaik stammt. Beide Räume sind über den Zugang zur Area Sacra zu erreichen, allerdings nicht immer zu besichtigen. Die in diesen Gebäuden praktizierten Kulte waren eng miteinander verbunden, worauf nicht zuletzt die Gestaltung der Mosaike hindeutet.

Welche Gottheit in welchem Gebäude genau verehrt wurde, lässt sich nicht exakt rekonstruieren. Filippo Coarelli etwa deutet die Grotte mit dem Fischmosaik als Kultort der Isis Pelagia (Schutzpatronin der Seeleute), die Apsishalle als Serapeion. Doch auch die genau umgekehrte Zuordnung ist in der Forschung bereits geäußert worden. Zur Entstehungszeit der Grotte am Ende des zweiten vorchristlichen Jahrhunderts wurden beide Kulte in Italien jedenfalls zunehmend rezipiert. Möglicherweise aber handelt es sich bei der Grotte der Lose auch nur um einen profanen Ort, und sie war, so Bernard Andreaes Hypothese, „ein natürliches, kunstvoll ausgeschmücktes Nymphäum". Das von Cicero erwähnte Losorakel ist jedenfalls nicht hier zu verorten; dieses befand sich, wie beschrieben, unmittelbar auf dem Areal des Fortuna-Primigenia-Heiligtums.

Etwas außerhalb des Stadtgebiets beim Friedhof von Palestrina (Via Santa Maria) liegen, von den Stufen des Theaters des Fortuna-Heiligtums gut sichtbar, die stark überwucherten Reste einer großen kaiserzeitlichen **Villa**. Ihre gewölbten Räume in *opus mixtum* gehören zu einem Landsitz Hadrians (erste Hälfte des 2. Jhs. n. Chr.). Zur Erinnerung an seinen im Herbst des Jahres 130 n. Chr. unter ungeklärten Umständen in Ägypten ertrunkenen Liebling Antinoos hatte der Imperator in dieser Villa eine Statue aufstellen lassen. Sie wurde 1793 an diesem Ort entdeckt und ist heute in den Vatikanischen Museen ausgestellt (Antinoos Braschi). Neben Hadrian schätzten der literarischen Überlieferung zufolge auch Augustus, Tiberius, Marc Aurel und wohl auch Severus Alexander die Sommerfrische am Monte Ginestro.

„Der herrlichste Jahrmarkt Italiens":
Lucus Feroniae und die Villa der Volusier

Die antiken Monumente
im Umland Roms

128

129

Blick nach Südwesten auf das Forum
von Lucus Feroniae, im Vordergrund
das Augusteum

DIE ANTIKEN MONUMENTE IM UMLAND ROMS

„Der herrlichste Jahrmarkt Italiens": Lucus Feroniae und die Villa der Volusier

Wahrlich abseits von den üblichen Tourismuspfaden liegen Lucus Feroniae und die Villa der einflussreichen Familie der Volusier: direkt am Zubringer der Autostrada del Sole, ca. 30 Kilometer nördlich von Rom und südlich vom heutigen Fiano Romano, war das wichtigste Heiligtum der sabinischen Göttin Feronia. Der antike *ager Capenas* war die regionale Schnittstelle, an der die kulturellen Einflüsse der Etrusker, Falisker, Sabiner und Latiner zusammentrafen. Lucus Feroniae bildete dabei eines der religiösen und wirtschaftlichen Zentren: Der heilige Hain war eine der wichtigsten Kultstätten der sabinischen Göttin Feronia und zugleich Ort eines der zentralen Märkte der Region, ein stark frequentierter Handelsplatz, den Dionysios von Halikarnassos in seinem Werk als den „herrlichsten Jahrmarkt Italiens" bezeichnet (Dion. Hal. 3,32,1–2). Die archäologischen Reste der sabinischen Stadt Capena, in deren Einflussgebiet das Heiligtum lag, befinden sich auf der Höhe von Civitucola, 3 km vom heutigen Capena entfernt. Lucus Feroniae wird daher auch von Cato (orig. frg. 30) als *lucus Capenatis* (der Hain der Capena) bezeichnet. Capena soll von Veji aus gegründet worden sein, welcher sie im Kampf mit Rom auch als Verbündete beistand (zum Konflikt zwischen Rom und Veji (s. S. 143 ff.).

Lucus Feroniae

Doch wer ist die Göttin Feronia, die so weit in das Umland strahlte? Auch wenn die Etymologie des Namens und die Herkunft des Kultes noch Rätsel aufgeben, so ist inzwischen Konsens, dass der Kult sabinischen und nicht etruskischen Ursprungs ist. So finden sich auch hauptsächlich in sabinischem Gebiet die zentralen Kultstätten, auch wenn der Feronia im Verlauf der Geschichte immer mehr Heiligtümer in Mittelitalien geweiht wurden. Alle Heiligtümer lagen dabei außerhalb der städtischen Zentren. Neben den Heiligtümern bei Amiternum (Vittorino bei L'Aquila), Pisaurum

> **Anreise nach Lucus Feroniae**
>
> Die Grabungszone von Lucus Feroniae liegt im Gebiet der heutige Commune Capena bei Fiano Romano. Mit dem Auto fährt man über die Autobahn A 1 bis zur Ausfahrt Fiano Romano und biegt dann auf die Via Tiberina in Richtung Capena und Rom.
>
> Mit dem Bus (COtral) fährt man in Richtung Fiano Romano. Der Bus hält – nach Anweisung an den Fahrer – an der Haltestelle auf der Via Tiberina gegenüber dem Eingang des Grabungsgeländes.

(Pesaro) und Trebula Mutuesca (heute im Gebiet der Gemeinde Monteleone Sabino) sind die heiligen Stätten bei Capena – also Lucus Feroniae – und Tarracina (Terracina) die bedeutendsten gewesen.

Verehrt wurde Feronia vor allem als Vegetations-, Ackerbau- und Heilgottheit. Sie erscheint in ihrer religiösen Zuschreibung somit vergleichbar zu sein mit der griechischen Persephone, der Tochter der Demeter. Persephone, die dem Mythos nach von Hades in die Unterwelt entführt und zu seiner Frau wurde, wird von ihrer Mutter so schmerzlich vermisst, dass diese die irdische Vegetation nicht mehr zum Erblühen und Früchtetragen bringt. Ein alles Leben bedrohender Winter zieht in die Welt ein. Allein durch das Eingreifen ihres Vaters Zeus gelingt es, dass Hades Persephone für einen Teil des Jahres freigibt. So kehrt Persephone nun jedes Jahr im Frühjahr in die Oberwelt zu ihrer Mutter zurück, wo sie bis zum Herbst bleibt. Die Ordnung der Jahreszeiten ist wiederhergestellt. Die Ankunft Persephones, der Beginn des Frühlings, wurde daher mit Festen und Stieropfern für die Göttin begrüßt, dem Symbol für Zeugungskraft und Fruchtbarkeit. Ähnlich können auch bei der Verehrung der Göttin Feronia Stieropfer eine Rolle gespielt haben. Eine Vielzahl der im heiligen Bezirk gefundenen Terrakotten, die als Votivgaben dienten, sind Darstellungen von Rindern. Livius verweist darüber hinaus auf die Abgabe der Erstlinge der Früchte (*primitiae frugum*) als Opfer für die Göttin (26,11,9). Weitere Votivterrakotten in Form von einzelnen Körperteilen und kleine Bronzestatuetten lassen zudem die Annahme zu, dass der Feronia auch besondere heilende Kräfte zugeschrieben wurden.

Durch die religiöse Zuschreibung genoss Feronia hohes Ansehen bei den Bauern, doch sie wurde auch besonders von Sklaven und Freigelassenen verehrt. In Lucus Feroniae wurden mehrere Weihinschriften gefunden, die von Freigelassenen gestiftet wurden. Für Rom selbst ist eine Weihinschrift bezeugt, die von einer Freigelassenen stammt (Degrassi 93a). In Terracina, dem anderen großen Heiligtum der Feronia, fanden zudem Freilassungen von Sklaven statt. Eine Inschrift gibt Hinweise auf die Zeremonie, bei der Sklaven sich auf einen Steinsessel setzten, die Kopfbedeckung des freien Römers, den *pilleus* aufgesetzt bekamen und so rituell in die Freiheit entlassen wurden: „Lasst die Verdienstvollen sich als Sklaven setzen und als Freie sich erheben" (Serv. Aen. 8, 564).

> **Das Heiligtum der Feronia**
>
> „Unter dem Berg Soracte liegt die Stadt Feronia gleichnamig einer einheimischen und von den Umwohnern sehr geehrten Göttin, deren an diesem Ort befindlicher Tempelhain eine wunderbare Feierhandlung darbietet. Denn mit nackten Füßen durchwandeln die von der Göttin Ergriffenen Kohlen und Glühasche unbeschädigt; und sowohl wegen des Volksfestes, welches jährlich gefeiert wird, als wegen des erwähnten Schauspiels versammelt sich hier eine große Menschenmenge."
>
> Strab. 5,2,9

Die Göttin Feronia, deren Kult der Legende nach auf die Initiative Propertius', des Königs von Veji, gegründet wurde, fand recht rasch ihre Anhänger auch in Rom. Am 13. November eines jeden Jahres wurde der Stiftungstag des Heiligtums auf dem Marsfeld begangen (CIL 1² 335 Fast. Ant.). Dieser Tag fällt in die Zeit der Plebejischen Spiele, die im Circus Flaminius von den plebejischen Ädilen veranstaltet wurden. Howard Hayes Scullard vermutet daher, dass das Heiligtum älter als die Spiele ist, die wohl um das Jahr 220 v. Chr. zum ersten Mal veranstaltet wurden. Für das Jahr 217 v. Chr. bezeugt Livius (22,1,18), dass, als die sibyllinischen Bücher Sühneopfer anordneten, die weiblichen Freigelassenen (*libertinae*) eine Spende an Feronia beisteuern mussten, während die freien Frauen (*matronae*) Iuno Regina auf dem Aventin beschenkten.

Zu den Festtagen der Göttin wurde einmal im Jahr ein großer Markt abgehalten, der als einer der bedeutendsten seiner Zeit zu gelten hat. Denn dieser zog nicht nur die Anhänger des Feronia-Kultes an, sondern auch eine Vielzahl von Händlern, Bauern und Handwerkern aus dem nahen und weiteren Umland. Der Schaf- und Wollmarkt wurde nach Livius (1,30,5) seit der Zeit des Königs Tullus Hostilius, also der ersten Dekade des 7. Jhs. v. Chr., abgehalten. Auch die Lage an der Kreuzung der Via Tiberina mit der Via Capenate – die auch heute noch gut im Stadtbild zu erkennen ist – und die Nähe zum Tiber selbst waren sicher entscheidend für die Zentralität des Marktes. Dass es bei einem so stark frequentierten Markt nicht immer friedlich zuging, bezeugt ebenfalls Livius, der eine doch außerordentliche Eskalation eines Marktvorfalls aus dessen legendenhafter Frühzeit überliefert hat.

Die Kultstätte war zudem berühmt für ihren Reichtum. Nach Livius brachten die Bewohner Capenas der Göttin Feronia nicht nur die „Erstlinge ihrer Früchte", sondern noch andere Geschenke dar, so dass das Heiligtum einen reichen Schmuck an Gold und Silber besaß (26,11,8). Dieser Reichtum zog auch Hannibal an, der 211 v. Chr. mit seinen Truppen das Heiligtum komplett plünderte und verwüstete. Nach Hannibals Abzug soll man aber überall Haufen von Erzbrocken gefunden haben, da die Soldaten, von religiösen Zweifeln an der Richtigkeit ihres Tuns getrieben, diese weggeworfen hatten.

Die verheerende Plünderung der heiligen Stätte beendete aber nicht die Verehrung der Göttin an diesem Ort. Das Heiligtum bestand weiterhin. Im Jahr nach der Plünderung sollen nach Livius vier Götterbilder im Hain der Feronia einen Tag und eine Nacht Blut geschwitzt haben. Diese Vorkommnisse gehören zu einer ganzen Anzahl von in Rom aus ganz Mittelitalien gemeldeten Vorzeichen und sind Ausdruck der existentiellen Krise und tiefen Ängste, die der Krieg gegen Hannibal und sein Kriegszug durch Italien hervorriefen. Die Vorzeichen und deren Entsühnung sind dabei eine Form der Krisenbewältigung, und besonders die Rituale der Entsühnung sind dazu gedacht,

> **Lucus Feroniae und sein Markt**
> „Im Vertrauen auf diese Streitkräfte erklärte Tullus den Sabinern den Krieg. Diese waren in der damaligen Zeit nach den Etruskern die stärksten an Männern und Waffen. Von beiden Seiten war Unrecht geschehen, und die Wiedergutmachungsforderungen waren vergeblich geblieben. Tullus führte darüber Klage, dass die Sabiner auf einem vielbesuchten Markt beim Heiligtum der Feronia römische Kaufleute verhaftet hätten; die Sabiner dagegen machten geltend, vorher schon hätten Leute von ihnen im Hain Zuflucht gesucht und seien dann in Rom zurückgehalten worden. Das waren die Kriegsgründe, die man nannte."
> Liv. 1,30,4-6; Übers.: H. J. Hillen

das Einvernehmen mit den Göttern wiederherzustellen und so auch die Krise und den Krieg zu bewältigen. Zur Entsühnung wurde von den Pontifices ein Bittgang von Capena zum Heiligtum angesetzt (Liv. 27,4,14-15). 196 v. Chr. wird von einem Blitzeinschlag in den Tempel berichtet (Liv 33,26,8). Auch die archäologischen Befunde belegen das Fortbestehen des Heiligtums sowie einiger Wohnstätten. Ein Meilenstein, höchstwahrscheinlich aus der zweiten Hälfte des 2. Jh. v. Chr., an der Kreuzung der Via Capenate und der Via Tiberina in der Nähe des Forums, dokumentiert die Instandsetzung der Straße, welche die Verbindung nach Rom garantierte, was ein weiteres Zeichen für das Fortbestehen des Ortes ist.

In der zweiten Hälfte des 1. Jhs. v. Chr. erfuhr Lucus Feroniae wie viele andere Städte im Umland von Rom eine strukturelle Veränderung. Caesar oder Octavian gründete die *colonia Iulia felix Lucus Feroniae* (CIL 11 3938) und siedelte dort Veteranen an. Eine besondere Form der Kolonie, die sich von den Koloniegründungen der frühen und mittleren Republik unterscheidet, waren doch die Kolonisten ehemalige Soldaten, die meist einem Feldherrn, der ihnen durch die Koloniegründung Landbesitz verschaffte, besonders verbunden und zudem ein militärischer und politischer Machtfaktor in den Bürgerkriegen waren.

Die genaue Datierung der Koloniegründung gestaltet sich bis heute als schwierig. Angenommen wurde, dass die Kolonie die Nachfolgerin einer älteren, vielleicht sullanischen Koloniegründung, die zur *Tribus Voltinia* gehörte, gewesen sein könnte. Doch die archäologischen und epigraphischen Zeugnisse stützen allein die Datierung in caesarianisch-augusteische Zeit. So geht man heute davon aus, dass das Projekt der Koloniegründung von Caesar im Jahr 46 v. Chr. initiiert wurde (Cic. fam. 9,17,2). Nach dem Tod Caesars ist die Koloniegründung dann von Octavian, dem späteren Augustus, vollendet worden. Er wurde daher auch als Gründer der Kolonie im nördlichen Anbau der Basilika verehrt. Mit der Gründung der Kolonie erlebte Lucus Feroniae in augusteischer und julisch-claudischer Zeit somit eine neue Blüte. Der heute sichtbare archäologische Befund korrespondiert mit den baulichen Veränderungen durch die Gründung der Kolonie in der zweiten Hälfte des 1. Jhs. v. Chr., die an den heiligen Bezirk angebaut wurden: Forum, Basilika, Wohnbauten und Thermen zeugen von einer vitalen Kleinstadt. Unter Kaiser Trajan (98–117 n. Chr.) wurden einige bedeutende Renovierungen und Instandsetzungsarbeiten unternommen. Der Kaiser, der seine patronalen Pflichten gegenüber der Kolonie erfüllte, wird als *restitutor coloniae* in einer Inschrift beim Augusteum geehrt.

Ab dem 3. Jh. n. Chr. verliert die Stadt an Bedeutung und nach dem heutigen Stand der archäologischen Befunde erscheint Lucus Feroniae im 4. Jh. kaum mehr bewohnt und geriet somit in Vergessenheit.

So gestaltete sich das Wiederentdecken des antiken Ortes, der nur noch durch die antiken Quellen und zwei epigraphische Funde bezeugt war, auch als ausnehmend schwierig. Erst 1952 konnte er dann in erster Linie mit Hilfe von Luftbildern genau lokalisiert werden. Am dritten Tag der Ausgrabungen auf dem Gebiet des Forums ergab ein Inschriftenfund den entscheidenden Hinweis auf den Sitz der Kolonie. Allerdings sind bis heute noch viele Fragen offen und abschließende Bewertungen oft nicht möglich. Viele der Funde sind immer noch nicht veröffentlicht, andere Daten und Funde dagegen sind leider unwiederbringlich verloren, unter anderem auch aufgrund der eingeschränkten methodologischen Möglichkeiten der ersten Grabungen.

Der Rundgang über das Grabungsgelände beginnt am 73 m langen und 23,50 m breiten

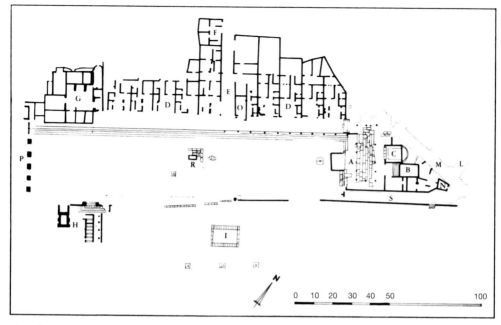

Plan des Forums von Lucus Feroniae (nach Gazzetti 1992)

Forum, dem zentralen Platz, der zugleich die Verbindung zwischen dem heiligen Bezirk und der Siedlung darstellt. Nach Süden hin markieren fünf monumentale Säulenbasen den Forumsbezirk (P).

An der östlichen Längsseite des Forums liegt das **Heiligtum der Feronia** (H, I). Dieser heilige Bezirk (Temenos) wurde dabei durch eine hohe Mauer aus *opus reticulatum* vom lauten und geschäftigen Forum klar abgegrenzt. Die Mauer trennte aber nicht nur das Forum vom heiligen Bezirk, sondern diente auch als Stütze für das Aquädukt, der Lucus Feroniae mit Wasser versorgte. Im Norden und Osten wird der heilige Bezirk durch eine weitere Mauer aus *opus incertum* mit Inkrustation begrenzt. Ursprünglich bestand das Heiligtum aus drei Bestandteilen: Hain, Tempel und Altar. Eine noch heute sichtbare, große viereckige Basis aus Tuffblöcken im Tempelbezirk wird daher als Altar bezeichnet. Der Tempel mit wahrscheinlich italischem Grundriss lässt sich anhand der Fundamentreste aus *opus caementicium* rekonstruieren. Weiter sind auch Fragmente des Architravs, des Tympanons und der Säulen mit korinthisch-italischen Kapitellen erhalten. Diese dürften alle aus dem 2. Jh. v. Chr. stammen, als das Heiligtum nach der Zerstörung durch Hannibal wieder erneuert wurde. Die ältesten Funde in der sakralen Zone gehen aber auf das 4. Jh. zurück. Dies sind vor allem Votivtäfelchen, Terrakotten, Keramiken und Tierfiguren, die im Museum beim Grabungsgelände ausgestellt sind.

Am nördlichen Ende des Forums befand sich die **Basilika** (A). Dem Besucher zeigt sich dabei aber als erstes ein großes rechteckiges Podium aus Kalksteinblöcken aus der Region, das seit republikanischer Zeit als Terrassierung des ansteigenden Geländes diente. Auf der Ostseite des Fundaments lässt sich ein kleiner vergitterter Einlass zu einem Raum unter dem Podium entdecken, der vermutlich zum *aerarium* führt. Das *aerarium* der Kolonie diente als Aufbewahrungsstätte der öffentlichen Gelder und Dokumente. Ein quadratischer Podiumsbau – vermutlich das Tribunal – mit bläulichem und weißer Marmorverkleidung schließt sich auf der Südseite an das Fundament an. An den Seiten des Sockels finden sich auf zwei Travertinpilastern zwei Dedikationsinschriften: einmal für Salus, die Personifikation des staatlichen und privaten Wohlergehens, und einmal für Frugifera. Fraglich ist, ob diese zusammen zu lesen sind, also *Saluti Frugiferae / S(enatus) S(ententia)* oder jede Inschrift für sich: also *Saluti / s(acrum)* bzw. *Frugiferae / s(acrum)*. Doch gleich, welche Lesart man bevorzugt, so verweisen doch beide auf die der Göttin Feronia zugesprochenen Kräfte: die Gesundheit bzw. Heilkraft und die Fruchtbarkeit. Vor diesem Sockel befindet sich zudem ein gut erhaltener runder Altar aus Marmor, der mit Bukranien und Girlanden geschmückt ist und als Basis für eine dreifüßige Opferschale diente. Altar und Inschriften identifizieren den Vorbau als Kultstätte, die zudem als Tribunal für Gerichtsverhandlungen gedient haben könnte. Denn ein Rechtsgeschäft, das vor einem Altar oder später vor dem Bildnis des Kaisers besiegelt wurde, erhielt eine zusätzliche sakrale Wertigkeit. In unmittelbarer Nähe zu diesem Podium auf den Stufen der Portikus steht die *mensa ponderaria*.

Auf dem Fundament erhob sich die dreischiffige Basilika aus augusteischer Zeit, die man von Westen über ein überdachtes Portal betrat. Sie wurde im Verlauf der Kaiserzeit mehrmals restauriert und erneuert, behielt aber die ursprüngliche Form und Größe aus der Zeit der Koloniegründung. Die Forumsseite der Basilika war nicht gemauert, sondern bestand aus einer offenen Pilasterstellung. Dies ermöglichte eine bessere Beleuchtung und Belüftung des Innenraums, aber auch einen freien Blick von der Basilika auf das Forum. Das Innere der Basilika war durch zwölf Säulen in einen Umgang und einen zentralen Raum unterteilt, von denen heute noch die Säulenbasen zu sehen sind.

Zwei kleinere Gebäude schließen sich an der Nordseite der Basilika an. Zum einen befindet sich dort ein prostyler **Podiumstempel** (B) mit einer Freitreppe aus republikanischer Zeit.

Nach dem Bau der Basilika konnte der Tempel nur noch über den Innenraum der Basilika betreten werden, von dem er durch einen verschließbaren Eingang getrennt wurde. Direkt daneben befindet sich eine 6,10 m lange und 5,20 m breite **Aula** mit Apsis (C). Diese befindet sich nicht wie in vergleichbaren Basilikabauten in der Achse zum Forum, da der ältere Tempel berücksichtigt werden musste. In der Apsis finden sich zwei Statuenbasen, die einstmals eine Panzerstatue des Octavian bzw. Augustus und eine Togastatue, die man keiner Person mehr zuschreiben kann, trugen. Auch in der prächtigen, mit einem kostbaren Boden in *opus sectile* ausgestatteten Aula waren je vier Porträtstatuen an beiden Längsseiten aufgestellt, von denen einige im Museum gezeigt werden. Da bei den fünf weiblichen Gewandstatuen und den drei männlichen *togati* ebenfalls die Köpfe und die Widmungsinschriften fehlen, sind sie leider nicht mehr zu identifizieren. Bau und Ausstattung lassen darauf schließen, dass die Aula wahrscheinlich dem Kaiserkult diente, wenn dies auch nicht abschließend zu beweisen ist.

Die archäologischen Befunde belegen den Bau und die Nutzung des Raumes vor Augustus' Tod. Anzunehmen ist daher, dass hier Octavian als Gründer der Veteranenkolonie verehrt und diese Stätte aus durchaus praktischen Gründen in die Kultstätte zu Ehren des divinisierten Augustus umgewandelt wurde. Die in einer spätantiken Latrine der Villa der Volusier gefundene Dedikationsinschrift nennt die Konsuln Lucius Volusius Saturninus, Vater und Sohn, als Stifter der Kultstätte. Da der Vater bereits im Jahr 20 n. Chr. verstarb, muss die Weihung in der kurzen Zeit nach dem Tod des Augustus 14 n. Chr. und dem Todestag des älteren Konsul erfolgt sein. Dies zeugt von einer sehr raschen Umsetzung des Senatsbeschlusses, Ausdruck der engen

> **Der Kaiserkult**
>
> In der Zeit des Kaisers Augustus beginnt die kultische Verehrung des Kaisers. Der Kaiserkult ist Ausdruck der Loyalität und politischen Bindungen an das Kaiserhaus und ist aus der Perspektive des Kaisers ein Mittel zur Herrschaftssicherung. Die Augustales, in einigen Städten auch *seviri Augustales* oder *magistri Augustales* genannt, fanden sich seit 12 v. Chr. im westlichen Reichsteil und kümmerten sich um die Ausübung des Kaiserkultes.

Verbundenheit und großen Loyalität der Familie der Volusii Saturnini mit dem Kaiserhaus (s. S. 136 f.). Die von ihrem ursprünglichen Ort entfernten und in der Basilika verstreut aufgefundenen Inschriften zeigen aber auch weitere Mitglieder des Kaiserhauses: Neben zwei Inschriften für Augustus finden sich Weihungen für dessen Stiefsöhne Drusus und Tiberius, Agrippa Postumus und Drusus minor. Die Inschriften für Tiberius und Nero Germanicus nennen die *seviri Augustales* als Auftraggeber.

An die Basilika schließen sich auf der Westseite des Forums zwei **insulae**, die typischen römischen Wohnblocks, an. Die erste *insula* bestand aus fünf Wohneinheiten oder Häusern, die auf der Forumsseite Tabernen (Läden und Schänken) beherbergten. Die zweite *insula* bestand ursprünglich aus neun Wohneinheiten, von denen noch vier zu sehen sind. Die restlichen wurden beim Bau der **Forumsthermen** oder der sogenannten Thermen des Menander (G) umgebaut. So wurden Reste des ursprünglichen Bodens, aber auch Statuenbasen gefunden, die direkt in die neuen Mauern der kaiserzeitlichen Thermen integriert wurden. Die Forumsthermen bilden den größten öffentlichen Badekomplex in Lucus Feroniae (eine weitere Therme befindet sich an der Via Capenate). Noch gut erhalten sind die schwarz-weißen Mosaikfußböden mit geometrischen Mustern, wie im zentralen Saal der Thermen, von dem man in alle weiteren Baderäume gelangte. Auch das Wasserbecken des *frigidarium* und Reste der Hypokaustheizungen der beiden *caldaria* und des *tepidarium* ermöglichen dem Besucher eine Zuordnung der erhaltenen Überreste. Nachdem die Kolonie aufgegeben wurde, dienten die Thermen als christliche Kult- und Begräbnisstätte. Bei einem Grab ist die Inschrift des Menander gefunden worden, der den Thermen lange Zeit ihren Namen gegeben hat.

Die schon erwähnten kleineren Thermen an der Via Capenate waren ursprünglich wohl private Thermen, die allerdings im Laufe der Kaiserzeit auch der Öffentlichkeit zugänglich gemacht wurden. Interessant ist das *caldarium*, dessen Hypokausten sehr gut erhalten sind, wie auch das dazugehörige Heizungssystem.

An der Via Tiberina liegt das kleine **Amphitheater** aus julisch-claudischer Zeit. In seinem Aufbau entspricht es dem typisch römischen Amphitheater, doch geradezu singulär ist sein kreisförmiger Grundriss, statt des üblicherweise zugrundeliegenden Ovals der Arenen. Die geringe Größe von nur 35 m Durchmesser kann als Beleg für die kleine Einwohnerzahl der Kolonie genommen werden, die man auf ca. 1000 bis 1500 schätzt. Bauherr und Stifter des Amphitheaters war Marcus Silius Epaphroditus, Vorsteher des Augustalenkollegs, dessen Dedikationsinschrift ebenfalls im Museum zu sehen ist.

Das **Museum** auf dem Ausgrabungsgelände ist leider erst teilweise fertiggestellt. Doch lohnt der Besuch neben den schon erwähnten Statuen und Votivtäfelchen vor allem wegen eines Gladiatorenreliefs eines Grabmals, welches im Jahr 2007 im *ager Capenas* gefunden wurde. Es entstand in der zweiten Hälfte des 1. Jhs. v. Chr. und zeigt zwei kämpfende Gladiatorenpaare und einen Hornisten. Eine kleine Ausstellung zu den suburbanen Villen rundet den Gang durch das Museum ab.

Die Villa der Volusier

Nach dem Besuch von Lucus Feroniae bietet sich ein Abstecher zu der etwa 400 m nordöstlich direkt an der Autobahn gelegenen Villa der Volusier an. Diese wurde während der Arbeiten an der *Autostrada del Sole*, welche Rom mit Florenz verbindet, im Jahr 1961 entdeckt. Dies ist auch der Grund, weswegen die ersten Berichte über die dort stattfindenden Ausgrabungen in einer italienischen Autozeitschrift, der Augustausgabe der *Autostrade* von 1968, veröffentlicht wurden.

Die in Lucus Feroniae für die Mitte des 2. Jhs v. Chr. bezeugten Mitglieder der *gens Egnatia* waren möglicherweise die ersten Besitzer der prächtigen Villa, verloren diese aber im Zuge der Proskriptionen 43 v. Chr. Die Proskriptionen (von lat. *pro-scribere*) waren veröffentlichte Tafeln, welche die Namen politischer und persönlicher Gegner des bzw. der Machthaber in Bürgerkriegszeiten trugen, die mit der Veröffentlichung als vogelfrei galten. Ihr Vermögen und Besitz wurde eingezogen. In der Folge ging dann die Villa an die Augustus nahestehenden Volusii Saturnini, die der Villa ihren heutigen Namen gaben. Die Volusii Saturnini gehörten zu den bedeutendsten senatorischen Familien des 1. Jhs. n. Chr. Sie waren schon in republikanischer Zeit im Senat vertreten, aber unter Augustus wurde zuerst Lucius Volusius Saturninus Quintus filius im Jahr 12 v. Chr. Suffektkonsul und im Jahr 3 n. Chr. sein Sohn Lucius Volusius Saturninus Lucius filius Konsul. Weitere Nachkommen bekleideten ebenfalls das ordentliche Konsulat in den Jahren 56, 87 und 92 n. Chr. Die herausragende Stellung, welche die *gens Volusia* innehatte, belegen die Ehren, die dem 56 n. Chr. verstorbenen Volusius Saturninus, dem Konsul des Jahres 3. n. Chr. zuteil wurden und die der Senat in ihrer Fülle keinem anderen Senator zuerkannte.

Staatsbegräbnisse für besonders herausragende Senatoren waren zwar durchaus üblich und auch das Aufstellen von Ehrenstatuen. Doch die im Lararium (Heiligtum der Familie) der Villa gefundene Inschrift berichtet, dass der Senat auf Antrag Neros das Aufstellen von insgesamt neun Statuen an prominenten Stellen der Stadt Rom beschloss, was den Rahmen des Bekannten bei weitem sprengte (Eck 1972). Dabei wurden ihm drei Triumphalstatuen, eine davon auf dem Augustusforum, zwei im Tempel des vergöttlichten Augustus, drei Konsularstatuen im Tempel des vergöttlichten Julius, auf dem Palatin und vor dem Apollotempel, eine Augurstatue in der *regia*, eine Sitzstatue beim Pompeiustheater und eine Reiterstatue zuerkannt. Lange Zeit wurde angenommen, dass Reiterstauen allein dem Kaiser vorbehalten waren, was nun einerseits zu revidieren ist, andererseits kann dies auch als eine weitere besondere Ehrung gesehen werden,

> **Anfahrt und Eintritt**
> Um in die Villa zu gelangen benötigt man den Schlüssel, der beim „Punto Blu" der Autobahnraststätte Feronia ovest gegen Hinterlegung eines Personalausweises erhältlich ist. Der „Punto Blu" ist werktags durchgängig von 8.00 – 19.30 Uhr, am Samstag von 8.30 – 12.30 und 13.30 – 17.00 Uhr geöffnet. Zu beachten ist bei einem Besuch der Villa wie auch von Lucus Feroniae, dass das Grabungsgelände im Sommer zum Teil mit hochwachsendem Gras überwuchert ist, was die Bequemlichkeit des Besuches und die Besichtigung der Überreste ein wenig einschränken mag.

> **Ehre für L. Volusius Saturninus**
> [L. Volusio L. f. Q. n. Sa]turnino cos. / [augur, sodalis Augustal]is, sodalis Titi, proc[os. Asiae,] / [legatus divi Augusti et Ti. Caesa]ris Aug. pro praetore in [provinciis,] / [--- et Dalmatia, pra]efectus urbis fuit. [Cum in praefectura] / [sua nonagesium et tertium] annum agens dec[essit, senatus] / [auctore Caesare Augusto German]ico funere publico [eum efferi] / [censuit vadimoniis exsequi] arum [ei]us causa dilatis item statuas ei / [ponend]as tr[ium]fales in foro Augusti aeneam, in templo novo di[vi Au]gussti / [m]armoreas [du]as, consulares unam in templo divi Iuli, alterm [i]n / [P]alatio intra tripylum, tertiam in aria Apolinis in conspectum curiae, / auguralem in regia, equestrem proxime rostra, sella curuli residentem at / theatrum Pompeianum in porticu Lentulorum."
>
> nach Eck 1972, 463 und 467
>
> „Dem Lucius Volusius, Sohn des Lucius, Enkel des Quintus, Saturninus: Er war Konsul/ Augur, *sodalis* Augustalis, sodalis Titi, Prokonsul in Asia,/ *legatus pro praetore* des vergöttlichten Augustus und des Tiberius Caesar Augustus in den Provinzen/ … und Dalmatia, Stadtpräfekt. Als er während seiner Präfektur/ im Alter von 93 Jahren verstorben war, beschloss der Senat/ auf Veranlassung des Nero Claudius Augustus Germanicus für ihn ein Staatsbegräbnis,/ wobei die laufenden Prozesse seiner Bestattung wegen verschoben wurden. Ferner wurde beschlossen, ihm sollten Triumphalstatuen/ errichtet werden: eine Bronzestatue auf dem Augustus-Forum,/ im neuen Tempel des vergöttlichten Augustus zwei Marmorstatuen,/ ferner Konsularstatuen: eine im Tempel des vergöttlichten Iulius (Caesar), eine weitere auf/ dem Palatin innerhalb des Tripylum, eine dritte auf dem Boden des Apollo im Anblick der Kurie,/ ferner eine Auguralstatue in der Regia, eine Reiterstatue bei der Rednerbühne, eine Sitzstatue auf der *sella curulis* beim/ Theater des Pompeius in der Säulenhalle der Lentuli."
>
> Übers. Binder 2008, 40

vor allem da diese Statue zudem auf dem Forum Romanum neben der Rostra einen herausragenden Platz erhielt. Die besondere Nähe und Loyalität der Familie der Volusii Saturnini zum Kaiserhaus stellt auch Tacitus heraus, der ebenfalls anlässlich des Todes von Lucius Volusius Saturninus anmerkt: „Volusius […] starb als hochgeachteter Mann; 93 Jahre währte sein Leben, er besaß ein ansehnliches Vermögen, das er sich auf anständige Weise geschaffen hatte, und unangefochten blieb seine Freundschaft mit so vielen Kaisern" (ann. 13,30,2).

Der Villenkomplex verteilt sich auf zwei Ebenen. Auf der unteren Ebene bildet eine Kryptoportikus das Fundament für den großen Garten der Villa, die Wohnräume der Villa befinden sich auf der höheren Ebene. Der Grundriss der Villa orientiert sich am römischen Atrium-Peristyl-Haus, wobei die beiden Bauphasen der Villa klar zu erkennen sind.

Die erste Bauphase lässt sich auf die Mitte des 1. Jhs. v. Chr. datieren. Die republikanische Villa besaß dabei eher bescheidene Ausmaße und hatte noch den Charakter einer *villa rustica*, also eines römischen Gutshofes im Atriumstil. Um das sogenannte kleine Peristyl gruppieren sich die einzelnen Räume des Gutsbesitzers: ein offener Repräsentationsraum, Schlafräume (*cubicula*) und ein großes Speisezimmer (*triclinium*). Zur republikanischen Villa gehört auch die Kryptoportikus westlich des kleinen Peristyls und der Garten. Noch gut erhalten sind die farbigen, zum Teil mit figürlichen Motiven versehenen Mosaikböden in einem *cubiculum* und dem früheren Eingangsbereich.

Unter den beiden Konsuln L. Volusius Saturninus, Vater und Sohn, wurden gewaltige bauliche Veränderungen an der Villa vorgenommen. In dieser Phase ihrer größten Ausdehnung umfasste die Villenanlage ein Areal von 205 × 120 m. Die bedeutendste Veränderung ist dabei der Anbau des großen Peristylhofes, der von 17 *cubicula*, einer Latrine, einer Küche, einem Saal und auch dem Lararium umgeben wurde. Die erwähnte Inschrift und eine weitere für den Konsul des Jahres 56 sind als Abgüsse heute noch im Lararium zu sehen. Im Wohnbereich der Villa wurden zahlreiche Räume umstrukturiert, wie beispielsweise das ehemalige *triclinium*, welches mit Hilfe einer Mauer aus *opus reticulatum* in zwei Räume unterteilt wurde. Das Lararium besticht durch sein schwarzweißes Fußbodenmosaik. Den Zentrum des kreisförmigen Bildes bildet ein Band aus Sonnenrädern, eine symbolische Darstellung des Lebens, in polychromer Ausfertigung.

Beibehalten hat die Villa ihren landwirtschaftlichen Kern aber auch in der Kaiserzeit, dessen Gebäude sich nordöstlich an die *cubicula* des großen Peristylhofes anschlossen. Die große Weinpresse und die etwas abseits gelegene Ölmühle lassen die Produktion von Öl und Wein nachweisen, die zudem durch Getreideanbau und Viehzucht ergänzt wurden. Die einfachen *cubicula* dienten – wahrscheinlich je nach Bedarf – als Unterkünfte des Personals oder als Vorratsräume.

Das letzte Mitglied der *gens Volusia*, welches für die Villa bezeugt ist, ist Quintus Volusius Saturninus, Konsul des Jahres 92 n. Chr. Danach findet sich keine Erwähnung der *gens Volusia* mehr und so verschwindet ihr Name aus der Geschichte. Die weiterhin bewohnte Villa könnte dabei in kaiserlichen Besitz übergegangen sein. Dafür sprechen die Funde der Kaiserstatuen im Lararium und an anderen Stellen der Anlage. Restaurierungsarbeiten an den Gebäuden lassen sich bis ins 4. Jh. datieren, der Gutshof blieb bis ins Mittelalter in Betrieb.

Ein Ausflug zu den Villen an der tyrrhenischen Küste

In den äußersten Nordwesten Latiums, an die Grenze zu Etrurien, führt den Besucher der Weg nach Alsium. Die antike Siedlung war, wie auch Pyrgi (Santa Severa) und Punicum (Santa Marinella), einer der Häfen der mächtigen etruskischen Stadt Caere, dem modernen Cerveteri. 247 v. Chr. wurde die politisch eher unbedeutende Stadt römische Kolonie und über die Via Aurelia direkt an Rom angebunden. Von nun an war die Küstengegend dort für die Stadtrömer leicht erreichbar, und so wurde Alsium bald zu einem geschätzten Ort, um in den direkt am Meer liegenden Villen das *otium* zu genießen. Dieser Typus der *villa maritima* ist zwar hauptsächlich aus Kampanien und dem südlichen Latium (Antium, Caieta, Formiae) bekannt, doch auch die flache Küstenzone zwischen Alsium und Lavinium bot für deren Anlage beste Voraussetzungen. Darüber hinaus lagen im Hinterland von Alsium weitere Villen, die mehr oder weniger auch der agrarischen Produktion dienten.

Zu den prominenten Villenherren von Alsium zählten unter anderem die Konsuln M. Ae-

> **Anreise nach Alsium**
> Das antike Alsium befand sich an der Stelle der modernen Orte Ladispoli, Palo und Marina di San Nicola, damals wie heute direkt an der Via Aurelia (SS 1). Vom Hauptbahnhof Roma Termini aus fahren Regionalzüge zum Bahnhof Ladispoli-Cerveteri.

Blick auf das Peristyl der Villa der Volusier

milius Lepidus Porcina (137 v. Chr.) und L. Licinius Murena (62 v. Chr.) sowie Pompeius und Caesar. Lepidus ließ jedoch beim Bau seiner *villa maritima* offenbar die einem Konsul geziemende Tugend der *modestia* vermissen, denn im Jahr 125 v. Chr. beschuldigte ihn der Zensor Lucius Cassius, dass seine Villa bei Alsium „zu hoch in die Luft ragen" würde und belegte Lepidus mit einer beträchtlichen Geldstrafe (Val. Max. 8,1,7 damn.). Dies zeigt, dass die Luxusvilleggiatur an der tyrrhenischen Küste in der zweiten Hälfte des 2. Jhs. v. Chr. bereits fest etabliert war – zu einem früheren Zeitpunkt, als die Forschung dies früher für Latium angenommen hatte.

Die Beliebtheit von Alsium als Villenort setzte sich in der Kaiserzeit fort. Der jüngere Plinius (epist. 6,10) beispielsweise erwähnt seinen Mentor Lucius Verginius Rufus, dem in der „Abgeschiedenheit" *(secessus)* von Alsium eine Villa gehört hatte. Später besaßen dort die Kaiser Antoninus Pius und Marc Aurel ein Landgut. Von Marcus Cornelius Fronto (um 100–170 n. Chr.), Rhetoriklehrer der Kaiser Marc Aurel und Lucius Verus, hat sich sogar ein Briefessay über die Art und Weise erhalten, wie man seine Ferien zubringen solle: *de feriis Alsiensibus*. Fronto orientierte sich in seiner an Marc Aurel adressierten Schilderung aus dem Jahr 162 n. Chr. demnach an den kaiserlichen Sommeraufenthalten in Alsium.

Trotz der einst dichten Bebauung existieren bei Ladispoli, Palo und Marina di San Nicola heute nur rudimentäre archäologische Zeugnisse der Villenkomplexe. Zu ihnen zählt die direkt am Strand gelegene **Villa von Marina di San Nicola** aus dem 1. Jh. v. Chr. (Via Mercurio). Sie dürfte zu den größten Bauten dieser Art an Etruriens Küsten gezählt haben. Bemerkenswerterweise war sie auf Terrassen angelegt, was in dem flachen Gelände – im Gegensatz zu den hügeligen Regionen Latiums – nicht notwendig war. Die Terrassierung wurde hier bewusst als architektonisches Stilmittel eingesetzt. So zeigt sich auch in diesem Bau das römische Bestreben nach Beherrschung der Natur, wie es vor allem für die Kaiserzeit typisch ist.

Östlich des Zentralgebäudes der Villa konnten die Bewohner über eine mit weißem Stuck verzierte Portikus das Meer erreichen. Sie kam – wie auch die angrenzenden Räume mit Wandmalereien – bei Ausgrabungen Ende der 1980er Jahre ans Tageslicht. Ursprünglich dürfte sie mit dem zentralen Wohnbereich verbunden gewesen sein. Dieser Teil wurde nach den Grabungen aus konservatorischen Gründen allerdings wieder mit Erde bedeckt und ist heute nicht mehr sichtbar.

Einige Meter südwestlich davon ist vom Strand aus die Stützmauer sichtbar, auf der sich der Residenzbereich der Villa befand. Dahinter ist die Kryptoportikus zu sehen, die den Bewohnern auch im Hochsommer Spaziergänge im kühlen Schatten erlaubten.

Die Oberlichter sorgten dabei für ein angenehmes, gleichmäßiges Licht im Innern. Auf der heute mit Gras bewachsenen Terrasse oberhalb der Kryptoportikus befand sich in der Antike ein Peristyl, um das sich die einzelnen Räume gruppierten. Der Fund einer fein gearbeiteten Doppelherme des Asklepios aus weißem Marmor (2. Jh. n. Chr., heute im Museum der Villa Giulia in Rom) zeigt, dass auch diese großzügig angelegte Villa erlesen ausgestattet war.

Nordöstlich des Peristyls waren einige (heute nicht mehr sichtbare) Handelsräume angebaut worden, die direkt an die Straße angrenzten, die die Villa mit der Via Aurelia verband. Die bei dem Anwesen gefundenen zahlreichen Amphoren aus Gallien, Afrika, Spanien und der Ägäis dokumentieren darüber hinaus brei-

 Frontos Briefessay de feriis Alsiensibus

„An meinen Herrn Antoninus Augustus: Was? Dass ich nicht wüsste, dass Du nach Alsium gefahren bist in der Absicht, Dich dort vier ganze Tage dem Spiel, dem Spaß und der zwanglosen Muße hinzugeben? Ich habe keinen Zweifel, dass Du die Ferientage in der maritimen Abgeschiedenheit folgendermaßen genießen möchtest: Nachdem Du zur Mittagszeit liegend dem Schlaf gehorcht hast, rufst Du Niger herbei und forderst ihn auf, die Bücher hereinzubringen. Bald, wenn Dich die Lust zu Lesen überkommt, verfeinerst Du Deinen Stil mit Plautus, liest mit Befriedigung Accius, besänftigst Dich mit Lukrez oder befeuerst Dich selbst mit Ennius (…). Dann brichst Du auf und gehst möglichst auf unbefestigten Wegen zum Strand, wo Du die rauen Sümpfe umgehst. Wenn Dir danach ist, besteigst Du nun ein Schiff, das bei ruhigem Wetter ablegt, damit Dich die Aussicht sowie der Klang der Ruderer und des Takthammers ihres Rudermeisters erheitern. Sogleich gehst Du in die Bäder, um den Körper stark ins Schwitzen zu bringen. Hierauf besprichst Du ein königliches Gastmahl mit Schalentieren aller Art, mit – wie Plautus sagt – in felsigen Gewässern lebenden Fischen, mit dem Haken geangelt; mit lange gemästeten Poularden, mit Leckerbissen, Obst, Desserts, Zuckerplätzchen, beglückenden Weinen und durchsichtigen Kelchen ohne das Etikett eines Verräters."

Fronto, p. 231, ed. van den Hout.

Mit diesen Worten schildert Fronto den vermuteten Tagesablauf des Kaisers – ein Villentag wie aus dem Lehrbuch für das Leben auf dem Landgut.

Blick in die Kryptoportikus der Villa von Marina di San Nicola

te Handelsaktivitäten der Villenbewohner vom 1. bis ins 5. Jh. n. Chr.

Die Villa von Marina di San Nicola war bis in die späte Kaiserzeit bewohnt, als Alsiums Beliebtheit als Villenort zunehmend schwand. Die Aufgabe der *villae maritimae* in dieser Gegend im 3. Jh. n. Chr. ist wohl auch den verstärkten Einfällen der Goten in dieses Gebiet geschuldet. Als der römische Stadtpräfekt Rutilius Namatianus im Jahr 417 n. Chr. entlang der tyrrhenischen und ligurischen Küste zurück in seine Heimat Gallien segelte und diese Reise in dem Gedicht *de reditu suo* („Über seine Rückkehr") verewigte, bemerkte er am Gebiet von Alsium und Pygri „nun große Villen, wo einst kleine Städte waren" (1,223–224). Dies lässt vermuten, dass die Siedler die Dörfer aufgegeben hatten und sich nun in einigen großen Villen zusammenfanden, was ihnen einen besseren Schutz vor Überfällen bot.

„Land, uralt und waffengewaltig":
Veji, Lavinium und ihre Zeugnisse
der Frühgeschichte Latiums

Die antiken Monumente
im Umland Roms

Die Rekonstruktion des Apollontempels
(Portonaccio) von Veji beim heutigen Isola Farnese

DIE ANTIKEN MONUMENTE IM UMLAND ROMS

„Land, uralt und waffengewaltig"*: Veji, Lavinium und ihre Zeugnisse der Frühgeschichte Latiums

Veji – „fruchtbarer und größer als das Gebiet von Rom"

Das nordwestlich von Rom gelegene Veji, dessen älteste Siedlungsspuren in die erste Hälfte des 10. Jhs. v. Chr. und damit in die Endbronzezeit zu datieren sind, entwickelte sich seit der Villanovazeit zu einer der führenden Städte Etruriens. Seine Handelskontakte bestanden bereits seit dem 8. Jh. und reichen, was an den Grabbeigaben zu erkennen ist, bis in den griechischen Kulturraum. So findet sich vor allem Keramik euböischer Provenienz, die sicher über Handelskontakte mit den Kolonien Euboias in Kampanien (Pithekussai und Kyme) nach Veji, gekommen ist. Die verkehrsgünstige Lage der Stadt unweit des Tibers ermöglichte es Veji einerseits die Salzpfannen an der Tibermündung und andererseits die Handelswege nach Etrurien und Süditalien zu kontrollieren. Die Stadt scheint eine Vermittlerrolle im Handel mit Rohstoffen, besonders mit Eisen, zwischen dem Norden und Süditalien gehabt zu haben.

Die strategisch gute Lage und die geringe Entfernung zu Rom machten sie zur natürlichen Konkurrentin Roms um die Kontrolle des Handels und der Verkehrswege sowie um die Salzpfannen an der Tibermündung. Salz hatte in der Antike eine große Bedeutung. Dies gilt für das römische Umland und Mittelitalien in besonderem Maße, da die *salinae* an der Tibermündung die einzigen Vorkommen in dieser Region waren. Die Salinen, Schlüssel für den Reichtum und die Vormachtstellung Vejis, sind auch einer der Hauptgründe für die Konflikte zwischen der etruskischen Stadt und Rom.

Im 6. und 5. Jh. soll sie die mächtigste und reichste Stadt Etruriens gewesen sein. Nach antiken Schriftstellern hatte sie über 100 000 Einwohner (es gibt auch noch höhere Schätzungen). Damit wäre sie so groß wie Athen gewesen. Livius schreibt, dass das wunderschöne Veji „fruchtbarer und größer als das Gebiet von Rom" gewesen sei und „ihre Lage und die Großartigkeit ihrer öffentlichen und privaten Gebäude und Plätze" die Roms übertroffen habe (Liv. 5,24,5 f.). Doch die allesamt mehrere hundert Jahre später entstandenen literarischen und historiographischen Quellen, in denen Veji (vor allem bei Livius) so häufig wie keine andere etruskische Stadt genannt wird, erhöhen durch diese übertrieben scheinenden Schilderungen den Ruhm Roms, der Siegerin über die etruskische Rivalin. Denn der Sieg, den Rom nach immer wieder aufflammenden Konflikten (neun Kriege), die bereits unter dem Stadtgründer Romulus (Liv. 1,15) ausgebrochen sein sollen, erfocht, nimmt in der Geschichte und dem Selbstverständnis der Römer auch noch fast 400 Jahre später eine prominente Rolle ein. Der letzte und entscheidende Konflikt, die Belagerung Vejis, dauerte nach der Schilderung des Livius 10 Jahre und der endgültige Fall der Stadt im Jahr 396 v. Chr. erinnert in auffallender Weise an Vergils Schilderung des Untergangs von Troja. Wenn das stadtrömische Volk in der Zeit Neros empört über dessen riesigen Palast inmitten der Stadt, die Domus Aurea, mit wütenden und zugleich ironischen Graffiti (Suet. Nero 39,2) zur Auswanderung nach Veji aufruft, zeigt dies die Präsenz Vejis im historischen Bewusstsein der römischen Bevölkerung.

Die Belagerung der Stadt endete im Jahr 396 v. Chr. durch eine List der Römer, die durch ei-

---

* Vergil, Aeneis 1,531

> **Veji, eine Geisterstadt?**
>
> „Veji, du alte! Könige sahst du schalten und walten, / Strahltest in fürstlicher Pracht einstens; nun ist es vorbei. / Jetzo hörst du das Horn nur des Hirten, wenn er das Vieh treibt, / Und über morschem Gebein reift eine üppige Frucht."
>
> Prop. 5,10

nen selbst gegrabenen Tunnel in die Stadt gelangten. Die große Rivalin wurde daraufhin komplett zerstört und die Bevölkerung getötet oder versklavt. Der Kult der Iuno Regina, der Schutzgöttin Vejis, wurde nach Rom übertragen. Der *ager Veientanus* wurde 387 v. Chr. eingezogen, das Land wurde römisches Bürgergebiet, wodurch sich das römische Territorium auf einen Schlag fast verdoppelte. Den Zustand der Stadt beschreibt Properz in der Zeit des Kaisers Augustus (s. o.).

Doch die Verse des Properz sind mit den archäologischen Zeugnissen nicht ganz zu vereinbaren. So lässt sich fast für alle Heiligtümer und auch einige andere Einrichtungen der Stadt eine weitere Nutzung bis in die Kaiserzeit nachweisen. Der Portonaccio-Tempel wurde bis ins 2. Jh. n. Chr. genutzt. Zumindest existierte ein Marktflecken, der zur Zeit des Augustus noch bestand und durch eine Veteranenkolonie (*municipium augustum Veiens*) erneuert wurde. Das fruchtbare Umland Vejis jedoch war von den zahlreichen *villae rusticae* geprägt. Die Stadt verfiel erst, insofern hat Properz hellseherische Fähigkeiten bewiesen, in der späten Kaiserzeit.

Die archäologischen Reste von Veji, der südlichsten Stadt Etruriens, liegen etwa 17 km nordwestlich von Rom auf einem langgezogenen Tuffplateau. Das Plateau, welches an einigen Stellen steil abfällt, wird durch die beiden Bachläufe des Fosso della Valchetta und Fosso del Piordo begrenzt. Die beiden Bachtäler bil-

den eine natürliche Verteidigung und waren Teil der Wasserversorgung der etruskischen Stadt. Der Fosso della Valchetta wurde in der Antike Cremera genannt und verband die Stadt mit Fidenae und dem Tiber. Das Territorium der Stadt reichte vermutlich im Norden bis zum Gebiet der Falisker und der etruskischen Stadt Tarquinia und im Südosten bis zum Tiber.

Am südwestlichen Abhang des Plateaus zwischen dem Verlauf der Stadtmauer und dem Fosso del Piordo trifft man auf die am besten konservierten archäologischen Reste von Veji: den **Tempel von Portonaccio**. Eine in römischer Zeit angelegte Straße führt nach Betreten der durch ein Tor gesicherten archäologischen Zone zum Tempelareal. Das Heiligtum ist der Göttin Men(e)rva (lat. Minerva, gr. Athena) geweiht und zog, was anhand der Weihinschriften bestimmt werden konnte, Menschen aus ganz Mittelitalien an. Die Weihgeschenke sind es auch, die uns zeigen, dass neben Menerva auch andere Göttinnen wie Aphrodite (etr. Turan) und Artemis (etr. Aritimi) verehrt wurden. Die Auswertung der zahlreich gefundenen Weihgeschenke an die Göttin zeigen, dass Menerva in erster Linie in ihrer Funktion als Kriegsgöttin aufgesucht wurde. Doch auch ihre Rolle als Ernährerin und Orakelgottheit waren von Bedeutung für die Weihenden. Das Erscheinungsbild der Göttin gleicht im etruskischen Kulturraum demjenigen der griechischen Athena, angetan mit Helm, Lanze, Schild und Aigis – einem Panzer, mit oder ohne Gorgoneion (Medusenhaupt).

Auf der Hangseite vor allem zwischen dem Tempel (A) und dem Altar (F) ist das Heiligtum durch den Abbau des Tuffgesteins in späterer Zeit stark beschädigt. Aber auch zwei schlecht dokumentierte Grabungen aus der ersten Hälfte des 20. Jhs. erschweren die Rekonstruktion der verschiedenen Phasen des

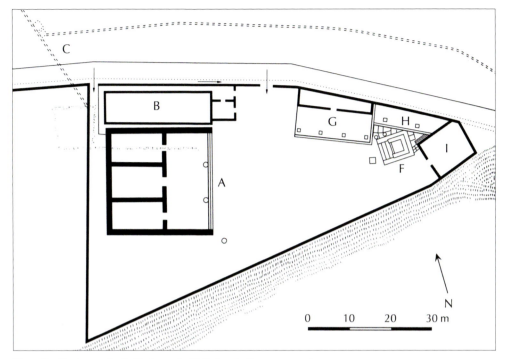

Plan des Portonaccio-Heiligtums in Veji (nach Haynes 2005)

Heiligtums im Bereich des Altars. Dennoch kann man im Areal um den Altar (F) sechs Phasen rekonstruieren. Die Nutzung des Areals begann, wie die Auswertungen der gut dokumentierten Grabungen von Massimo Pallottino aus den Jahren 1939/40 zeigten, bereits im 9. Jh. v. Chr. Unter dem Altar konnten Fundamente von Hütten nachgewiesen werden. Eine zweite Phase fällt auf das Ende des 7. Jhs. v. Chr. mit der Errichtung einer kleinen Terrassenmauer und – was allerdings unsicher ist – mit einem kleinen Heiligtum. In der dritten Phase, im 6. Jh. v. Chr., wurden ein kleines 6,20 × 9 m großes Heiligtum (I) und ein Altar mit einem Bothros errichtet. Der Bothros, ein Schacht für Opfergaben (zwischen F, H und G), bestand aus vier ausgehöhlten und mit Blei verbundenen Säulentrommeln. Im Fundament von I fanden sich Weihinschriften und Weihgaben. Während der vierten Phase (450–350 v. Chr.) entstand ein neuer Altar (5,40 × 4,40 m) mit zwei Stufen (F) und zwei Portiken (G, H). Der Altar bestand auch nach der römischen Eroberung fort und wurde mit kleineren baulichen Veränderungen bis in die Mitte des 2. Jhs. n. Chr. genutzt. Erst Mitte des 2. Jhs. scheint der Kult geendet zu haben. In dieser Zeit wurde auch die heute noch erhaltene römische Straße, die nördlich des Heiligtums verläuft, erbaut.

Die erste Bauphase des Tempels (A) fällt in die Mitte des 6. Jhs. n. Chr., bevor am Ende des 6. Jhs. ein Tempel tuskanischen Typs auf einem, soweit sich dies aufgrund der Zerstörungen überhaupt noch rekonstruieren lässt, quadratischen Fundament (18,50 × 18,50 m) aus

> **Anfahrt**
> Von Rom aus erreicht man die archäologische Zone von Veji in ca. 35 Min. über die Via Cassia in Richtung Viterbo. In Madonna di Bracciano zweigt dann rechts die Via Dell'Isola Farnese ab. Kurz bevor man das kleine Örtchen Isola Farnese erreicht, biegt man nach links in die Via Riserva Campetti ein und folgt der kleinen Straße bis zu einem bei einer alten Mühle gelegenen Parkplatz am Fuße der archäologischen Zone von Veji.

Tuffblöcken errichtet wurde. Zum Podium führen zwei über die gesamte Front verlaufende Stufen, die zu einer Vorhalle (Pronaos) mit den dahinterliegenden Zellen führen. Ob es sich um drei Zellen, wie im Plan (A, s. S. 145) eingezeichnet, handelte, kann nicht mit Sicherheit gesagt werden. Zwischen den beiden vorspringenden Antenmauern stehen zwei Säulen mit tuskanischen Kapitellen. Die Innenwände der Vorhalle wurden dann in der ersten Hälfte des 5. Jhs. mit bemalten Terrakottaplatten geschmückt, die mythische Szenen zeigten. Nördlich des Tempels lag ein aus Tuff gebautes und mit Lehm verputztes Wasserbecken (B), das als Ort der Reinigung oder Heilung gedient haben könnte und mittels eines Kanals (C) durch eine Quelle mit Wasser versorgt wurde. Das schwefelhaltige Wasser Vejis und ähnliche Anlagen in Cerveteri und Vulci lassen vermuten, dass das Becken Bestandteil eines Heilkultes war.

Berühmt ist der Portonaccio-Tempel jedoch vor allem durch die Terrakotten, die vom Dach des Tempels stammen. Neben den wundervoll gearbeiteten und bemalten Ziegeln und Antefixen (u. a. Gorgonenhäupter und Köpfe von Nymphen und Silenen) sind es vor allem die überlebensgroßen Statuen auf dem Giebelfirst, für die Veji berühmt ist. Von den im Jahr 1918 gefundenen Statuen ist die des Apoll am besten erhalten. Der Fund dieser Statue führte auch zuerst zu der Vermutung, dass es sich um einen Apollotempel handeln müsse. Neben Apoll, der vermutlich mit Pfeil und Bogen ausgestattet war, fanden sich u. a. auch die Reste einer Statue des Herkules, der mit der Hirschkuh von Keryneia abgebildet ist. Die Statuenreste machen den mythologischen Zusammenhang klar. Herkules ist wohl abgebildet, wie er Apoll mit der Keule bedroht, der ihn, da Herkules die der Artemis heilige Hirschkuh gejagt hat, zur Rechenschaft ziehen will. Diese hochwertigen Kunstwerke und andere Funde legen Zeugnis über die berühmten Werkstätten der Koroplasten (Großplastik aus Terrakotta) in Veji ab. Einen dieser Koroplasten kann man zumindest in den literarischen Quellen nachweisen: Vulca. Er wurde angeblich von Tarquinius Superbus nach Rom gerufen, um dort Ende des 6. Jhs. die Kultstatue für den Jupitertempel anzufertigen (Plin. nat. 35,157). Bei dem Bau des Tempels sollen Etrusker mitgewirkt haben (Liv. 1,56,1). Ob die Werkstatt Vulcas auch für die Statuen des Portonaccio-Tempels verantwortlich zeichnet, muss freilich Spekulation bleiben. Doch die Verbindungen zwischen Rom und Veji, das scheint diese Stelle zu belegen, war nicht immer von kriegerischen Auseinandersetzungen geprägt und die kulturelle Verbindung zwischen der zeitweilig etruskisch beherrschten Stadt und Veji waren, wie es die geographische Entfernung auch nahelegt, eng.

Den Rundgang über das archäologische Gelände kann man nach der Besichtigung des Portonaccio-Tempels fortsetzen, wenn man dem Weg den Hang hinauf folgt. Dort trifft man auf die Reste einer **Villa** aus dem ausgehenden 1. Jh. v. Chr. bzw. beginnenden 1. Jh. n. Chr. Von ihr sind noch die in *opus reticulatum* gefertigten Grundmauern, ein Nymphäum mit drei Apsiden, tonnengewölbte Zisternen sowie Reste der Mosaik- und Marmorfußböden sowie der Wandverkleidung erhalten. Im Bereich der Villa wurde eine Vielzahl von Votivterrakotten gefunden, die darauf schließen lassen, dass sich an dieser Stelle ein spätarchaisches Heiligtum befand.

Wenn man dem Weg bis zum Vicolo Formellese folgt und sich dann nach rechts wendet, kommt man zum eigentlichen Stadtgebiet, von dem allerdings nicht mehr viel zu sehen ist. Im Gebiet der Macchia Grande befand sich das römische Forum mit einem Tempel, einem

Theater und einem Badekomplex. Von besonderem Interesse ist die große domus aus republikanischer Zeit, die wohl aus der Umwandlung mehrerer, wohl etruskischer Einzelhäuser zu einem Gebäude entstand. Die Mauern der *domus* bestehen aus rechteckigen Tuffblöcken und könnten aus der alten etruskischen Stadtmauer stammen, die von den neuen Einwohnern als Baumaterial benutzt wurde. Von den fünf Räumen ist einer durch eine Feuerstelle und die Reste des Kamins als Küche zu identifizieren, die zum Gebäude gehörende Zisterne ist ebenfalls noch sichtbar.

Die etruskische **Akropolis** wird auf der Südspitze des Stadtplateaus lokalisiert, der heute sogenannten Piazza d'Armi. Diese war vom übrigen Stadtgebiet durch einen künstlichen Graben abgetrennt. Hier finden sich neben den Resten der Stadtmauer Fundamente von Villanova-Hütten. Die Architekturterrakotten lassen eine Datierung in die erste Hälfte des 6. Jhs. v. Chr. zu. Die Akropolis wurde nach der Zerstörung Vejis nicht wieder bebaut.

Veji war geschützt durch eine aus Tuffblöcken errichteten Stadtmauer, deren Verlauf und deren Stadttore auch heute noch erkennbar sind. Diese wurde erst im 5. Jh. v. Chr im Zusammenhang mit den Auseinandersetzungen mit Rom angelegt. Zur Infrastruktur gehört auch die Ponte Sodo, ein Felstunnel natürlichen Ursprungs, der schon in vorrömischer Zeit künstlich erweitert wurde und der als Beispiel der etruskischen Ingenieurskunst betrachtet wird.

Beinahe kreisförmig umgeben die Nekropolen die Stadt. Bei einem Besuch ist zu beachten, dass alle noch sichtbaren Gräber geschlossen sind, doch können auf vorherige Anfrage die **Tomba delle Anatre** und **Campana** besichtigt werden, die für die Geschichte der etruskischen Wandmalerei von Bedeutung sind. Die Tomba delle Anatre, ein Kammergrab mit einem rechteckigen Grabbau und einem steinernen Totenbett aus dem 7. Jh. v. Chr., liegt in der Nekropole von Riserva del Bagno. Die Tomba Campagna gehört zu den Tumulus-Gräbern und findet sich in der Nekropole von Monte Michele. Die frühesten Zeugnisse der Gräber von Veji gehen bis in die Villanovazeit zurück, in Form sogenannter Pozzo- oder Fossagräber. Diese Gräber liegen näher am Stadtgebiet, die jüngeren sind hangabwärts weiter von der Stadt entfernt.

Lavinium – die Stadt des Aeneas

Neben Alba Longa war Lavinium eine der „beiden Mutterstädte" Roms (Alföldi 1977) und somit eng mit dem Gründungsmythos und der Frühzeit der *urbs* verbunden. Während die Römer in Alba Longa als Ursitz der Stammeskönige die Erinnerung an die politische Frühzeit bewahrten, wurde Lavinium eine religiöse Vorrangstellung eingeräumt.

Das antike Lavinium, das bis in das 4. Jh. n. Chr. besiedelt war, wurde im Mittelalter durch das heutigen Pratica del Mare überbaut. So sind auch nur wenige Funde im Stadtgebiet sichtbar: Teile der Stadtmauer aus Cappellaccio-(Tuffgestein-) Blöcken, Reste des Forums mit einem Tempel im westlichen Teil der Siedlung und das Augusteum im Süden. Die wichtigsten Zeugnisse des antiken Lavinium befinden sich aber alle außerhalb des Stadtkerns: südlich bei der frühchristlichen Kirche S. Maria delle Vigne der heilige Bezirk um die dreizehn Altäre und das Heroon des Aeneas, östlich das Heiligtum der Minerva. Die frühesten Spuren einer Besiedelung des Territoriums von Lavinium lassen sich anhand der 70 nachgewiesenen eisenzeitlichen Gräber bis auf das 10. Jh. v. Chr. zurückdatieren. Die Siedlung befindet sich auf einem niedrigen Hügel in Küstennähe, versehen mit einem Hafen an der Mün-

> **Anreise nach Lavinium/ Pratica del Mare**
>
> Das antike Lavinium befindet sich im Gebiet des mittelalterlichen Pratica del Mare, eines Stadtteils des 1934 gegründeten Pomezia, etwa 28 km südlich von Rom und 4 km vom Meer entfernt. Mit dem Auto erreicht man Pomezia am einfachsten über die SS 148 Pontina in Richtung Latina. Das archäologische Museum liegt an der Via Pratica del Mare, von dort erreicht man auch die archäologische Zone um die 13 Altäre und das Heroon des Aeneas. Diese kann allerdings nur im Zuge einer Führung bzw. nach vorheriger Anmeldung besichtigt werden.

dung des Flusses Numicus (Fossa di Pratica), der Hafen wurde später als „Troja" bezeichnet. Im 7. Jh. v. Chr. löste Lavinium Alba Longa als Hauptort der Latiner ab, kam dann aber in der 2. Hälfte des 6. Jhs. v. Chr. unter römische Vorherrschaft, was auch der römisch-karthagische Vertrag von 508/07 bezeugt (Pol. 3,22). Lavinium blieb in dieser Zeit aber religiöses Zentrum der Latiner, wofür auch die zahlreichen überlieferten Weiheorte sprechen: Neben den im weiteren Verlauf näher geschilderten zentralen Kulten ist in den Quellen oder durch archäologische Funde die Verehrung für Ceres, Liber, Anna Perenna, Juturna, Iuno Kalendaris und Venus nachgewiesen. Aus der gleichen Zeit stammt das Bundesheiligtum, in dem die Latiner die Penaten, die Schutzgötter des Landes, verehrten, die Aeneas aus Troja dorthin gebracht haben soll. Nach der endgültigen Unterwerfung der latinischen Städte und der Zerschlagung des Latinerbundes durch Rom im Jahr 338 v. Chr. behielt Lavinium durch einen jährlich erneuerten Vertrag zwischen den beiden Städten seine herausgehobene religiöse Sonderstellung. Allerdings war es nun allein den Römern vorbehalten, den in Lavinium beheimateten Göttern Opfer zu bringen. Nach Weisung der sibyllinischen Bücher opferten alljährlich die Konsuln, Prätoren und Diktatoren nach ihrem Amtsantritt zusammen mit den *pontifices* und *flamines* den Penaten und der Vesta. „Dort in Lavinium befinden sich unsere göttlichen Penaten" schreibt Varro (ling. 5.144). Aus dem latinischen Stammeskult wurde der Staatskult des römischen Volkes: *sacra principiorum p. R. Quiritium nominisque Latini, quae apud Laurentes coluntur* – „die mit den Ursprüngen des römischen Volkes der Quiriten und des Latinerstammes verbundenen Kulte von Lavinium" (ILS 5004 nach Alföldi 1977). Der Kultdienst und die strikte Beachtung des Rituals in Lavinium waren eine zentrale Pflicht. Eine Vernachlässigung oder der fehlerhafte Vollzug des Rituals wurde als Gefahr für das Wohl des römischen Staats betrachtet. Aemilius Scaurus wurde 104 v. Chr. durch den damaligen Volkstribunen Gnaeus Domitius Ahenobarbus angeklagt: „Er zitierte ihn zu einer gerichtlichen Untersuchung vor die Volksversammlung und beantragte eine Geldstrafe gegen ihn, da durch einen Verstoß seinerseits der ordnungsgemäße Vollzug der heiligen Riten des römischen Volkes beeinträchtigt worden sei. Er warf ihm vor, durch sein Verschulden seien die staatlichen Riten des römischen Volkes zu Ehren der Penaten in Lavinium nicht fehlerlos und ohne Makel vollzogen worden" (Ascon. In Scaurianum 19; Übers. Alföldi 1977). Da die Anklage allerdings aus niederen Beweggründen erfolgte (Scaurus hatte Domitius bei der Kooptation des Augurenkollegiums nicht nominiert, was dieser ihm schwer verübelte), wurde Scaurus von diesem Vorwurf freigesprochen. Die alljährliche Vertragserneuerung durch die Weihopfer hatte bis in die Kaiserzeit Bestand. In diese Zeit fällt auch die Gründung der Korporation römischer Ritter, der *Laurentes Lavinates,* aus den Mitgliedern der römi-

Die 13 Altäre von Lavinium

schen Familien, die in Lavinium im Auftrag des Staates die Riten vollzogen.

Ort der Verehrung der Penaten könnten die **13 Altäre** gewesen sein, das ursprüngliche Bundesheiligtum des Latinischen Bundes. Dieses lag wie auch alle anderen latinischen Bundesheiligtümer (beispielsweise das Heiligtum für Iuppiter Latiaris auf dem *mons Albanus* und der Kult der Diana bei Aricia, s. S. 39 ff. und s. S. 64 ff.) außerhalb des *pomerium* der jeweiligen Stadt, was den Charakter des Bundeskultes und der damit verbundenen politischen oder religiösen Zusammenkünfte der latinischen Städte unterstreicht. Nach der schon erwähnten Auflösung des Bundes wurden die anderen Latinerstädte vom Kult ausgeschlossen, der nun allein von den Römern fortgeführt wurde. Zu dieser Zeit setzte auch eine verstärkte private Verehrung ein, worauf die zahlreichen Weihgaben und Votivterrakotten verweisen. Die archaischen Altäre sind alle im latinischen Stil gebaut: Auf einer rechteckigen Plinthe befindet sich eine wulstige Basis für die Opfertische, welche auf den Altären 1, 8 und 11–13 noch gut zu erkennen sind. Ein Teil der Altäre hat auf einer Seite eine U-förmige Einbuchtung, die für den Opfernden vorgesehen war. Die Altäre wurden über zwei Jahrhunderte hinweg errichtet und waren niemals gemeinsam in Benutzung. Der erste Altar (13) wurde in der Mitte des 6. Jhs. v. Chr. errichtet, gefolgt von den Altären 8 und 9. In der Mitte des 5. Jhs. kamen vier weitere Altäre hinzu, von denen drei ein gemeinsames Fundament besitzen (1–3,4). In der ersten Hälfte des 4. Jhs. kamen zum 5. Altar die Altäre 6 und 7, die ein gemeinsames Fundament besitzen und an den 4. Altar angrenzen. Am Ende des 4. Jhs. wurden einige Veränderungen vollzogen, so wurde der Altar 9 neu gebaut und ergänzt durch die Altäre 10-12. Erste weitere Untersuchungen lassen zudem einen weiteren, einen vierzehnten Altar vermuten. Die um die Altäre gefundenen vielzähligen Votivterrakotten, Bronzefigurinen, etruskische Bucchero-Keramiken und atteische Gefäße verweisen neben der erwähnten privaten Verehrung auch auf einen regen Handel und Import hin, stammt doch eine große Zahl der Töpferwaren aus Etrurien und Griechenland. Um den 8. Altar, bei dem sehr viele Funde zu Tage traten, fand sich auch ein kleines Bronzeblech mit vier Löchern, die an den Ecken des Blechs für die Befestigung an dem geweihten Gegenstand gedacht waren, und auf dem Bronzeblech die Inschrift: *CASTOREI PODLOUQUEIQUE QUROIS* („den Jünglingen Castor und Pollux"). Die Schrift gleicht der des *lapis niger* auf dem Forum Romanum, was sie in dieselbe Zeit datieren lässt. Die Sprache ist eine Mischung aus Latein und Griechisch. So ist das *PODLOUQUEI* weder mit dem griechischen Polydeukes noch mit dem lateinischen Pollux oder Polluces identisch und scheint vielmehr eine Mischung aus beiden zu sein. *QUROIS* hingegen ist einfach der Dativ des griechischen Wortes für Jüngling *(kórois)*. Castor und das angehängte *QUE* (und) sowie die Buchstabenform entsprechen dann wieder durchaus dem archaischen Latein. Dies zeigt zum einen (und daher kann der Fund nicht hoch genug eingeschätzt werden) den engen und direkten Einfluss der Griechen auf Latium und zum anderen die engen religiösen Verbindungen zwischen Rom und Lavinium. Der Kult der römischen Penaten erscheint in zwei deutlich verschiedenen Ausformungen. Zum einen wurden die Penaten in Form kleiner, unbearbeiteter Gegenstände oder einfach gefertigter Statuetten zusammen mit dem Feuer im Innersten des Heiligtums der Vesta verehrt, zu denen niemand außer den Vestalinnen Zutritt hatte. Diese geheime Form gehört zu den ältesten überlieferten Kulten Latiums. Die Penaten wurden dabei auch in Verbindung mit Aeneas gesehen, der diese in einem Tongefäß aus dem brennenden Troja rettete. Die Verehrung der griechischen Dioskuren ist eine weiterentwickelte Deutung der Penaten, welche die erste ergänzte und durch die Bronzeinschrift für Lavinium seit dem 6. Jh. v. Chr. belegt ist. Die besonders enge Verbindung der Penaten zu Lavinium verdeutlicht auch jene Legende, welche um die Verlegung der Penaten nach Alba Longa oder Rom gesponnen wurde und von der uns u. a. Dionysios von Halikarnassos und Valerius Maximus, wenn auch zweiterer mit kritischer Distanz, berichten. Alle Versuche, die unternommen wurden, um die heiligen Gegenstände in einem anderen Heiligtum aufzubewahren, scheiterten nämlich, da die Penaten stets nach Lavinium zurückkamen (Dion. Hal. 1,67,1-2; Val. Max. 1,8,7).

Trotz all dieser Erkenntnisse und Hypothesen zu den 13 oder nun 14 Altären, die ja nie zur gleichen Zeit genutzt wurden, können nicht alle Fragen zu dieser Kultstätte zweifelsfrei beantwortet werden und die zahlreichen unterschiedlichen Interpretationen in der modernen Forschung legen davon auch Zeugnis ab.

Im Temenos der 13 Altäre, knapp 100 m von diesen entfernt, finden sich die Überreste eines Grabtumulus, der als **Heroon des Aeneas** betrachtet wird. Dieses entstand durch den Umbau eines älteren Grabes aus dem 7. Jh. v. Chr. aus Cappellaccio-Blöcken. Das Grab wurde wohl schon im 6. Jh. wieder geöffnet und teilweise geplündert. Der Körper des Toten und auch der größte Teil der Grabausstattung fehlen. Und doch lassen die noch gefundenen Reste, u. a. ein Schwert, Bronzefibeln und ein Armband sowie eine Vielzahl fein gearbeiteter Tongefäße, auf die soziale Stellung des Bestatteten schließen, der von hohem Rang gewesen sein muss. In der Literatur wird daher teilweise die Vermutung geäußert, es könnte sich um

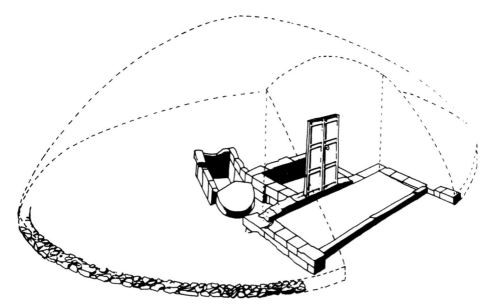

Rekonstruktion des Heroon des Aeneas in Lavinium (nach Holloway 1996)

das Grab des Latinus, des ersten Königs von Lavinium, handeln. Aus der Zeit der Öffnung des Grabes stammt eine Oinochoe (korinthische Kleeblattkanne) aus dickwandigem Bucchero, die vielleicht von den Eindringlingen als Sühneopfer für die Manen des Toten gedacht war. Ob in der folgenden Zeit das Grab einem kultischen Zweck diente, lässt sich aufgrund der archäologischen Befunde nicht mit Sicherheit nachweisen.

Am Ende des 4. Jhs. wurde es dann aber zu dem Heroon umgebaut, das mit dem bei Dionysios von Halikarnassos erwähnten Heroon für Aeneas identifiziert wurde und das Dionysios wohl aus eigener Anschauung kannte: „… weil nirgends der Körper des Aeneas sichtbar war, zogen einige daraus den Schluss, er sei unter die Götter versetzt worden, andere, er sei in dem Fluss versunken, bei dem die Schlacht stattgefunden hatte. Und die Latiner errichteten ihm ein Heroon, geschmückt mit dieser Inschrift: Dem Gott Pater Indigenes, der den Lauf des Flusses Numicus lenkt. […] Da ist ein Hügel, nicht groß, und rings um ihn gereiht Bäume, die der Betrachtung wert sind"(Dion. Hal. 1,64,4–5).

Die Erbauer des Heroon legten wohl besonderen Wert darauf, eine enge Verbindung zwischen dem alten Grab und dem neuen *sacellum* zu schaffen. Eine Kante der *cella* schließt daher an den alten Sarkophag, der quer zum neuen Heiligtum liegt, an. Der Boden der *cella* ist auf gleicher Ebene wie der Boden des Grabes und ebenfalls nicht gemauert. Die *cella* konnte nicht betreten werden und war wohl eher als eine Art Kenotaph zu sehen. Den scheinbaren Eingang aber markierte eine Scheintür aus zwei monolithischen Tuffplatten, von denen die rechte eine Nachbildung eines ringförmigen Türöffners aufweist. Die Tür ist inzwischen im Museum von Lavinium aufgestellt. Durch die spezielle Form der Tür, die sich leicht nach oben verjüngt, erweckt sie einen monumentalen Eindruck bei dem vor ihr stehenden Betrachter. Die Weihgaben wurden vor der *cella* auf dem erhöhten, 8 m breiten *pronaos*, der Vorhalle, dargebracht. Außer diesem *pronaos* oder *dromos* war das ganze *sacellum* von einem Tumulus bedeckt, der in etwa 18 m Durchmesser besaß. Die Anten, Seitenwände des Pronaos, schlossen an die Steine, die den Tumulus umringten, an.

Seit der Herrschaft der Etrusker in Latium und dem Austausch Roms und Laviniums mit der griechischen Welt (spätestens seit dem 6. Jh. v. Chr.), welche vor allem durch die Keramikfunde belegt sind, kann die Kenntnis der Aeneas-Sage in Lavinium angenommen werden. Aeneas erscheint dabei in Lavinium in Zusammenhang mit dem Gott Indigenes, er wird dabei sowohl als Aeneas Indigenes, Pater Indigenes oder auch Iuppiter Indigenes bezeichnet. Die Betonung der Gründungslegende ist wohl erst mit der Unterwerfung des Latinerbundes und der Umdeutung Laviniums im Sinne Roms zu verstehen. In Rom hatte sich die einheimische Legende von Romulus und Remus durchgesetzt und so mögen die Römer den trojanischen Gründungsmythos an Lavinium abgetreten haben, um dem religiösen Primat Laviniums eine neue Gewichtung zu geben. Das Aufnehmen des griechischen Mythos setzt unter dem Blickwinkel der Außenpolitik zudem ein klares Zeichen: Rom konnte nun den griechischen Städten in Süditalien einen ebenbürtigen Gründungsmythos entgegensetzen. Damit orientierte sich Rom einerseits am hellenozentrischen Denken der griechischen Städte, andererseits machte es so seine von den Etruskern übernommene Vormachtstellung in Mittelitalien deutlich. Seit dem 3. Jh. entwickelte sich die Überlieferung des Mythos in unterschiedlichen Traditionssträngen, die schließlich in Vergils Version des Aeneas-Stoffes gipfelte und erst ab diesem Zeitpunkt zum Volks- und Populärgut wurde. Vergil fand keinen kanonisierten Mythos vor und konnte diesen im Sinne der augusteischen Erneuerung des Reiches verändern. Besonders bezüglich Laviniums nimmt er eine entscheidende Veränderung vor: In Vergils *Aeneis* landet der Held nicht mehr an den Küsten Laviniums, sondern am Tiber, seine Verbindung zu Rom wird so in weitaus größerem Maße sichtbar. Dies kann auch in Zusammenhang mit dem archäologischen Befund aus Lavinium in Einklang gebracht werden, die es Vergil erlaubten, die Kultstätte von Lavinium zu übergehen. Ähnlich wie für die anderen Kultstätten von Lavinium zeigen sich ab dem 2. Jh. v. Chr. keine Funde jüngeren Datums, was darauf schließen lässt, dass sie zu diesem Zeitpunkt oder auch etwas später aufgegeben wurden. Eine Restaurierung in augusteischer Zeit fand nicht statt. Das Heroon des Aeneas selbst wurde noch besucht, was der Bericht des Dionysios belegt, doch hatte die Kultstätte wohl ihre zentrale Bedeutung verloren.

In der Tradition der latinischen Überlieferung kam Aeneas an der Mündung des Numicus an, was dem Hafen Laviniums später den Namen Troja gab. Nach dem ersten Dankopfer speisten er und seine Weggefährten, wobei sie aus großem Hunger heraus auch die als Unterlage dienenden dünnen Fladen mitaßen. Der

Der Minervakult in Lavinium

In seiner *Aeneis* verweist auch Vergil auf Minerva, die hier als Pallas, Tritonia und Jungfrau angerufen wird. In höchster Not ruft das Volk des Königs Latinus im Konflikt zwischen Aeneas und Turnus, dem Herrscher der Rutuli, um Lavinia, die Tochter des Königs Latinus, Minerva an:

„Jetzt zum Tempel hinauf, zu den ragenden Höhen der Pallas, fährt die Königin, dicht umdrängt von Scharen der Frauen, Gaben bringend, die Jungfrau Lavinia sitzt ihr zur Seite, Ursache solchen Leides, gesenkt ihre strahlenden Augen. Aufwärts steigen die Frauen, durchwölken mit Weihrausch den Tempel, lassen von hoher Schwelle ertönen gramvolle Bitten: ‚Waffengewaltige Herrin des Krieges, Tritonia, Jungfrau, brich mit der Hand den Speer des phrygischen Räubers, ihn selbst wirf stracks zu Boden, schmettre ihn hin unter dem ragenden Stadttor!'"

Verg. Aen. 11,477

Ausruf seines Gefährten Ascanius, dass sie nun auch die Tische mitessen würden, ließ Aeneas das Ende seiner Reise erkennen, war ihm doch genau dieses geweissagt worden. Aus Dankbarkeit wollte Aeneas eine Sau opfern, die aber entkam. An der Stelle, an der sie schließlich 30 Ferkel warf, sollte Aeneas seine neue Stadt gründen. Die Erinnerung an den Mythos fand sich auch im antiken Stadtbild von Lavinium. Varro (rust. 2,4,18) verweist auf eine bronzene Statuengruppe, die die Sau mit ihren weißen Ferkeln zeigte. Die symbolische Bedeutung der Zahl wurde dabei unterschiedlich ausgelegt: Sie stand u. a. für die 30 Jahre, die zwischen der Gründung Laviniums und Alba Longas liegen sollten, oder die 30 Gemeinden des späteren Latinerbundes. Aeneas heiratete im Mythos die Tochter des indigenen Königs Latinus, Lavinia, nach der er dann seine neue Stadt benannte.

Östlich des antiken Lavinium befand sich das bedeutende **Minervaheiligtum** der Stadt. Vom einstigen Temenos sind noch einige Reste der Mauer zu sehen, aber vom Tempel selbst lassen sich kaum noch Spuren nachweisen. Dennoch kann man ihn durch die gefundenen Architekturterrakotten um die Zeit um 500 v. Chr. datieren. Die Funde aus dem Tempelbezirk sind im **Museum** ausgestellt. Minerva, die neben Jupiter und Juno der kapitolinischen Trias angehört, gleicht der Göttin Athena (s. S. 144). In Lavinium wurde Minerva in der Gestalt der Minerva Tritonis verehrt, welche auf böotische Ursprünge zurückgehen mag. Das Terrakotta-Kultbild aus dem 4. Jh. zeigt Minerva im Chiton mit thrakischem Helm und dem Gorgonenhaupt auf dem Brustpanzer, der Aigis. Als besondere Attribute erscheinen die Schlangen und ein dreiköpfiges schlangenartiges Reptil, die ihren Körper umschlingen, und vor allem der Triton – ein Mischwesen aus Mensch- und Fischgestalt, der ihren Schild stützt. Die Verbindung der Minerva zum Meer resultiert aber nicht allein aus der Nähe Laviniums zum Meer, sie gilt auch als Schutzgottheit der Seefahrer und Schiffsbauer.

Neben dieser überlebensgroßen Statue wurde noch ein Kultbild der Minerva im Tempelbezirk gefunden, das derselben Zeit angehört. Dies zeigt die Göttin in einen Mantel gehüllt und umrankt von Zweigen, die durch die enge Verbindung Minervas mit dem Ölbaum als Olivenzweige gelten können. Es kann vermutet werden, dass es sich hierbei um die Terrakotta-Nachbildung eines hölzernen Kultbildes handelt. Laut Mythos schenkt Zeus Dardanus, dem Gründer Trojas, das Palladium, das hölzerne Kultbild der Athena, das von Aeneas aus der brennenden Stadt gerettet und nach Italien gebracht wird, wo es nach den antiken Quellen entweder im Tempel der Vesta in Rom oder in Lavinium verehrt wurde. Die reichhaltigen Votivgaben, die von tierfigürlichen Terrakotten über Nachbildungen von Körperteilen hin zu Webstuhlgewichten reichen, verweisen auf die Zentralität des Tempels. Minerva wurde in Lavinium, wenn auch nicht ausschließlich, so doch zum großen Teil von Frauen verehrt. Feierliche Riten beim Eintreten der Mädchen ins Frauenalter oder Rituale anlässlich von Hochzeit und Mutterschaft werden angenommen (Torelli 1984). Dies können auch die zum Teil lebensgroßen Statuen von Frauen und jungen Männern belegen. Die fein gearbeiteten Terrakotta-Statuen waren einst bunt und zeigen in realitätsgetreuer Abbildung die Besucher des Tempels mit ihren Opfergaben. Die Gestalt einer jungen Frau mit der Frisur einer Vestalin verweist nach Torelli auf einen archaischen Hochzeitsritus. Am Tag der Hochzeit wird das Mädchen gekleidet wie eine Vestalin am Tag ihrer Weihung, die Hochzeit wird so zur feierlichen Initiation.

*„Bollwerke des Imperiums":
die Koloniestädte Cora (Cori),
Norba (Norma) und Signia (Segni)*

154 / 155

Die antiken Monumente im Umland Roms

Plan von Cori mit den antiken Resten im Maßstab 1:4000
(nach Lackner 2008)

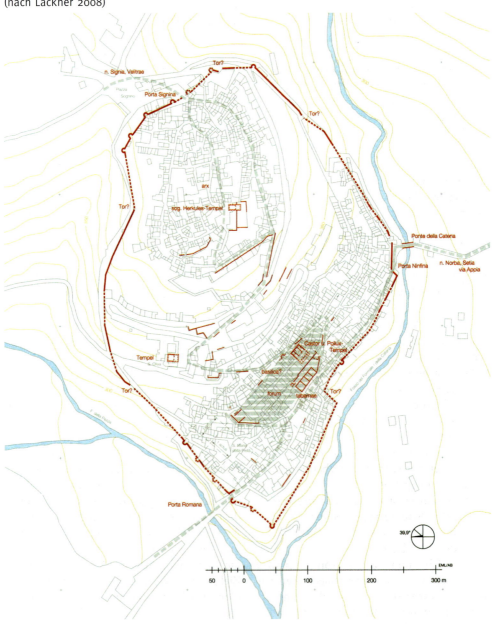

DIE ANTIKEN MONUMENTE IM UMLAND ROMS

„Bollwerke des Imperiums": die Koloniestädte Cora (Cori), Norba (Norma) und Signia (Segni)

Der Weg ins südliche Latium führt den Reisenden in die Monti Lepini, die zusammen mit den weiter im Süden liegenden Monti Ausoni die Pontinische Ebene zwischen dem heutigen Pomezia und Terracina begrenzen. Die höchste Erhebung des Mittelgebirges ist der Monte Semprevisa mit 1536 m. Diese noch heute dünnbesiedelte Gegend war für die Beherrschung der Pontinischen Ebene einerseits und des Tals des Sacco andererseits von großer strategischer Bedeutung. Rom und der Latinische Bund waren daher seit dem 6. Jh. v. Chr. bemüht diesen Gebirgszug und damit die darunterliegenden Ebenen zu kontrollieren. Um eine dauerhafte Kontrolle des Gebietes zu ermöglichen, wurden seit dem Ende des 6. Jhs. v. Chr. Kolonien gegründet. Zu diesen Kolonien gehören die Städte Cori (lat. Cora), Norba (beim heutigen Norma) und Segni (lat. Signia), deren Gründung in die letzten Jahre der Königszeit und die ersten der Republik fallen – eine Zeit, über die vor allem viel später schreibende Historiker wie Livius, der sein Geschichtswerk knapp 500 Jahre später in der Zeit des Augustus verfasst hat, berichten. Diese Berichte sind zwar wertvoll, jedoch verstellen viele Legenden und Mythen den Blick auf die Ereignisse dieser Zeit und so ist die Anfangszeit dieser Koloniestädte mit vielen Fragen verbunden.

Ende des 6. und zu Beginn des 5. Jhs. v. Chr. kam es zu einer fast ganz Italien betreffenden Völkerbewegung. Das römische Umland und Latium waren davon ebenso betroffen wie die griechischen Städte Kampaniens. Im Nordosten, dem Gebiet zwischen dem Anio und Tiber, bedrohten die Sabiner römisches Territorium, während Tibur und Praeneste von den aus den Bergen kommenden Aequern angegriffen wurden. Die Volsker, ein Stamm aus dem zentralen Apennin, drangen nach Latium vor und besetzten weite Teile des Südens. Dies hatte zur Folge, dass sich die latinischen Städte und vor allem Rom bis zur Mitte des 4. Jh. v. Chr. mit den Volskern auseinandersetzen mussten, bis das südliche Latium endgültig wieder unter ihrer Kontrolle war. Die Koloniegründungen jener Zeit bis zum Ende des Latinischen Bundes 338 v. Chr. waren vor allem auch eine Reaktion auf die geschilderten Bedrohungen. Alle drei in diesem Kapitel behandelten Kolonien gehören der frühesten Phase der Kolonisation an. Diese von Rom oder dem Latinischen Bund gegründeten Kolonien wurden meist an der Grenze, in erobertem Territorium oder in zurückerobertem Gebiet gegründet. Die Kolonisten stammten aus allen am Latinischen Bund beteiligten Städten oder Völkern, auch wenn Rom wohl, wie unlängst Tim J. Cornell in seiner „Geschichte der Anfänge Roms" erneut festgestellt hat, einen recht großen Anteil der Kolonisten entsandte. Nach dem *foedus Cassianum* gehörten neben den latinischen Städten seit 486 v. Chr. auch die Herniker, ein Stamm der im Gebiet des Liris (Garigliano) ansässig war, dem Bund an. Die Gründung von Kolonien war zweifellos ein Unterfangen, das mit einem hohen logistischen Aufwand verbunden war. Eine geeignete Stelle musste gefunden und das Land vermessen werden. Den Kolonisten musste Land zugeteilt und die Stadt in ihren Grundzügen geplant werden. Die latinischen Kolonien wurden als politisch autonome und gleichberechtigte Gemeinden mit einem eigenen Bürgerrecht gegründet. Sie verfügten über die gleichen Rechte wie die übrigen Mitglieder des Latinischen Bundes. Diese Unabhängigkeit und das eigene Bürgerrecht scheinen auch für die Kolonisten jener Zeit ein erstrebenswertes Ziel gewesen zu sein. Erst im 1. Jh. v. Chr. beginnt sich diese Einstellung zu ändern. Nachdem Rom die unumschränkte Vormacht in Italien und im Mittelmeerraum geworden war,

> **Bollwerke des Imperiums**
>
> Cicero bezeichnet im Rückblick die Kolonien als „Bollwerke des Imperiums" (Cic. leg. agr. 2,73) und auch bei Livius ist zu erkennen, welche Erwartungen man an die Kolonien hatte und welche Folgen eine Verweigerung oder eine feindliche Haltung haben konnte. Die folgende Stelle bezieht sich auf den Zweiten Punischen Krieg und berichtet über den Umgang mit den loyalen und den von Rom abgefallenen Kolonien:
>
> „Auch jetzt, nach so vielen Menschenaltern, sollen sie (die Kolonien) nicht mit Stillschweigen übergangen und nicht um ihren Ruhm betrogen werden; es waren die Leute von Signia, Norba [...]. Durch den Beistand dieser Kolonien behauptete sich damals die Herrschaft des römischen Volkes, und ihnen wurde im Senat und vor dem Volk gedankt. Die Senatoren verboten, die zwölf anderen Kolonien, die die Herrschaft nicht gelten ließen, zu erwähnen, die Konsuln sollten sie weder entlassen noch zurückhalten noch ansprechen. Diese stillschweigende Zurechtweisung schien am ehesten der Würde des römischen Volkes zu entsprechen."
>
> Liv. 27,10,7 ff., zum Jahr 209 v. Chr.

wurde die Zugehörigkeit zum römischen Bürgerverband zunehmend attraktiver. Nach dem Bundesgenossenkrieg (91–89/82 v. Chr.), dem letzten Kampf der Bundesgenossen Roms um die Unabhängigkeit oder auch um das Bürgerrecht, erhielten 90 und 89 v. Chr. alle Italiker südlich des Po das römische Bürgerrecht. Im Zuge dieser Bürgerrechtsverleihungen wurden auch die drei hier behandelten Kolonien zu *municipia*, Gemeinden also, die zum römischen Bürgerverband gehörten.

Die Kriterien für die Anlage der Koloniestädte an natürlich befestigten und fortifikatorisch leicht zu sichernden Plätzen war in der Phase ihrer Gründung und auch noch in der mittleren Republik ein Vorteil. Jedoch wurde dieser Vorteil spätestens nach dem Bundesgenossenkrieg zu einem Nachteil für die urbane Entwicklung dieser Städte: lagen sie doch nun abseits der großen Straßen und damit abseits der Handelswege in einem nun befriedeten und prosperierenden Wirtschaftsraum Italien. Hinzu kommt die topographische Situation, die es den meisten Koloniestädten jener Zeit nicht erlaubte, sich städtebaulich zu vergrößern.

Cora (Cori)

Cora kann wie so viele Städte Latiums gleich auf mehrere Gründungslegenden und -geschichten verweisen. Bei Vergil (Aen. 6,775) ist sie eine Gründung der Stadt Alba Longa, bei Plinius (nat. 3,63) eine des Trojaners Dardanos. Andere Quellen jedoch legen nahe, dass Cora eine Latinische Kolonie war, die vor dem *foedus Cassianum*, also am Ende des 6. Jhs. v. Chr., gegründet wurde. Eine Erwähnung des Livius weist darauf hin, dass Cora im Jahr 504 v. Chr. bereits bestand (2,16,8), und für die Zeit um 500 v. Chr. erwähnt der ältere Cato (fr. 58), dass Cora zu den Latinerstädten gehörte, die sich im Heiligtum der Diana bei Aricia zusammenfanden (s. S. 62 ff.). Livius ist es auch, der uns überliefert, dass die Stadt 495 v. Chr. im Besitz der Volsker war (2,22,2). Die Stadt war also bereits einige Jahre nach ihrer Gründung erobert und besetzt worden, was die wichtige Funktion Coras bei der Sicherung des südlichen Latium verdeutlicht. Im Jahr 330 v. Chr. wurde Cora im Krieg Roms gegen die Volsker aus der Stadt Privernum stark verwüstet, genauso wie Norba (Liv. 8,18,4 f. s. S. 64 ff.).

Cora hatte als selbstständige Stadt auch das Recht Münzen zu prägen. Zu den wenigen Beispielen dieser Münzen aus Cora gehört eine Silbermünze aus der zweiten Hälfte des 3. Jhs. v. Chr. Auf deren Vorderseite erscheint der lorbeerbekränzte Kopf des Apoll. Die Rückseite zeigt einen Reiter mit Mantel und erhobenem Speer und die darunter gesetzte Inschrift *CORANO(rum)*. Vom Leben und der Verfassung der Stadt während der Kaiserzeit zeugen noch einige Inschriften. Jedoch tritt die Stadt in den literarischen Quellen kaum noch in Erscheinung.

Cora liegt gut befestigt auf einem Ausläufer der Monti Lepini. Das Stadtgebiet steigt von Westen (250 m ü. NN) nach Nordosten steil bis auf 403 m ü. NN an. Durch diese Geländegegebenheiten haben sich, wie auf der Karte (auf S. 152) zu sehen ist, zwei Siedlungsschwerpunkte in der Unter- und Oberstadt gebildet. Im Süden und Westen wird die Stadt von den beiden Bächen Fosso del Formale und Fosso della Pezza umflossen.

Die Straßenverbindungen zu den umliegenden Kolonien Velitrae, Signia, Norba und Setia zeigen, dass die angelegten Kolonien förmlich ein Netzwerk von Städten bildeten. Erst mit dem Bau der Via Appia 312 v. Chr. existierte eine direkte Verbindung nach Rom, an die auch Cora durch eine Straße angebunden war.

Die für die frühen latinischen Kolonien so kennzeichnenden **Stadtmauern** finden sich auch in Cora. Vor allem im Norden und Westen der Stadt sind noch längere Abschnitte zu sehen. Die polygonale Mauer der ersten Phase stammt vom Ende des 6. bzw. Anfang des 5. Jhs. v. Chr. und wurde im 4./3. Jh. ausgebessert und wiederhergestellt. Die u. a. an der Porta Signina noch sichtbaren, in *opus incertum* ausgeführten halbrunden Türme der Mauer sind jedoch erst am Ende des 2. Jh. v. Chr. hinzugefügt worden. Sehenswert ist auch die bei der Porta Ninfina gelegene Brücke (**Ponte della Catena**), die wohl bereits ins 4. oder 3. Jh. v. Chr. zu datieren ist.

Im Südwesten der Stadt stößt man auf das Areal, in dem ehemals das **Forum** Coras lag. Unterhalb der Forumsterrasse wurde vermutlich Ende des 2. oder Anfang des 1. Jhs. v. Chr. ein ca. 40 m langes und 15 m tiefes Gebäude mit vier Räumen errichtet, deren große Bögen noch gut erkennbar sind und sich zur Via Ninfina ausrichten. Hinter den vier sicherlich für Marktzwecke gebrauchten Räumen existiert ein Versorgungsgang, der die Räume verband. Der in *opus incertum* erbaute Komplex setzt sich an der Südecke fort. Über eine Treppe und die Via Petrarca erreicht man einen Platz (Piazza Pozzo Dorico), der unterhalb der großen Terrasse, auf welcher sich dann das Forum und der teilweise noch erhaltene **Castor und Pollux-Tempel** befanden, gelegen ist. Dort sind noch große Teile der auf dem Fels aufsetzenden polygonalen Terrassenmauer zu sehen, die den Forumsplatz und das Dioskurenheiligtum abstützte. Die 8,65 m hohe und mehr als 35 m lange Polygonalmauer diente bereits dem ersten Tempelbau (4./3. Jh. v. Chr.) als Substrukti-

> **Anreise nach Cora (Cori)**
> Cori erreicht man von Velletri kommend entweder auf der Via Appia (SS 7) oder über eine kleinere Straße, die bereits in Velletri abzweigt und über Giulianello nach Cori führt. In Cisterna Latina zweigt eine Straße von der Via Appia (SS 7) links nach Cori ab. Auf diesem Weg erreicht man die Stadt nach etwa 10 km über die im Südwesten liegende Porta Romana (Piazza d. Croce). Im anderen Fall erreicht man die Stadt an der im Norden liegenden Porta Signina (Piazza Signina). Von beiden Ausgangspunkten kann man die Monumente erlaufen.

on und wurde später auf der Mauerkrone durch Bruchsteinmauerwerk ergänzt.

Der nach Henner von Hesberg auf den Anfang des 1. Jhs. v. Chr. zu datierende Dioskurentempel mit den darunterliegenden Terrassierungen kann sicherlich zurecht mit den anderen Terrassenheiligtümern Latiums (Erich Altenhöfer) verglichen werden, auch wenn es sich nicht wie bei Praeneste und Tibur um einen axialsymmetrischen Aufbau der Anlage handelt. Der Weg zum Dioskurenheiligtum führte den antiken Besucher vorbei an den vier als Markthalle bezeichneten Räumen über eine Rampe zur unteren Terrasse und dann von dort über eine Treppenanlage links der Substruktionen des Tempels hinauf auf den Forumsplatz mit dem Heiligtum. Die Reste des mit seiner Front nach Südwesten in Richtung der darunterliegenden Terrasse ausgerichteten korinthischen, hexastylen Podiumtempels sind in der Via Colonne zu besichtigen. Erhalten sind Teile der *cella* und zwei der sechs Frontsäulen (gr. *hexastyl*) des spätrepublikanischen Tempels. Mit einer Breite von ca. 18,50 m und einer Tiefe von ca. 19,50 m ist das Tempelpodium fast quadratisch. Die Treppe, die auf ein ca. 3,30 m hohes Podium hinaufführte, ist nicht gesichert. Die zwei erhaltenen, 9 m hohen korinthischen Frontsäulen mit dem darübergelagerten Gebälk von ca. 1,30 m Höhe sind die beiden mittleren Säulen der Vorhalle. Beide stehen noch an ihrem ursprünglichen Aufstellungsort. Der Architrav ist mit der nicht gänzlich erhaltenen Bauinschrift versehen, die auch die Bestimmung für Castor und Pollux sichert: *Castori Poluci de C(onsili) S(ententia) fac[…] / M(arcus) Calvius M(arci) f(ilius) P(ubli) n(epos)*, „Für Castor und Pollux hat auf Beschluss des städtischen Rates Marcus Calvius, Sohn des Marcus und Enkel des Publius, den Tempel errichten lassen" (CIL 10 6505). Die Ausrichtung des Tempels zeigt deutlich, dass er auf Fernwirkung ausgerichtet war, das ca. 3,30 m hohe Podium wird den Eindruck noch verstärkt haben. Möglicherweise wurde der Tempel, darauf deutet zumindest ein heute im Keller eines Wohnhauses verbauter tonnenüberwölbter Raum hin, von einer Portikus umschlossen, deren linker und rechter Seitenflügel einen Abstand von etwa 12,50 m gehabt haben könnten.

Der hintere und auch heute noch in seinen Resten zu sehende Teil des Tempels bestand aus der *cella* und zwei Seitenhallen (*alae*). Im hinteren Teil der Seitenhallen befinden sich zwei kleine Nebenräume, die nicht mit der *cella* verbunden sind. Im rechten Nebenraum sieht man die Reste eines mit Mörtel ausgekleideten Beckens, das vielleicht kultischen Zwecken gedient haben könnte. In diesem Zusammenhang ist die Vermutung geäußert worden, dass der Eingang zu diesem Raum, der größer ist als derjenige auf der linken Seite, vielleicht im Zusammenhang mit einem Ritual steht. Castor und Pollux tränkten ihre Pferde nach der Schlacht am Lacus Regillus an der Quelle der Wassernymphe Juturna in Rom, und das Wasserbecken könnte, da die Türöffnung groß genug ist, auch für die Tränkung eines Pferdes bestimmt gewesen sein. Doch da wir zu wenig über die Rituale des Kultes wissen, bleibt diese Hypothese nur eine Vermutung.

Die *cella* war mit Wandmalereien ausgeschmückt, die aus Architekturelementen wie Säulen bestand, welche den Innenraum illusionistisch erweiterten und die Architektur des Tempels wieder aufnahmen. Auch der Mosaikfußboden konnte in seiner Struktur ermittelt werden, wenngleich nichts über die dort verwendeten Motive gesagt werden kann. Im hinteren Teil der *cella*, der *aedicula,* befinden sich Spuren von drei der ursprünglich vier Säulen, die einen Baldachin getragen haben, der sich über das Kultbild spannte. Das Kultbild aus parischem und pentelischem Marmor zeigte Castor und Pollux, etwas überlebensgroß, nackt und nur mit Umhängen bekleidet. Beide führten ein Pferd an ihrer Seite. Eine Rekonstruktion des Kultbildes von Anna Leone und Domenico Palombi ist im Museum von Cori ausgestellt und vermittelt eine gutes Bild vom Original. All dies zeigt, wie sehr die Bürger Coras bei der Erbauung des Tempels zu Beginn des 1. Jhs. v. Chr. auf die repräsentative Ausstattung des Heiligtums Wert legten und sich dadurch auch mit den anderen Städten der Region und deren Heiligtümern maßen.

In der Oberstadt von Cori befindet sich an der Piazza Tempio d'Ercole der in Teilen sehr gut erhaltene sogenannte **Herkulestempel**, der nach umfassenden Restaurierungsarbeiten bis Anfang 2010 nun wieder zugänglich ist. Der Tempel im dorischen Stil stand auf zwei Terrassen. Die obere Terrasse, die ältere der beiden (4. Jh. v. Chr.), besteht aus polygonalem Mauerwerk mit geglätteter Stirnseite. Die untere (Ende 2./Anfang 1. Jh. v. Chr.), der ersten vorgelagerte Terrasse wurde in *opus incertum* errichtet und an der Ecke im Südosten ergänzt durch *opus quadratum* aus Blöcken mit hervorstehenden Bossen (Wölbungen). Man kann vermuten, dass auf der oberen Terrasse bereits im 4. Jh. ein Heiligtum gestanden hat. Von diesem sind bis jetzt keine Reste gefunden worden, doch ältere Votivgaben machen diese Hypothese wahrscheinlich. Das 1,55 m hohe Tempelpodium besteht aus *opus incertum*. Auf ihm erhebt sich die noch gut erhaltene Vorhalle mit den vier Front- und insgesamt acht Säulen. Von der *cella* sind nur noch die vordere Mauer und der erste Teil der Seitenwände erhalten. An den Seitenwänden ersetzen Lisenen die sonst üblichen Säulen des Pseudoperipteros (italisch-römischer Tempel, bei dem die Säulen an der Längs- und der Rückseite mit der *cella*-Wand verbunden

 „Beim Castor" – die Dioskuren in Latium und Rom
In den römischen Komödien des Plautus und des Terenz findet man häufig den beteuernden Ausruf „beim Castor" oder „bei Pollux". Wer aber waren diese beiden Brüder, deren Popularität so groß gewesen zu sein scheint? Die Verehrung der Dioskuren, der beiden Zwillinge, die als Zeussöhne galten, wurde direkt über griechische Städte nach Latium übertragen – wie die auf S. 150 angeführte Bronzeinschrift, der erste Beleg für den Kult aus Lavinium, zeigt, wohl spätestens seit dem 6. Jh. v. Chr. In Rom wurde der Dioskurenkult spätestens nach der Schlacht am Lacus Regillus 496 v. Chr. (Cic. nat. deor. 2,6) eingeführt. Ein Tempel wurde den beiden Schlachtenhelfern im Jahr 484 v. Chr. auf dem Forum Romanum geweiht (Liv. 2,42,5). Die Zwillinge galten als Schutzgötter der Reiterei, aber auch der Flotte sowie als Nothelfer und Schwurgötter. Im Vordergrund steht meist Castor, der mehr als sein Bruder als Heros der Reiter galt. Dies ist auch der Grund, warum die Zwillinge in Rom Castores genannt wurden. Ihnen war in Rom eine große Reiterprozession gewidmet, die *transvectio equitum*. Ähnliche Rituale können wir auch für Cora vermuten.

sind). Über der Tür zur *cella*, welche beinahe 5 m hoch ist, befindet sich eine Inschrift, die die beiden obersten Magistrate der Stadt, die *duumviri* (Zwei-Männer) Marcus Matilius und Lucius Turpilius als Bauherrn nennt (CIL 10 6517: *M(arcus) M[a]tilius M(arci) f(ilus) L(ucius) Turpilius L(uci) f(ilius) duomvires de senatus / sente(n)tia aedem faciendam coeraverunt eisdemque probavere*).

Die Bauweise des Tempelpodiums und die Inschrift machen eine Datierung des Tempels auf das Ende des 2. Jhs. v. Chr. wahrscheinlich. Die Inschrift erwähnt nicht, wem der Tempel geweiht wurde, und auch sonst gibt es keine weiteren Hinweise. Die übliche Bezeichnung „Herkulestempel" entstand durch eine im 18. Jh. gefundene, aber als Fälschung entlarvte Inschrift und ist mit den Funden nicht belegbar. Die reichhaltigen Funde von figürlichen Terrakotten und Keramiken als Votivgaben lassen eher an eine (weibliche) Heilsgottheit denken.

Zwischen der Ober- und der Unterstadt liegt die Kirche S. Oliva an der Piazza S. Oliva. Hier stand ein weiterer Tempel aus dem 2. Jh. v. Chr. Die hier verehrte Gottheit konnte bisher nicht festgestellt werden. Oberhalb der Piazza S. Oliva sind an der Via Don Minzoni und der Via Giacomo Matteotti Teile der polygonalen Mauer erhalten, die wohl innerhalb der Stadt Terrassen und Bauten als Substruktion diente.

An der Piazza S. Oliva findet sich auch das sehenswerte **Museum von Cori**. Dieses bietet eine große Zahl an Funden aus Antike und Mittelalter zur Geschichte der Stadt und der Region. Die ausgestellten Stücke sind meist ausgezeichnet aufbereitet und so ist ein Besuch des Museums sehr empfehlenswert. Einige Räume sind der Rezeptionsgeschichte der antiken Bauten der Stadt und vor allem den wundervollen Stichen des Kupferstechers, Archäologen und Architekten Giovanni Battista Piranesi (1720–1778) gewidmet. Neben zahlreichen Inschriften und Architekturteilen werden die Funde zu den Nekropolen, zu den beiden oben beschriebenen Tempeln der Stadt, Votivgaben, Statuen und andere Kleinfunde gezeigt. Besonders erwähnenswert sind die Fragmente eines archaischen Tempelfrieses (Ende des 6. Jhs. v. Chr.) aus Terrakotta, auf denen berittene Krieger zu sehen sind. Die Fragmente sind in der Nähe von Cisterna di Latina (heute Caprifico di Torrecchia) gefunden worden und sind ein schönes Beispiel für die Lebenswelt und Vorstellungen der Aristokratie jener Zeit.

Norba

Das tragische Ende Norbas im Jahr 81 v. Chr. und die damit aufhörende Besiedlung des Ortes sind für die Altertumswissenschaften und besonders für die Archäologie ein Glücksfall, da uns so eine weitgehend auf die mittelrepublikanische Zeit zurückgehende Stadt erhalten ist. Die Überreste lockten seit dem 18. Jh. Reisende an diesen Ort. Grabungen wurden aber erst zwischen 1901 und 1903 von Luigi Savignoni und Raniero Mengarelli durchgeführt. Im Mittelpunkt dieser Grabungen standen vor allem die Heiligtümer, die Stadtmauer und die Anlage der Stadt. Seit den 1980er Jahren haben sich Lorenzo Quilici und Stefania Quilici Gigli der Stadt gewidmet. Ihre sehr verdienstvolle Arbeit hat zahlreiche neue Erkenntnisse erbracht. Neben einem Plan der Stadt sind hier vor allem die Ergebnisse der Grabungen unterhalb der kleinen Akropolis zu nennen.

Norba liegt in beherrschender Lage am Rande der Pontinischen Ebene auf einem Ausläufer der Monti Lepini 450 m ü. NN. Das Plateau, auf dem Norba liegt, fällt nach allen Seiten, besonders aber zur Pontinischen Ebene hin steil ab. Ein Blick von der kleinen

 Anreise nach Norba (beim heutigen Norma)
Norba erreicht man von Velletri kommend auf der Via Appia (SS 7) über Cisterna Latina in Richtung Terracina fahrend. Bei Epitaffio zweigt links eine Straße nach Norma ab, das man nach einigen steilen Serpentinen erreicht. Dort ist der Weg zur archäologischen Zone ausgeschildert. Unterhalb dieser, links der Anfahrtsstraße, ist ein ausgewiesener Parkplatz für die Besucher der antiken Stadt.

Der Herkules-Tempel in der Oberstadt von Cori

Akropolis verdeutlicht die strategisch bedeutende Lage der Stadt.

Vor dem Besucher liegt eine Stadt, deren Bauten in großen Teilen auf das 4.–2. Jh. v. Chr. zurückgehen. Während vielerorts die Bauten der römischen Kaiserzeit dominieren oder die moderne Überbauung nur noch weniges erkennen lässt, bietet Norba ähnlich wie Cosa (beim heutigen Ansedonia), einen unverfälschten Blick auf die Zeit des römischen Aufstieges. In ganz einmaliger Weise wird hier die Geschichte der Republik sichtbar und greifbar – jene Zeit, in der Rom um die Vorherrschaft in Italien und dann mit den Punischen Kriegen um die Vorherrschaft im Mittelmeerraum kämpfte. Norba war zur Zeit seiner Gründung und auch im 4. Jh. eine Stadt an der Grenze des zuerst vom Latinischen Bund und dann von Rom direkt und indirekt beherrschten Gebietes. Eine Kolonie, dazu geschaffen, um zusammen mit anderen Kolonien das Gebiet des Latinischen Bundes und später den Einfluss Roms militärisch zu sichern und die Handelswege und Wirtschaftsbeziehungen im südlichen Latium zu kontrollieren. Ein Rundgang durch die archäologische Zone von Norba, über das es wenige literarische Quellen aus der Antike gibt, gewährt dem Besucher Einblicke in das Leben einer Koloniestadt.

Die Stadt – eine Latinische Kolonie – wurde nach Livius (2,34,6) im Jahr 492 v. Chr. als Bollwerk gegen den feindlichen Stamm der Volsker gegründet. Norba gehört damit zu den ersten Kolonien, die vom Latinischen Bund gegründet wurden. Diese ersten Koloniegründungen, zu denen auch Segni (gegründet 494 v. Chr.) auf der anderen Seite der Monti Lepini gehörte, waren für Rom und seine Verbündeten von großer strategischer Bedeutung und sollten die Beherrschung des südlichen Latium ermöglichen. Danach hat Norba jedoch in den literarischen Quellen bis zur Mitte des 4. Jhs. v. Chr. keine Spuren hinterlassen und die archäologischen Zeugnisse für diese frühe Zeit sind zu spärlich, um daraus für die Geschichte der Stadt Schlüsse ziehen zu wollen. Vermutet werden kann, dass auch Norba, das zuvor weitgehend auf sich selbst gestellt war, zu Beginn des 4. Jhs. mit den Eroberungen Roms im südlichen Latium wieder näher an Rom und den Latinischen Bund heranrückte. 393 v. Chr. wurden in Circeii (San Felice Circeo) an der Südgrenze Latiums und 382 v. Chr. im nahe liegenden Setia (Sezze) Latinische Kolonien gegründet. Ins Licht der Geschichte trat Norba jedoch erst wieder Mitte des 4. Jhs. v. Chr. an der Seite Roms im Kampf gegen die Volsker aus Privernum (Madonna di Mezzagosto bei Priverno). In diese Zeit fällt wohl auch der Bau der Stadtmauer und der ersten regelmäßigen Stadtplanung. Ihre besondere Treue zu Rom bewies Norba dann im Zweiten Punischen Krieg und es widerstand den Angriffen Hannibals 209 v. Chr. Dies bestätigt Livius, wenn er in der Zeit des Kaisers Augustus schreibt, dass man die Treue Norbas und anderer Kolonien, darunter auch Signia, noch nach vielen Jahrhunderten nicht vergessen dürfe. „Mit Hilfe dieser Kolonien konnte das Reich des römischen Volkes damals überleben" (Liv. 27,10,7). Folgerichtig wurden in der Stadt 199 v. Chr. nach dem Ende des Zweiten Punischen Krieges (218–202 v. Chr.) karthagische Geiseln bewacht, die sich allerdings über die Kargheit des Ortes beschwerten und danach nach Signia und Ferentinum verlegt wurden (Liv. 32,2,4).

Die politische Organisation der Kolonie bleibt aufgrund der fehlenden Zeugnisse weitgehend im Dunkeln. Sie wird jedoch ähnlich der anderer Latinischer Koloniestädte aufgebaut gewesen sein und einen städtischen Senat und jährlich wechselnde Magistrate gehabt haben. Darauf deutet auch eine heute verschollene Inschrift aus dem 2. Jh. v. Chr. hin, die zwei Ädilen erwähnt (CIL 1² 363).

Im Bürgerkrieg zwischen Sulla und den Anhängern des bereits 86 v. Chr. verstorbenen Marius, der Rom und das Imperium in den Jahren 83–81 v. Chr. erschütterte, stand Norba auf Seiten der Anhänger des Marius und damit auf der Seite der Unterlegenen. Nach dem Fall Praenestes war Norba die letzte Stadt, die im Zuge des Bürgerkrieges im Jahre 81 v. Chr. von den Sullanern vernichtet wurde. Appian (90–160 n. Chr.), ein griechi-

> **Das schreckliche Ende Norbas**
>
> „So wurde Praeneste erobert, Norba jedoch, eine andere Stadt, leistete noch nach Kräften Widerstand, bis sich M. Aemilius Lepidus zu nächtlicher Stunde durch Verrat Zugang verschaffte. Wütend über den Verrat töteten sich die Einwohner teils selbst, teils aus freien Stücken gegenseitig, teils erhängten sie sich auch. Andere wieder verrammelten die Tore, steckten die Stadt in Brand und ein mächtig einfallender Sturmwind verzehrte sie so weit, dass nichts an Beute daraus zu gewinnen war."
> App. civ. 1,94

Plan von Norba antica
(nach Lackner 2008)

scher Geschichtsschreiber, schildert in seinen den römischen Bürgerkriegen der späten Republik gewidmeten Büchern den tragischen Untergang der Stadt.

Das grausame Ende der Stadt ist auch anhand der archäologischen Zeugnisse zu belegen. Quilici und Quilici Gigli haben bei ihren Grabungen der letzten Jahre auf der Straße, die zur kleinen Akropolis führt, karbonisierte Holzreste und Nägel gefunden, die offensichtlich zu den beiden ergrabenen Atriumhäusern unterhalb der kleinen Akropolis gehören (s. u. *domus* I und II). Da diese Reste des Brandes offensichtlich nie beseitigt worden sind, scheint die Schilderung Appians in ihrer Grundaussage bestätigt zu sein. Trotz der schwerwiegenden Zerstörung der Stadt ist eine weitere Benutzung der Tempel und einiger Wohnhäuser nicht ausgeschlossen. Die politische Selbstständigkeit und das urbane Leben waren jedoch im Jahr 81 v. Chr. beendet.

Der Stadt nähert man sich von Südosten. Bereits der erste Blick auf die imposanten **Polygonalmauern** und die Porta Maggiore (Abb. S. 11) verdeutlichen die militärisch-strategische Bedeutung Norbas. Die ganze Stadt ist umgeben von diesem etwa 2,66 km langen Mauerring, der ein Gebiet von mehr als 37 ha umschließt, und bisher in die Mitte des 4. Jhs. datiert wird. Neben Cosa und Alba Fucens sind die Stadtmauern von Norba wohl die beeindruckendsten in Mittelitalien. Die Mauer besitzt vier Stadttore und mehrere kleinere Pforten, zwischen der Porta Maggiore und der Porta Signina befindet sich ein mächtiger viereckiger Turm („La Loggia"). Die Höhe der Mauer variiert je nach den Geländegegebenheiten: So sind zum Beispiel die Mauern im südlichen und westlichen Teil der Stadt, wo sie der steilen Geländekante folgen, offensichtlich niedriger und auch nicht so sorgfältig gearbeitet. An den leichter zu erreichenden Stellen finden sich die höheren, aber auch besser ausgearbeiteten Mauerstücke, bei denen auch die Stirnseite glatt gearbeitet ist. Die zwei beeindruckendsten Tore sind die Porta Ninfina und die Porta Maggiore. Die zur pontinischen Ebene ausgerichtete **Porta Ninfina** ist stark befestigt, und von einem Felsvorsprung geschützt bietet sie einen 7,70 m breiten Zugang in die Stadt. Die südöstlich gelegene **Porta Maggiore** öffnet sich unterhalb der kleinen Akropolis. Es handelt sich dabei um ein Zangentor. Südlich der Porta Maggiore befindet sich eine kleine Pforte, deren Gang zur kleinen Akropolis (Acropoli Minore) führte (s. Abb. S. 167).

Nach dem Betreten des Stadtareals durch die Porta Maggiore folgt man dem Weg, bis man auf die links abzweigende Straße stößt, die dann auf dem leicht abfallenden Gelände auf die Hauptstraße trifft, welche die Acropoli minore mit der Porta Serrone di Bove verbindet. Wendet man sich nach links, stößt man auf der rechten Seite auf die Reste zweier Atriumhäuser. Auf zwei Terrassen liegen die 522 m² große domus I und die unwesentlich größere domus II, die beide aus dem 2. Jh. v. Chr. stammen und neben ihrer Größe weitere architektonische Übereinstimmungen aufweisen. Die Terrassierung in diesem Bereich erfolgte durch polygonales Mauerwerk, das wie auch in der Stadtmauer aus an der Stirnseite geglätteten großen Kalksteinblöcken besteht. Die Terrassen bestimmen den Umfang der Häuser, ermöglichten aber auch die Bebauung zur steilabfallenden Hangseite hin. Der heutige Besucher genießt von dort eine wunderbare Aussicht auf die umliegende Landschaft. Die Perspektiven, die diese Aussicht bot, waren mit Sicherheit auch ein vom römischen Besitzer der *domus* geschätztes Merkmal. Die in nord-südlicher Lage ausgerichteten Häuser wurden im Stil des italisch-römischen Atriumhauses gebaut. Vom

Eingang gelangte der Besucher eines Atriumhauses zuerst durch einen Korridor oder ein Vestibül in den zentralen Innenraum, das Atrium. Das offene Atrium besaß ein dem *compluvium* (Dachöffnung) entsprechendes *impluvium*, ein flaches Becken, welches das Regenwasser sammelte und damit meist eine unterirdische Zisterne der *domus* speiste. Das rechteckige *impluvium* der *domus* I (3,80 × 4,64 m) ist mit großen Kalksteinplatten gepflastert. Im Beckenrand befinden sich im regelmäßigen Abstand von 30 cm Löcher, die den Schluss zulassen, dass das *impluvium* zudem von einer höchstwahrscheinlich hölzernen Umzäunung umgeben war. Vom *impluvium* der *domus* II sind nur noch die beiden Abflusslöcher zur Zisterne erhalten. Flankiert wurde das Atrium durch kleinere Räume, meist *cubicula* (Schlafräume). In einigen der *cubicula* der *domus* I haben sich Reste des dekorativen Fußbodens erhalten. In den Bodenbelag aus Cocciopesto (einer Mischung aus Stücken bzw. gemahlenen Tonwaren, Sand und Bindemittel) sind kleine weiße und farbige Steinplättchen eingelassen, die den Boden mit geometrischen Figuren verzieren. In der *domus* II finden sich in den Räumen links des *vestibulums* Reste von *dolia*, die Räume wur-

Mauern, gebaut von Zyklopen?

Massive Mauern aus großen Steinquadern umgaben viele italische Städte im südlichen Latium. Macht man sich auf die Suche nach Spuren italischer/latinischer Baukunst der vorrömischen Zeit oder frühen und mittleren Republik, so kann man diese Mauern durchaus als ein urbanistisches Merkmal der Städte Latiums bezeichnen. Diese großen Wehr- und Befestigungsanlagen sind ein wesentliches Element der Stadtwerdung und schützten die entstehenden Gemeinschaften und definierten sie als Einheit. Mauern aus polygonalem Mauerwerk oder *opus siliceum* sind gekennzeichnet durch das Zusammenfügen von gewaltigen Quadern entsprechend ihrer natürlichen Form. Dabei wurden entstehende kleinere Fugen aufgefüllt oder die Quader einfach behauen, so dass sie als vieleckige oder trapezförmige Blöcke passgenau aneinandergefügt werden konnten. Die Stirnseite war leicht gebuckelt, in der klassischen Zeit (5.–4. Jh. v. Chr.) wurde die Stirnseite dann geglättet. Die frühesten Zeugnisse solcher Mauern finden sich in Mykene (16.–13. Jh. v. Chr.), die aber in keinerlei Zusammenhang mit den latinischen Funden stehen. Die beeindruckende Größe der Blöcke gab dem Mauerwerk auch seinen populären Namen: Zyklopenmauerwerk, denn man glaubte, allein die Zyklopen, einäugige Riesen, hätten diese Steine bewegen können. Sicherlich war auch der psychologische Effekt nicht zu unterschätzen, den der einschüchternde Anblick der Mauern, die unbezwingbar erscheinen, auf jeden Angreifer gehabt haben mochten. Reste der Stadtmauern aus polygonalem Mauerwerk findet man heute noch u. a. in Segni, Norba, Cori, Terracina, Arpino, Alatri und Palestrina. Dabei können die Befestigungsanlagen der genannten Städte in das 5. bis 3. Jh. v. Chr. datiert werden. Das polygonale Mauerwerk findet aber nicht allein in den Befestigungsanlagen Verwendung. Es wurde auch für die Frontseite großer Tempelpodien benutzt, wie in Segni, Cori und Norba, oder beim Straßenbau in unebenem und unsicherem Gelände. Eine Datierung der verschiedenen Phasen nach der Gestaltung und nach der jeweiligen Ausfertigung der Mauern ist verschiedentlich vorgenommen worden, erweist sich jedoch als ausgesprochen schwierig und nicht immer sinnvoll.

den daher wohl als Wirtschaftsräume genutzt. Während die Außenwände der beiden *domus* weitgehend aus polygonalem Mauerwerk gefertigt sind, sind die Räume im Innern meist durch Wände aus *opus incertum* und *opus caementicium* getrennt. Im rückwärtigen Teil des Atriums schließt sich das *tablinum* an. Dieser meist reich ausgestattete, repräsentative Empfangsraum lag in der Regel genau in der Achse zum Eingang und war zum Atrium hin geöffnet, von welchem er durch Holzpanele oder Vorhänge abgetrennt werden konnte. Neben dem *tablinum* befinden sich weitere Zimmer, die als Speisezimmer (*triclinium*) oder Ruheräume dienten. Von dort konnte man gegebenenfalls in den Garten des Hauses gelangen. In der *domus* I lässt sich das zum Atrium hin offene *tablinum* anhand des Grundrisses gut erkennen, auch wenn von seiner Ausstattung nichts mehr erhalten ist. Das Zimmer auf der linken Seite hat einen zum Teil podestartig erhöhten Boden. Von den Zimmern auf der rechten Seite gelangte man über eine Treppe zur tiefer liegenden Terrasse des Hauses, die ebenfalls von polygonalem Mauerwerk umgeben war. Diese bestand aus zwei länglichen Räumen von 12,40 m Länge. Im ersten Raum sind noch Reste des gewölbeartigen Daches zu sehen, welche aber stark einsturzgefährdet sind.

Über eine Treppe erreicht man die **Acropoli minore**, die durch eine eigene Polygonalmauer vom Rest der Stadt getrennt war. Auf dieser befinden sich eine Zisterne und die Reste zweier Tempel, die bisher keiner Gottheit zugewiesen werden konnten und somit nach ihrer Größe als kleiner und großer Tempel bezeichnet werden. Die zwei großen Tempelpodien werden in ihrer Endphase auf das Ende des 3. oder den Anfang des 2. Jhs. v. Chr. datiert.

Wendet man sich wieder zur Stadt hin und folgt der Straße in Richtung Porta Serrone di Bove, kommt man zu den Thermen. Die mit Kalksteinen gepflasterte Straße ist erst 1994 freigelegt worden. Sie besitzt Bürgersteige und erhöhte Trittsteine für die Fußgänger, um diese trockenen und sauberen Fußes die Straße überqueren zu lassen. Bevor man die Thermen erreicht, sieht man auf der linken Seite die Reste von Wohnhäusern.

Die **Thermen** stammen vom Ende des 2. Jhs. v. Chr. Da das Plateau arm an Quellen ist, waren die Thermen auf das Wasser aus Zisternen angewiesen. Einer dieser Wasserspeicher scheint das große und gut sichtbare ovale Becken gewesen zu sein, dessen Tiefe mit Sicherheit über 3 m betragen hat. Die Zisterne und die Thermen sind – für Norba geradezu ungewöhnlich – in *opus incertum* gearbeitet. Somit scheinen sie zusammen mit den Bauten auf der großen Akropolis einer Bauphase zuzurechnen zu sein, in der die städtische Infrastruktur und Kultur weiter verbessert wurden. Um dieses ovale Becken gruppieren sich die Baderäume, von denen man zum Teil noch die tonnengewölbten Decken sehen kann. Dabei kann vermutet werden, dass sich das *frigidarium* in dem Raum mit dem großen Gewölbe befand, an das sich dann das *laconicum*, ein mit einem Kohlebecken beheizter Raum, anschloss, von dem noch der kegelförmige Abzug im Deckengewölbe zu rekonstruieren ist.

Rechts an den Thermen vorbei führt ein Weg bergauf zum **Forum**. Die Terrassierung ermöglichte die Anlage eines großen Platzes, der 125 m lang und 64 m breit war. Die Größe, aber auch die Lage am Schnittpunkt der Hauptstraße mit einer Straße, die die Porta Ninfina mit der Porta Signina verband, verdeutlichen die Zentralität des Ortes. Im weiteren Verlauf entwickelte sich das Forum zu einem abgeschlossenen Platz, über dessen Anlage und Ausstattung zum jetzigen Zeitpunkt aber noch keine Aussagen gemacht werden können.

Polygonales Mauerwerk, südlich der Porta Maggiore von Norba

Vom Forum kehrt man wieder zur antiken Straße zurück, die die Porta Ninfina mit der Porta Serrone Bove verbindet, und wendet sich nach links. Von der Straße führt wiederum links ein Weg an den wenigen Resten einiger Wohnhäuser vorbei zum **Iuno-Lucina-Heiligtum**. Der erste Tempel ist ins 5. Jh. v. Chr. zu datieren. Darauf weisen die gefundenen Votivgaben und eine Terrakottaplatte mit einem Gorgoneion hin. Im 4. und dann 2. Jh. v. Chr. erfährt das Heiligtum Erneuerungen und Umbauten. Das Dach des Tempelbaus aus dem 4.–3. Jh. war mit Terrakotten geschmückt, die u. a. Antefixe (Stirnziegel) mit Köpfen von Mänaden und Satyrn zeigen. Auch eine Portikus gehört zu dieser Bauphase. Die jetzt zu sehenden Strukturen gehen auf die letzte Erneuerung in der ersten Hälfte des 2. Jhs. v. Chr. zurück. Neben dem Tempel (20 × 9 m) der erneuert wurde, ist vor allem die Errichtung einer großen Terrasse (30 × 24 m) zu erwähnen, die im rechten Winkel zur ersten Terrasse erbaut wurde. Die Substruktionen dieser Terrasse in polygonalem Mauerwerk sind noch gut zu erkennen. Portiken umgaben die Terrasse auf allen vier Seiten, eine beeindruckende Ergänzung des ersten Baus. In der Verfüllung der neu erbauten Terrasse wurden die älteren Votivgaben deponiert. Diese älteren Votivgaben wurden nach einer bestimmten Zeit abgeräumt und rituell begraben. Es handelt sich dabei um annähernd eintausend Objekte. Der Tempel ist der Iuno-Lucina geweiht, was zwei Bronzebleche, die an den Weihgaben befestigt waren, belegen (ILS 9230 und 9230[a]).

Wendet man sich vom Iuno Lucina Heiligtum wieder der großen Straße zu und geht dann nach Nordosten, kommt man nach Überquerung des Forums zur großen Akropolis (Acropoli Maggiore) und den Resten des

Diana-Heiligtums. Der Tempel der Diana stand auf einer Terrasse im Nordosten der Akropolis. Es handelt sich um einen einzelligen Tempel (10,40 × 17,20 m), dessen Reste noch gut die Wand, die die *cella* von der Vorhalle abtrennt, erkennen lassen. Das Tempelpodium weist einen Kern aus *opus caementicium* auf. Die den Tempel auf drei Seiten umgebende Portikus ist ebenso wie der Tempel selbst in *opus incertum* ausgeführt. Die Portikus öffnet sich nach Südwesten. Der Diana kann das Heiligtum aufgrund zweier Inschriften auf Keramikscherben zugeordnet werden. Da die Terrassenmauer eine ältere Mauer einschließt und wiederum Votivfunde vorliegen, lässt sich annehmen, dass der am Ende des 2. Jhs. v. Chr. erbaute Tempel einen älteren Vorgängerbau hatte.

Westlich des Diana-Tempels findet sich ein rechteckiges, trapezförmiges Bauwerk, in dessen Inneren sich ein Quadrat aus grob zugehauenen Blöcken befindet. Die Funktion des Baus ist noch nicht geklärt. Stefania Quilici Gigli hält den Bau für einen Sakralbau und das Rechteck in seiner Mitte für ein Wasserbecken oder die Reste eines Altars.

Verlässt man die Acropoli Maggiore nach Südosten in Richtung auf die Porta Maggiore, sind die Reste von **Wohnbebauung** und einer **Zisterne** zu sehen. Die Zisterne (ca. 30 × 28 m) ist aus Kalksteinblöcken erbaut und wasserdicht verputzt. Das Becken ist völlig in die Erde eingelassen und fasste ca. 4000 m³. Ebenso wie die Zisterne in den Thermen wird auch bei diesem Wasserspeicher deutlich, dass die strategisch gute Lage auch Nachteile mit sich brachte. Der größte Teil des benötigten Wassers musste mit den Vorräten aus den Zisternen gedeckt werden. Ein Umstand, der das Leben in Norba nicht leichter machte und den Thermenbau umso erstaunlicher erscheinen lässt.

Dank der Bemühungen von Lorenzo Quilici und Stefania Quilici Gigli ist auch in den kommenden Jahren mit Ergebnissen aus Grabungen zu rechnen. Sowohl die Ausgrabungen im Bereich des Forums wie auch der Wohnbebauung könnten noch aufschlussreiche Ergebnisse zutage fördern und unser Bild vom Leben in den latinischen Kolonien vervollständigen und wesentlich ergänzen.

Signia (Segni)

Das mittelalterliche Städtchen Segni nimmt heute fast zur Gänze den Platz des antiken Signia ein. In strategisch wichtiger Lage auf bis zu 672 m ü. NN wurde im Jahr 494/95 v. Chr. (Liv. 2,21,7) die latinische Kolonie Signia gegründet. Die mythische Gründung der Stadt geht jedoch bereits auf das Ende des 6. Jhs. v. Chr. zurück und wird dem siebten und letzten römischen König Tarquinius Superbus zugeschrieben (Liv. 1,56,3). Auf einem nördlichen Ausläufer der Monti Lepini und gegenüber von Anagnia (Anagni) gelegen, beherrschte Signia das Saccotal und die Via Latina. Auch bei der Gründung Signias waren strategische und militärische Gesichtspunkte ausschlaggebend. In der Zeit des Zweiten Punischen Krieges und der Bedrohung Roms und Latiums durch Hannibal scheint Signia loyal zu Rom gestanden zu haben. Dafür spricht zumindest die schon erwähnte (s. S. 162) Internierung karthagischer Geiseln nach dem Ende des Krieges in der Stadt, die sich im nur 7 km entfernten Norba nicht wohl fühlten. Ob ihnen Signia wirklich so viel mehr Annehmlichkeit bot oder die Bevölkerung freundlicher gestimmt war, darüber kann spekuliert werden. Vielleicht bot aber auch der Wein aus Signia für die in Norba erlittenen Unbillen das richtige Gegenmittel. Martial zumindest schreibt über den Wein der Region: „Willst du Signiner trinken, der gut gegen

Blick nach Südosten auf die Acropoli minore von Norba

Durchfall ist? / Damit er dich nicht zu sehr verstopfe, mäßige deinen Durst!" (13,116). Die Stadt war auch in den Bürgerkriegen zwischen Sulla und den Anhängern des Marius Schauplatz eines Kampfes (Plut. Sulla 28,4), was wiederum die strategische Lage der Kolonien in den Monte Lepini verdeutlicht. In der Kaiserzeit sind für Signia zahlreiche Inschriften und damit ein städtisches Leben nachgewiesen. Neben dem Wein der Region, der nicht nur bei Martial Erwähnung findet, ist Signia vor allem für das *opus signinum,* einen wasserabweisenden Estrich, der für den Verputz von Wänden und Böden verwendet wurde (s. u. a. Colum. 8,15 und 9,11), insbesondere bei Wasserbecken oder wie im Falle Signias für eine Zisterne (s. u.), bekannt.

Einen Rundgang durch die Stadt beginnt man am besten an der Porta Maggiore im Süden der Stadt. Sie liegt an der Piazza Cesare Battisti und ist über den Corso Vittorio Emanuele zu erreichen. Südlich der Porta Maggiore finden sich die Reste eines **Herkulesheiligtums** und einer Zisterne, die wohl Teil eines merkantil genutzten Areals waren und aus der Zeit der späten Republik stammen.

Die fast gänzlich in polygonalem Mauerwerk ausgeführte **Stadtmauer** umschließt ein fast 50 ha großes Areal und misst 5 km. Livius erwähnt für das Jahr 362 v. Chr. (7,8,6) die Existenz einer Mauer im Zusammenhang kriegerischer Auseinandersetzungen mit den Hernikern, einem italischen Volksstamm, der im Bereich der beiden Flüsse Garigliano und Sacco siedelte. Die Datierung der Mauer birgt manche Problematik. Filippo Coarelli datiert die Mauer zwar auf das Ende des 6. und den Beginn des 5. Jhs. v. Chr., doch ist eine Datierung, wie Cifarelli (2003) zurecht anmerkt, problematisch. Zusätzlich zu diesem Mauerring existiert im Norden der Stadt eine etwas tiefer gelegene äußere Mauer, die an der Porta Saracena beginnt und unterhalb der Kirche S. Pietro endet. Der westlich gelegene, auch

*„Bollwerke des Imperiums":
die Koloniestädte Cora (Cori),
Norba (Norma) und Signia (Segni)*

Die antiken Monumente
im Umland Roms

> **Anfahrt nach Segni**
> Segni erreicht man von Rom kommend über die Via Latina (SS 215), die durch die Albaner Berge führt und danach in die SS 600 mündet, die nach Colleferro führt. Von Colleferro führen dann zwei Straßen hinauf nach Segni. Von Velletri kommend nimmt man entweder ebenfalls die SS 600 nach Colleferro oder man wählt den Weg Richtung Cori durch die Monti Lepini über Giulianello und Rocca Massima.

heute noch unbebaute Teil des ummauerten Gebiets wird wegen seines Quellreichtums und strategischer Gründe in den Mauerring einbezogen worden sein. Ein Nymphäum vom Ende des 2. oder Anfang des 1. Jhs. v. Chr. ist folgerichtig in diesem an Wasser reichen Gebiet erbaut worden. Die polygonalen Mauern wurden nur an einigen Stellen ausgebessert und durch *opus quadratum* ersetzt. Die **Porta Maggiore** gehört zu den Mauerabschnitten, die in der späten Republik umgestaltet wurden. Darauf weist auch eine in das Tor vermauerte Inschrift, welche vor dem Bau des Tores einen anderen Aufstellungsort hatte und hier als Baumaterial verwendet wurde. Die Inschrift erinnert an Manius Memmius, der Prätor der Stadt war und einst auf seine Kosten eine Statue und deren Basis – wohl auf dem Forum – stiftete (ILS 5436). Das Tor mit dem Doppelbogen ist aus quadratischen Tuffsteinen gemauert wie auch der Ostturm, von dem noch die Nordwand erhalten ist. Besonders beeindruckend ist die **Porta Saracena** im Nordwesten des Mauerrings, die überhaupt als eines der interessantesten Tore Latiums gelten kann. Das Tor besteht aus einem monolithischen Architrav, der auf der rechten Seite von zwei, auf der linken Seite von drei aufeinandergestellten Blöcken getragen wird, welche so aufgeschichtet bzw. bearbeitet wurden, dass sie einen Torbogen bilden. Bei der Porta Saracena laufen der äußere und innere Mauerring zusammen und vermitteln dem Besucher die beeindruckende Größe der Befestigungsanlagen. Ganz in der Nähe befindet sich ein weiterer Mauerdurchlass, die kleinere Porta Portella, die ähnlich wie die Porta Saracena gebaut ist, bei der aber der Architravstein fehlt. Die unterschiedlichen Bauphasen der Mauer sind in der Nähe der Porta dell'Elcino im Südosten sichtbar.

Das Forum der Stadt lag sicher an der gleichen Stelle wie der heutige zentrale Platz, die Piazza dello Statuto mit der Kathedrale. Hier kreuzten sich zudem die wichtigsten Straßen, die von der Porta Maggiore zur Porta dello Steccato und von der Porta dell'Elcino zu einem Tor im Norden des inneren Mauerrings führten. Auf einer höher gelegenen Terrasse befand sich die Akropolis der Stadt.

Auf dieser erhob sich der **Tempel der Iuno Moneta**. An der Stelle des antiken Tempels befindet sich heute die romanische Kirche San Pietro. Das imposante Podium des Tempels aus polygonalem Mauerwerk war 3 m hoch, 40,80 m lang und 25,30 m breit und wird, wie Funde in einem Fundamentgraben des Podiums belegen, ins 3. Jh. v. Chr. datiert.

Die heutige Kirche ist teilweise in die *cella* des Tempels gebaut worden. Der Tempel bestand aus einem 7,46 m breiten Zentralraum, der *cella*, und zwei 6 m breiten Seitenhallen, den *alae*, und entspricht somit dem italischen Tempeltypus. Die drei Räume führten zur Interpretation, der Tempel sei der kapitolinischen Trias gewidmet. Doch gleich zwei Inschriften belegen die Weihung für Juno

Die beiden Frontsäulen
des Dioskurentempels in Cori

„Bollwerke des Imperiums":
die Koloniestädte Cora (Cori),
Norba (Norma) und Signia (Segni)

Die antiken Monumente
im Umland Roms

Moneta: eine Inschrift auf dem Kalksteinfragment einer Weihgabe nennt den Namen Iuno, ein Bronzetäfelchen (wohl 3. Jh. v. Chr.) verweist auf das Opfer: *Iunonei / Monetai / donom* (ILLRP 166). Hinzu kommen noch Fragmente zweier kolossaler Pferdestatuen, die auf den Dioskurenkult hinweisen könnten, doch bleibt dies vorerst eine Vermutung. Anhand der gefundenen Architekturterrakotten, die in der Villa Giulia in Rom ausgestellt sind, lassen sich mehrere Bau- und Umbauphasen aufzeigen. Die Errichtung des ersten Tempels fällt in das beginnende 5. Jh. v. Chr., die heute zu sehenden Reste gehören der letzten Ausbauphase des 2. Jhs. v. Chr. an. Funde aus der zweiten Hälfte des 6. Jhs. v. Chr. belegen eine kultische Nutzung des Areals schon für diese frühe Zeit.

Am Platz hinter der Kirche San Pietro befindet sich eine gut erhaltene **Zisterne**. Das kreisförmige Becken besteht aus Tuffsteinblöcken, die mit *opus signinum* abgedichtet wurden. Filippo Coarelli (1984, 178) vermutet in dem runden Bau ein Becken, das die heiligen Gänse der Juno beherbergt haben könnte.

Norba Reste eines 2009 ergrabenen Hauses

Tempelpodium und Kirche S. Pietro in Segni

 Reiseeindrücke aus der Mitte des 19. Jhs.

„Hier in einer Höhe, die ganz Latium beherrscht, standen Burg und Tempel der alten Signia, aber nur wenige Reste sind davon erhalten, darunter eine große kreisrunde Zisterne in der Nähe des Seminars. Die Bewohner der Stadt haben hier einen ihrer beliebtesten Spaziergänge; sie wandeln dort an den zyklopischen Mauern auf der höchsten Fläche des Gebirgs wie auf einem großen steinernen Tisch umher zwischen grauen Felsblöcken, auf denen Moose oder wilde Blumen wachsen. Man kann sich nichts Eigenartigeres denken als diesen Spaziergang in der Wolkenhöhe bei so gewaltiger Felsennatur. Tief unter den Spazierenden […] steigt der Berg lotrecht in die Tiefe nieder, und unten liegt Latium. Das Auge schweift über ein kaum abzusehendes, hinreißendes Gemälde von Provinzen mit ihren Bergen und Städten, die zu zählen man kein Ende findet, und deren jede von historischen oder mythischen Erinnerungen erfüllt ist. Denn dieses Panorama reicht von Rom, das dort fern in der verschwindenden Ebene sichtbar ist, bis zu Arpino, der Vaterstadt Ciceros, die man weit im Königreich Neapel auf dem blauen Gebirge hervorschimmern sieht."

Ferdinand Gregorovius: Wanderjahre in Italien.

ANHANG
Verzeichnis der archäologischen Stätten und Museen

Allgemeine Auskünfte und Informationen

Regione Lazio:
www.regione.lazio.it

Direzione Generale per i Beni Archeologici:
www.archeologia.beniculturali.it

Soprintendenza Speciale per i Beni Archeologici di Roma
Piazza dei Cinquecento, 67
00185 Roma
Tel. 0039 06 480201
Fax 0039 06 48903504
E-Mail: ssba-rm@beniculturali.it
Internet: www.archeorm.arti.beniculturali.it

Soprintendenza per i Beni Archeologici del Lazio
Via Pompeo Magno, 2
00192 Roma
Tel. 0039 06 3265961
Fax 0039 06 3214447
E-Mail: soprintendente@archeologicalazio.it
Internet: www.archeolz.arti.beniculturali.it

Soprintendenza per i Beni Archeologici per l'Etruria meridionale
Piazzale di Villa Giulia, 9
00196 Roma
Tel. 0039 06 3226571
Fax 0039 06 3202010
E-Mail: sba-em@beniculturali.it

XI Comunità Montana – Castelli Romani e Prenestini:
www.cmcastelli.it
www.xicomunitamontana.lazio.it

Parco dei Castelli Romani:
www.parcocastelliromani.it

Museum Grand Tour – Die Museen der Castelli Romani e Prenestini:
www.museumgrandtour.it

Gruppo Archeologico Latino (G. A. L.) – Colli Albani „Bruno Martellotta"
Via Frascati, 33
00040 Monte Porzio Catone
Tel. 0039 06 9449652

Albano Laziale (PLZ/CAP 00041)

Museo Archeologico di Villa Ferrajoli
Viale Risorgimento, 3
Tel. 0039 06 9323490
Fax 0039 06 9325759
E-Mail: direttore@museicivicialbano.it
Internet: www.comune.albanolaziale.roma.it/settori_modulistica/museo.htm; www.museicivicialbano.it

Öffnungszeiten:
Montag bis Freitag und Sonntag 9.00–13.00 Uhr, Samstag 8.00–14.00 Uhr
Mittwoch und Donnerstag auch 16.00–19.00 Uhr
Am 2. und 4. Sonntag eines Monats geschlossen

In 23 Sälen sind zahlreiche hochwertige Funde aus den Albaner Bergen zu sehen. Über das Museum erhält man Zugang zu folgenden Monumenten im Stadtgebiet: Amphitheater, Katakombe S. Senatore, S. Maria della Rotonda, Zisterne (Cisternone).

Museum della Seconda Legione Partica
Via Volontari del Sangue, 6–8
Tel. 0039 06 93263159
(E-Mail und Internet wie oben)

Öffnungszeiten:
Dienstag bis Donnerstag, Samstag und Sonntag 9.00–13.00 Uhr
Mittwoch und Donnerstag auch 16.00–18.30 Uhr
Am 2. und 4. Sonntag eines Monats geöffnet

Das Museum ist in einem Teil der ehemaligen Thermen untergebracht, die Kaiser Caracalla für die hier stationierten Soldaten der Zweiten Parthischen Legion errichten ließ. Der Schwerpunkt der Sammlung liegt auf der Alltags- und Militärgeschichte.

Castel Gandolfo (00040)

Direzione delle Ville Pontificie
Villa Barberini
Via Carlo Rosselli s. n. c.
Internet: www.vaticanstate.va

Eine Besichtigung der archäologischen Monumente in den Gärten der Villa Barberini sowie des kleinen Antiquariums ist nur für Gruppen nach rechtzeitiger vorheriger Anfrage an die Direktion der Päpstlichen Villen möglich.

Città di Castel Gandolfo
Piazza della Libertà, 7
Tel. 0039 06 9359181
Fax 0039 06 935918211
Internet: www.comune.castelgandolfo.rm.it

Ninfeo Bergantino und Ninfeo Dorico am Ufer des Albanersees sind nach vorheriger Anfrage bei der Gemeinde zu besichtigen; der Emissario ist frei zugänglich.

Cori (04010)

Museo della Città e del Territorio
Via G. Matteotti s. n. c.
Tel. 0039 06 96617243 und 96611075
E-Mail: cultura@comune.cori.lt.it
Internet: www.comune.cori.lt.it

Öffnungszeiten:
Freitag 9.00–18.00 Uhr,
letzter Einlass 17.00 Uhr
Samstag und Sonntag während der Sommerzeit 10.00–13.30 und 15.30–19.00 Uhr, letzter Einlass 18.00 Uhr; während der Winterzeit 10.00–13.30 und 15.00–18.30 Uhr, letzter Einlass 17.30 Uhr
Alle anderen Tage nur mit vorheriger Reservierung.

Die Monumente in der Stadt sind frei zugänglich.

Formello (00060)

Museo dell'Agro Veientano
Piazza San Lorenzo, 7
Tel. 0039 06 90194236 und 90194240
E-Mail: museo@comunediformello.it
Internet: www.comunediformello.it

Öffnungszeiten:
Donnerstag und Freitag 10.00–13.00 und 15.00–18.00 Uhr, Samstag 9.00–13.00 und 15.00–19.00 Uhr, Sonntag 9.00–13.00 Uhr sowie auf Anfrage

Das kleine, aber liebevoll eingerichtete Museum zeigt diverse Funde (Statuen, Inschriften etc.) aus dem Ager Veientanus.

Frascati (00044)

Scuderie Aldobrandini per l'Arte
Piazza Marconi, 6
Tel./Fax 0039 06 9417195
E-Mail: info@scuderiealdobrandini.it
Internet: www.scuderiealdobrandini.it

Öffnungszeiten:
Dienstag bis Freitag 10.00–18.00 Uhr, Samstag, Sonntag und Feiertage 10.00–19.00 Uhr
Die Kasse schließt jeweils 30 Minuten früher.

Im sehenswerten Museum der Scuderie Aldobrandini sind in der ständigen Sammlung Funde der Ausgrabungen in Tusculum zu sehen; daneben werden wechselnde Sonderausstellungen zumeist zeitgenössischer Künstler gezeigt. Außerdem befindet sich im Museum die Touristinfo von Frascati, zu der auch ein kleiner Buchladen gehört.

Gabii (00100)

Tempio di Giunone Gabina
Via Prenestina Polense Km. 18,500
00100 Roma
Tel. 0039 06 2261887

Die archäologische Zone ist nur mit Genehmigung der Soprintendenza Speciale per i Beni Archeologici di Roma (Castiglione/Gabii) zu besichtigen.

Grottaferrata (00046)

Monastero Esarchico di Santa Maria di Grottaferrata – Monaci Basiliani
Corso del Popolo, 128
Tel. 0039 06 9459309 und 0039 06 3409619736 (für Führungen)
Fax 0039 06 9456734
E-Mail: segreteria@abbaziagreca.it
Internet: www.abbaziagreca.it

Öffnungszeiten:
Das Gelände der Abtei sowie die Kirche sind üblicherweise frei zugänglich. Andere Räume wie die Kryptoportikus und der Innenhof sind nur samstags und sonntags (ausgenommen Feiertage) im Rahmen von Führungen des Gruppo Archeologico Latino zu besichtigen. Diese beginnen um 17.00 Uhr (Mai bis September) bzw. um 16.00 Uhr (Oktober bis April).

Lanuvio (00040)

Museo Civico Lanuvino
Piazza della Maddalena, 16
Tel. 0039 06 93789237
Fax 0039 06 93789229
E-Mail: cultura@lanuvio.comnet.roma.it
Internet: www.lanuvio.comnet.roma.it

Öffnungszeiten:
Von April bis Oktober:
Mittwoch 10.00–13.00 und 17.00–19.00 Uhr, Donnerstag 10.00–13.00 und 16.00–19.00 Uhr, Freitag 16.00–19.00 Uhr, Samstag, Sonntag und Feiertage 10.00–13.00 und 16.00–19.00 Uhr
Von November bis März:
Mittwoch 10.00–13.00 und 16.00–18.00 Uhr, Donnerstag 10.00–13.00 und 15.00–18.00 Uhr, Freitag 15.00–18.00 Uhr, Samstag, Sonntag und Feiertage 10.00–13.00 und 15.00–18.00 Uhr

Die Monumente in der Stadt sind frei zugänglich.

Lavinium

Museo Archeologico Lavinium
Via Pratica del Mare
Loc. Borgo di Pratica
00040 Pomezia
Tel. 0039 06 91984744 (Museum) und 91146478 (Gemeinde)
Fax 0039 06 91984744 (Museum)
E-Mail: museo.lavinium@yahoo.it
Internet: www.museopomezia.it

Öffnungszeiten:
Von April bis September:
Dienstag bis Sonntag 10.00–13.00 und 15.00–20.00 Uhr
Von Oktober bis März:
Dienstag bis Sonntag 10.00–13.00 Uhr, Freitag bis Sonntag auch 15.00–19.00 Uhr

Die in der Nähe des Museums gelegene archäologische Stätte der 13 Altäre mit dem Heroon des Aeneas ist normalerweise nicht zugänglich. Gruppen ab zehn Personen können sie nach Anfrage bei der Soprintendenza per i Beni Archeologici del Lazio montags, mittwochs und freitags im Rahmen einer Führung besichtigen.

Licenza (00026)

Antiquarium di Licenza/Museo Oraziano
Piazza del Palazzo
Tel. 0039 0774 46225 (Museum) und 46167 (Touristinfo)
Fax 0039 0774 46582 (Museum)
E-Mail: licenza@priminet.com
Internet: www.priminet.com/licenza

Öffnungszeiten:
Sommer: Dienstag bis Sonntag
10.00–12.00 und 15.00–18.00 Uhr
Winter: Dienstag bis Sonntag 10.00–12.00 und 15.00–17.00 Uhr

Horazvilla/Villa di Orazio
SS 314 zwischen Roccagiovine und Licenza (Hinweisschild)
(Kontaktdaten wie Museum)

Öffnungszeiten:
Dienstag bis Sonntag 8.30–14.00 Uhr

Lucus Feroniae und die Villa der Volusier

Museo e Area Archeologica di Lucus Feroniae
Via Tiberina Km. 18
00060 Capena
Tel. 0039 06 9085173
Internet: www.comunedicapena.it

Öffnungszeiten:
Täglich 8.30–19.30 Uhr

Villa der Volusier
Autobahn A 1 (Autostrada del Sole)
Ausfahrt/Raststätte Feronia ovest
00065 Fiano Romano
Tel. 0039 0765 459202 oder 459205
Internet: www.autostrade.it/en/chi-siamo/eventicultura_archeologia_villa.html

Öffnungszeiten:
Werktags 9.00–17.00 Uhr

Der Schlüssel zur Villa ist beim „Punto Blu" der Autobahnraststätte Feronia ovest gegen Hinterlegung eines Personalausweises erhältlich.

Marino (00047)

Museo Civico
Piazza Matteotti, 13
Tel. 0039 06 9385681 oder 9367373
E-Mail: museocivicomarino@interfree.it
Internet: www.comune.marino.rm.it

Öffnungszeiten:
Dienstag bis Samstag 9.00–13.00 Uhr
(in den Sommermonaten)

Das Mithräum in der Via Borgo Stazione, 12 ist wegen Restaurierung derzeit geschlossen.

Monte Porzio Catone (00040)

Complesso Archeologico del Barco Borghese
Via Frascati, 62
Tel. 0039 06 94341031 oder 62279426 (für Reservierungen)
E-Mail: musei@comune.monteporziocatone.rm.it; info@pcr.it
Internet: www.comune.monteporziocatone.rm.it; www.pcr.it

Führungen:
Freitag bis Sonntag 11.30, 16.00 und 18.00 Uhr (Sommerzeit); 11.00, 12.00 und 15.30 Uhr (Winterzeit)

Eine Besichtigung ist nur nach Reservierung bei PCR Bookings möglich.

Nemi (00041)

Museo delle Navi Romane
Via Diana, 15
Tel. 0039 06 9398040
E-Mail: info@comunedinemi.it
Internet: www.comunedinemi.it

Öffnungszeiten:
Täglich 9.00–19.00 Uhr

Sonntags um 10.30 und 11.15 Uhr Führungen des Gruppo Archeologico Latino, Tel. 0039 06 9419665.

Die von der Gemeinde Nemi zum See führende Straße ist für Autos gesperrt. Die Zufahrt zum Museum und dem nach Anfrage im Museum zugänglichen, aber etwas versteckt liegenden Diana-Heiligtum (kleiner Parkplatz bei der Via Sonnemi am Seeufer, zu Fuß vom Museum in etwa zehn Minuten zu erreichen) ist nur von Genzano aus möglich (Hinweisschilder „Museo delle Navi").

Norma (04010)

Museo Archeologico „Padre Annibale Gabriele Saggi"
Via della Liberazione
Tel. 0039 0773 352808
Internet: www.comunedinorma.it

Öffnungszeiten:
Montag bis Freitag 9.00–12.30 Uhr, Samstag, Sonntag und Feiertage 9.00–12.30 und 15.30–18.30 Uhr

Die Archäologische Zone (Antica Norba, Via Circonvallazione Antica Norba) ist von Sonnenaufgang bis Sonnenuntergang geöffnet.

Palestrina (00036)

Museo Archeologico Nazionale di Palestrina
Via Barberini, 22
Tel./Fax 0039 06 9538100
E-Mail: urp@comune.palestrina.rm.it
Internet: www.comune.palestrina.rm.it

Öffnungszeiten:
Museum täglich 9.00–20.00 Uhr
Archäologische Zone (Heiligtum) täglich 9.00 Uhr bis Sonnenuntergang

Area Sacra
Piazza Regina Margherita
(Kontaktdaten wie Museum)

Öffnungszeiten:
Freitag bis Sonntag 9.00–18.30 Uhr, Montag bis Donnerstag auf Anfrage beim Museum

Rom

Villa ad gallinas albas der Livia
Via della Villa di Livia
00188 Roma (Prima Porta)
Tel. 0039 06 33625595 oder 33616477
Anfragen auch über die Soprintendenza per i Beni Archeologici del Lazio

Öffnungszeiten:
Montag bis Freitag 10.00–13.00 Uhr, Samstag auf Anfrage, am 1., 3. und 5. Sonntag im Monat sowie an Feiertagen 10.00–13.00 und 15.00–18.00 Uhr

Villa des Maxentius
Via Appia Antica, 153
00179 Roma
Tel. 0039 06 0608
Internet: www.villadimassenzio.it

Öffnungszeiten:
Dienstag bis Sonntag 9.00–13.30 Uhr
(Kasse schließt um 12.30 Uhr)

Villa der Quintilier
Via Appia Nuova, 1092
00178 Roma
Tel. 0039 06 39967700
E-Mail: pierreci@pierreci.it
Internet: www.pierreci.it/it/musei-e-monumenti/villa-dei-quintili.aspx

Öffnungszeiten:
Dienstag bis Sonntag von 9.00 Uhr bis eine Stunde vor Sonnenuntergang

Segni (00037)
Museo Archeologico Comunale
Via Lauri, 1
Tel./Fax 0039 06 97260072
E-Mail: museo@comune.segni.rm.it
Internet: www.museosegni.it

Öffnungszeiten:
Dienstag und Donnerstag 9.00–14.00 und 15.00–19.00 Uhr, Samstag, Sonntag und Feiertage 10.30–13.00 und 15.30–19.00 Uhr

Tivoli (00019)
Area archeologica di Villa Adriana
Via di Villa Adriana, 204
Tel. 0039 06 39967900
E-Mail: ced@comune.tivoli.rm.it
Internet: www.villaadriana.com (offizielle Seite), www.villa-adriana.net

Öffnungszeiten:
Januar, November, Dezember 9.00–17.00 Uhr; Februar 9.00–18.00 Uhr; März, Oktober 9.00–18.30 Uhr; April, September 9.00–19.00 Uhr; Mai bis August 9.00–19.30 Uhr
Die Kasse schließt jeweils eineinhalb Stunden früher.

Parco Villa Gregoriana
Tel. 0039 02 467615296 und 0039 06 39967701 (für Buchungen)
Fax 0039 02 467615269
E-Mail: proprieta@fondoambiente.it
Internet: www.fondoambiente.it/beni/parco-di-villa-gregoriana.asp; www.pierreci.it

Öffnungszeiten:
März: Dienstag bis Samstag 10.00–14.30 Uhr, Sonn- und Feiertage 10.00–16.00 Uhr
1. April bis 15. Oktober: Dienstag bis Sonntag 10.00–18.30 Uhr
16. Oktober bis 30. November: Dienstag bis Samstag 10.00–14.30 Uhr, Sonn- und Feiertage 10.00–16.00 Uhr

Letzter Einlass jeweils eine Stunde vor Schließung. Geöffnet an Montagen, auf die ein Feiertag fällt. Von Dezember bis Februar Besichtigung nur nach Anmeldung.

Tusculum
Area archeologica di Tuscolo
Via del Tuscolo
00040 Monte Porzio Catone

Kontakt:
XI Comunità Montana Castelli Romani e Prenestini
Via della Pineta, 117
00040 Rocca Priora
Tel. 0039 06 9470820
Fax 0039 06 9470739
E-Mail: info@cmcastelli.it
Internet: www.museumgrandtour.it

Führungen:
Sonntags um 10.00 Uhr (Gruppo Archeologico Latino, Tel. 0039 06 9449652)

Die archäologische Zone von Tusculum ist prinzipiell frei zugänglich. Bestimmte Bereiche können aufgrund archäologischer Ausgrabungen jedoch zeitweise abgesperrt sein.

Veji
Santuario dell'Apollo (Portonaccio-Tempel)
Via Riserva Campetti
00123 Roma (Isola Farnese)
Tel. 0039 06 9042774 oder (kostenfrei in Italien) 800 727822
Fax 0039 06 90154548
E-Mail: info@parcodiveio.it
Internet: www.parcodiveio.it

Öffnungszeiten:
Dienstag, Mittwoch, Freitag und Sonntag 8.30–13.30 Uhr

Auf Anfrage werden auch die Tomba delle Anatre, die Tomba Campana und die Villa di Campetti geöffnet.

Velletri (00049)

Museo Civico
Palazzo Comunale
Via Goffredo Mameli, 6
Tel. 0039 06 96158268
Fax 0039 06 96158239
E-Mail: museo.civico@comune.velletri.rm.it
Internet: www.comune.velletri.rm.it

Öffnungszeiten:
Dienstag bis Sonntag sowie 1. Januar, Ostern, 15. August und 25. Dezember 9.00–13.00 und 15.00–19.00 Uhr

Die archäologische Sammlung ist ohne Anmeldung zugänglich, für den Besuch der geopaläontologischen und prähistorischen Sammlung ist hingegen eine vorherige Reservierung notwendig.

Hinweis für Reisende:

Sämtliche hier genannten Daten und Zeiten sind sorgfältig recherchiert worden, doch sind sie ohne Gewähr wiedergegeben. Die Erfahrung zeigt, dass die tatsächlichen von den genannten Öffnungszeiten abweichen können oder teils kurzfristig geändert werden (wegen lokaler Festtage, Veranstaltungen, Restaurierungsarbeiten etc.). Daher empfiehlt sich vor einem Besuch eine gezielte Anfrage, gerade auch bei kleineren Museen und archäologischen Stätten, um vergebliche Anfahrten und Enttäuschungen zu vermeiden.

Sind bei manchen Orten Daten wie etwa die E-Mail-Adresse nicht angegeben, konnten diese nicht eruiert werden.

Auf die Angabe von Eintrittspreisen haben wir verzichtet, da diese erfahrungsgemäß nur selten über längere Zeit Bestand haben.

ANHANG

Literaturverzeichnis

Allgemeine Literatur zu Rom und seinem Umland

A. Alföldi, Das frühe Rom und die Latiner. Aus dem Englischen übersetzt von F. Kolb (Darmstadt 1977).
Th. Ashby, The Roman Campagna in Classical Times (London 1927).
F. Coarelli, Dintorni di Roma, Guide archeologiche Laterza 7 (Rom 1981).
F. Coarelli, Lazio, Guide archeologiche Laterza 5 (Rom 1984).
F. Coarelli, I santuari del Lazio in età repubblicana, Studi NIS Archeologia 7 (Rom 1987).
F. Coarelli, Rom. Ein archäologischer Führer (Mainz 2000).
F. Coarelli, Rome and environs. An Archaeological Guide (Berkeley 2007).
T. J. Cornell, The Beginnings of Rome. Italy and Rome from the Bronze ages to the Punic wars (c. 1000 – 264 BC) (London, New York 1995).
M. Eisner, Zur Typologie der Grabbauten im Suburbium Roms, Mitteilungen des Deutschen Archäologischen Instituts, Römische Abteilung, Ergänzungs-Heft 26 (Mainz 1986).
G. Ghini (Hrsg.), Guide to the Ancient Temples and Sanctuaries of the Castelli Romani e Prenestini (Pescara 2008).
J. W. Goethe, Italienische Reise, in: Goethes Werke, Hamburger Ausgabe in 14 Bänden, Bd. 11 (München 1998).
F. Gregorovius, Wanderjahre in Italien. Mit sechzig Bildtafeln nach zeitgenössischen Stichen. Neue, vollständige und ergänzte Ausgabe (Dresden 1928).
J. Griesbach, Villen und Gräber. Siedlungs- und Bestattungsplätze der römischen Kaiserzeit im Suburbium von Rom, Internationale Archäologie 103 (Rahden/Westf. 2007).
A. T. Hodge, Roman Aqueducts and Water Supply ^{2}(London 2002).

R. R. Holloway, The Archaeology of Early Rome and Latium (London, New York 1996).
H. Kähler, Der römische Tempel. Raum und Landschaft (Frankfurt/Main 1982).
F. Kolb, Rom. Die Geschichte der Stadt in der Antike ^{2}(München 2002).
E.-M. Lackner, Republikanische Fora. Eine städtebaulich-historische Analyse (München 2008).
N. Morley, Metropolis and hinterland. The city of Rome and the Italian economy 200 B. C.- A. D. 200 (Cambridge 1996).
Ph. Pergola (Hrsg.), Suburbium. Il suburbio di Roma dalla crisi del sistema delle ville a Gregorio Magno. Atti delle Giornate di Studio sul Suburbio Romano tenute a Roma il 16, 17 e 18 marzo 2000, Collection de l'École Française de Rome 311 (Rom 2003).
I. Della Portella (Hrsg.), Via Appia. Entlang der bedeutendsten Straße der Antike (Stuttgart 2003).
L. Quilici, Le strade. Viabilità tra Roma e Lazio (Rom 1990).
A. La Regina (Hrsg.), Lexicon Topographicum Urbis Romae. Suburbium. 5 Bde. (Rom 2001–2008).
J. G. Seume, Spaziergang nach Syrakus im Jahre 1802. Hrsg. von J. Drews (Frankfurt/Main 2004).
L. Quilici, La Campagna romana come suburbio di Roma antica, La Parola del Passato 29, 1974, 410–438.
P. Zanker (Hrsg.), Hellenismus in Mittelitalien. Kolloquium in Göttingen vom 5. bis 9. Juni 1974, Abh. der Akad. der Wiss. in Göttingen, phil.-hist. Kl. (3. Folge) 97/1 (Göttingen 1976).

Villeggiatur

R. Ciardiello (Hrsg.), La villa romana, Collana „archeologia" 8 (Neapel 2007).

A. Frazer (Hrsg.), The Roman villa. Villa urbana. First Williams Symposium on Classical Architecture held at the University of Pennsylvania, Philadelphia, April 21–22, 1990, University Museum Monographs 101 (Philadelphia 1998).

X. Lafon, Villa Maritima. Recherches sur les villas littorales de l'Italie romaine (IIIe siècle av. J.-C./IIIe siècle ap. J.-C.) (Rom 2001).

E. B. MacDougall (Hrsg.), Ancient Roman Villa Gardens. Dumbarton Oaks Colloquium on the History of Landscape Architecture 10 (Washington D. C. 1987).

A. Marzano, Roman villas in central Italy. A social and economic history (Columbia studies in the classical tradition, 30) (Leiden 2007).

J. W. Mayer, Imus ad villam. Studien zur Villeggiatur im stadtrömischen Suburbium in der späten Republik und frühen Kaiserzeit, Geographica Historica 20 (Stuttgart 2005).

A. G. McKay, Römische Häuser, Villen und Paläste. Deutsche Ausgabe bearbeitet und erweitert von R. Fellmann (Feldmeilen 1980).

H. Mielsch, Die römische Villa. Architektur und Lebensform ²(München 1997).

L. Romizzi, Ville d'otium dell'Italia antica. (II sec. a. C.-I sec. d. C.), Aucnus 10 (Neapel 2001).

B. Santillo Frizell – A. Klynne (Hrsg.), Roman villas around the Urbs. Interaction with landscape and environment. Proceedings of a conference held at the Swedish Institute in Rome, September 17–18, 2004 (Rom 2005).

K. Schneider, Villa und Natur. Eine Studie zur römischen Oberschichtkultur im letzten vor- und ersten nachchristlichen Jahrhundert, Quellen und Forschungen zur antiken Welt 18 (München 1995).

M. Valenti, Residenze imperiali nel Lazio. Atti della giornata di studio Monte Porzio Catone 3 aprile 2004 (Rom 2008).

Albano Laziale

P. Chiarucci, Albano Laziale ²(Albano Laziale 1988).

E. Tortorici, Castra Albana, Forma Italiae 1,11 (Rom 1975).

Alsium

I. Caruso, Un belvedere sul mare. La villa imperiale di Marina di San Nicola, Archeo 52, 1989, 32–39.

F. Castellano – A. M. Conforti (Hrsg.), Da Alsium a Ladispoli (Ladispoli 2001).

Ariccia (Aricia) und der Nemisee

J. R. Brandt – A.-M. Leander Touati – J. Zahle, Nemi – Status Quo. Recent Research at Nemi and the Sanctuary of Diana (Rom 2000).

C. M. Green, Roman religion and the cult of Diana at Aricia. (Cambridge 2007).

P. Guldager Bilde, Caesar's villa? Nordic excavations of a Roman villa by Lake Nemi, „loc. S. Maria" (1998–2001). In: Analecta Romana Instituti Danici, Jg. 30, (2004), S. 7–42.

M. Lilli, Ariccia. Carta archeologica (Bibliotheca Archaeologica, 34) (Rom 2002).

Castel Gandolfo

B. Andreae, Odysseus. Archäologie des europäischen Menschenbildes (Frankfurt/Main 1982) 216–220 (zum Ninfeo Bergantino).

L. Crescenzi, La villa di Domiziano a Castel Gandolfo, Quaderni del centro di studio per l'archeologia etrusco-italica 3, 1979, 99–106.

R. Darwall-Smith, Albanum and the Villas of Domitian, Pallas 40, 1994, 145–165.

P. Liverani, L'antiquarium di Villa Barberini a Castel Gandolfo (Città del Vaticano 1989).

G. Lugli, Le antiche ville dei colli Albani prima della occupazione Domizianea, Bullettino della Commissione Archeologica Comunale di Roma 42, 1914, 251–316.

G. Lugli, La villa di Domiziano sui colli Albani. Teil 1–4, Bullettino della Commissione Archeologica Comunale di Roma 45–48, 1917–1920, 29–78. 3–68. 153–205. 3–69.

Cori (Cora)

E. Altenhöfer, Die Cella des Dioskurentempels in Cori. In: Mitteilungen des Deutschen Archäologischen Instituts (Rom), Jg. 113 (2007), S. 373–397.

P. Brandizzi Vittucci, Cora, Forma Italiae 1,5 (Rom 1968).

D. Palombi, Cora: bilancio storico e archeologico. In: Archeologia Classica, Jg. 4 (N.S.) (2003), S. 197–252

Lanuvio (Lanuvium)

L. Attenni, Lanuvio. Culla di una civiltà. Percorsi approfondimenti sui siti archeologici Lanuvini (Lanuvio 2003).

M. Lilli, Lanuvium. Avanzi di edifici antichi negli appunti di R. Lanciani. (Occasional Papers of the Nordic Institutes in Rome, 2) (Rom 2001).

P. Chiarucci, Lanuvium (Collana di studi sull'Italia antica, 2) (Rom 1983).

Lavinio (Lavinium)

F. Castagnoli, Lavinium. Bd. 1: Topografia generale, fonti e storia della ricerche (Rom 1972).

Museo Archeologico Lavinium: Guida al Museo Archeologico Lavinium (Turin 2009).

P. Sommella, Das Heroon des Aeneas und die Topographie des antiken Lavinium, Gymnasium 81, 1974, 273–297.

M. Torelli, Lavinio e roma (Rom 1984).

A. Zarattini (Hrsg.), L'area archeologica di Pratica di Mare (Rom 1995).

Licenza

B. Frischer – J. Crawford – M. de Simone (Hrsg.), The Horace's Villa Project 1997–2003. Report on new fieldwork and research. 2 Bde., BAR International Series 1588/1–2 (Oxford 2006).

G. Lugli, La villa sabina di Orazio, Monumenti antichi 31, 1926, 457–600.

E. A. Schmidt, Sabinum. Horaz und sein Landgut im Licenzatal (Heidelberg 1997).

Lucus Feroniae und die Villa der Volusier

G. Gazzetti, Il territorio Capenate (Rom 1992).

M. Moretti – C. Rendina, Lucus Feroniae (Rom 1997).

A. M. Sgubini Moretti (Hrsg.), Fastosa rusticatio. La Villa dei Volusii a Lucus Feroniae (Rom 1998).

Monte Cavo (Albanus mons), Frattocchie (Bovillae) und Marino (Castrimoenium)

L. Devoti (Hrsg.), Il mitreo di Marino (Velletri 1994).

A. Doboşi, Bovillae. Storia e topografia, Ephemeris Dacoromana 6, 1935, 240–367.

E. Künzel, Der römische Triumph. Siegesfeiern im antiken Rom (München 1988) 99 f.

G. M. de Rossi, Bovillae, Forma Italiae 1,15 (Florenz 1979).

Norma (Norba)

L. Quilici, S. Quilici Gigli, (Hrsg.), Città e monumenti nell'Italia antica (Atlante tematico di topografia antica, 7) (Rom 1999).

L. Quilici, S. Quilici Gigli, (Hrsg.), Santuari e luoghi di culto nell'Italia antica. (Atlante tematico di topografia antica, 12) (Rom 2003).

L. Quilici, S. Quilici Gigli, et al. (Hrsg.), Edilizia pubblica e privata nelle città romane (Atlante tematico di topografia antica, 17) (Rom 2008)

Palestrina (Praeneste)

B. Andreae, Antike Bildmosaiken (Mainz 2003) 78–109. 126–139.

F. Coarelli (Hrsg.), Studi su Praeneste (Perugia 1978).

F. Coarelli (Hrsg.), Urbanistica ed architettura dell'antica Praeneste. Atti del convegno di studi archeologici, Palestrina, 16/17 aprile 1988 (Palestrina 1989).

S. Gatti – N. Agnoli, Palestrina. Santuario della Fortuna Primigenia, Museo Archeologico Prenestino (Rom 2001).

H. Kähler, Das Fortunaheiligtum von Palestrina Praeneste (Saarbrücken 1958).

L. Quilici, L'impianto urbanistico della città bassa di Palestrina, Mitteilungen des Deutschen Archäologischen Instituts, Römische Abteilung 87, 1980, 171–214.

Rom

Th. Ashby, La villa dei Quintilii, Ausonia 4, 1909, 48–88.

H. Bloch, Sette Bassi revisited, Harvard Studies in Classical Philology 63, 1958, 401–414.

H. Leppin – H. Ziemssen, Maxentius. Der letzte Kaiser in Rom (Mainz 2007).

N. Lupu, La villa di Sette Bassi sulla via Latina. Studio e progetto di ricostruzione, Ephemeris Dacoromana 7, 1937, 117–188.

G. Messineo (Hrsg.), Ad Gallinas Albas. Villa di Livia, Bullettino della Commissione Archeologica Comunale di Roma, Supplementi 8 (Rom 2001).

R. Paris (Hrsg.), Via Appia. The Villa of the Quintili (Rom 2000).

G. Pisani Sartorio – R. Calza, La villa di Massenzio sulla Via Appia. Il palazzo, le opere d'arte (Rom 1976).

Tivoli (Tibur) und die Hadriansvilla

B. Adembri, Hadrians Villa. (Mailand 2005).

M. Sapelli Ragni (Hrsg.), Frammenti del passato. Tesori dall'ager Tiburtinus (Mailand 2009).

H. Schareika, Tivoli und die Villa Hadriana (Mainz 2010).

F. Sciarretta, Tivoli in età classica. Con la traduzione integrale di tutti i passi latini e greci citati e con la riproduzione di molte antiche incisioni d'arte ^{2}(Tivoli 2003).

M. Tombrägel, Die republikanischen Otiumvillen von Tivoli. Untersuchung zur Bautechnik, Chronologie, Architektur und zu den historischen Hintergründen (Diss. Philipps-Universität Marburg 2005).

Segni

P. Attema, M. van Leusen, The early roman Colonization of South Lazio: a survey of three Landscapes. In: Attema, P A. J (Hg.): Centralization, early urbanization, and colonization in first millenium B.C. Italy and Greece. Part 1: Italy (Babesch Supplement, 9) (Hadleigh 2004), S. 157–195.

F. M. Cifarelli, Il culto di Ercole a Segni e l'assetto topographico del suburbio meridionale, in: MEFRA Jg. 112 (2000), S. 173–215.

Tusculum und Grottaferrata

V. Beolchini, Tusculum. Fonti storiche e dati archeologici (Rom 2006).

M. Borda, Tuscolo (Rom 1958).
X. Dupré – X. Aquilué (Hrsg.), Scavi archeologici di Tusculum. Rapporti preliminari delle campagne 1994–1999 (Rom 2000).
L. Quilici – S. Quilici Gigli, Monumenti di Tusculum. L'anfiteatro, in: B. Magnusson u. a. (Hrsg.), Ultra terminum vagari. Scritti in onore di Carl Nylander (Rom 1997), 241–251.
L. Quilici – S. Quilici Gigli, Tusculum ed il parco archeologico (Rom 1991).
R. Ribaldi, Guida archeologica di Tusculum (Pescara 2008).
M. Valenti, Ager Tusculanus, Forma Italiae 41 (Florenz 2003).

Veji

F. Ceci, Veio (Rom 2008).
G. Colonna, Giovanni (Hrsg.): Il santuario di Portonaccio a Veio. Vol. I: Gli scavi di Massimo Pallottino nella zona dell'altare (1939–1940). (Monumenti antichi, 58) (Rom 2002)
S. Haynes, Kulturgeschichte der Etrusker (Kulturgeschichte der Antiken Welt, 108) (Mainz 2005)
S. Steingräber, Etrurien: Städte – Heiligtümer – Nekropolen (München 1981).
J. Ward-Perkins, Veii. The Historical Topography of the Ancient City (Papers of the British School at Rome, 29). (London 1961).

Velletri (Velitrae)

G. Cressedi, Velitrae (Velletri) (Rom 1953).
L. Crescenzi, Velletri. Archeologia, territorio, museo (Velletri 1981).
M. Lilli, F. Coarelli (Hrsg.), Velletri. Carta archeologica: Velletri-Le Castella (IGM 150 II SO-158 IV NE) (Rom 2008).

Hinweis: Alle in den Bildunterschriften teilweise vorkommenden Kürzel beziehen sich auf hier genannte Werke. Genannt sind jeweils der Name des Verfassers/Herausgebers und das Erscheinungsjahr, so dass alle Titel leicht identifizierbar sind.

Aus Platzgründen haben wir auf die Wiedergabe der lateinischen und griechischen Texte verzichtet und uns auf die Übersetzung beschränkt. Stets haben wir jedoch den Nachweis der zitierten Passage oder auch der Inschriftencorpora angegeben, damit der Leser diese in den Originalwerken nachschlagen kann. Die Abkürzungen der antiken Autoren und Werktitel sowie der Inschriftencorpora sind die des Lexikons „Der Neue Pauly", Bd. 1 (1996), S. XV–XLVII.

ANHANG
Abbildungsverzeichnis

Die Kurztitel, die sich jeweils aus dem Autorennamen und dem Erscheinungsjahr zusammensetzen, beziehen sich auf im Literaturverzeichnis dieses Buches genannte Titel.

Umschlagabbildung: akg-images/Erich Lessing
Seite 8: Foto: Markus Mühlberger
12: nach Coarelli 2000, 17
15: Wikimedia
18: Foto: Markus Mühlberger
25: nach Messineo (Hrsg.) 2001, 16–17, Taf. 1
26: Wikimedia
30: nach LTUR Suburbium IV (2007) 454 Abb. 287
34: nach Coarelli 1981, 31
37: nach Coarelli 2007, 412 Abb. 112
43: Wikimedia
47: A. Balland: Une transposition de la grotte de Tibère à Sperlonga, MEFRA 79, 1967, H. 2, Taf. 1
52: nach Coarelli 1981, 84
65: nach Brandt 2000, 54
79: nach Chiarucci 1983, 147
84: nach Ribaldi 2008, 21

102: Sapelli Ragni 2009, 119
107: Adembri 2005, 22f.
115: nach Frischer 2006, Bd. 2, Kap. C. 1. 644 Abb. 5
121: nach Kähler 1958, 198 Abb. 3
133: Gazzetti 1992, 30
142: Foto: Holger Dietrich
145: nach Haynes 2005, 240
151: nach Holloway 1996, 137
154: nach Lackner 2008, 346
163: nach Lackner 2008, 362

Die vierfarbigen Orts- und Gebietskarten (S. 45, 53, 72, 96, 125, hintere Umschlagklappe): Peter Palm, Berlin.

Christian Winkle: Frontispiz, Bild gegenüber dem Inhaltsverzeichnis, 11, 21, 38, 41, 49, 50, 55, 56, 61, 67, 71, 75, 80, 95, 99, 109, 111, 113, 116, 149, 161, 167, 169, 171, 172, 173

Jochen W. Mayer: 22, 28-29, 58, 87, 91, 119, 128, 139, 141

ANHANG

Glossar

Basilika: Langgestreckte Halle, die nach außen sowohl offen als auch geschlossen sein konnte. Kolonnaden trennten Hauptschiff und Seitenschiffe. Nach Vitruvs (5,1,4-5) Definition ein an das Forum angrenzendes Gebäude, das den Kaufleuten *(negotiatores)* als Geschäftsort dienen sollte. Eine B. findet sich in den meisten römischen Städten; sie war sowohl freistehend als auch als Teil eines Gebäudekomplexes errichtet worden. Auch in Privathäusern gab es B., hier dienten sie dem Hausherrn als Empfangshalle (Vitr. 6,5,2).

Domus: Bezeichnung für röm. Stadthäuser (im Gegensatz zur auf dem Land gelegenen → Villa). Die D. besaßen für gewöhnlich einen repräsentativen öffentlichen und einen nur den Bewohnern vorbehaltenen Wohntrakt. Auch die städtischen Residenzen der Kaiser werden als D. bezeichnet.

Hortus: Große, zumeist öffentlich zugängliche Parkanlage in Rom. Die Horti verliehen dem dicht bebauten Stadtgebiet ländliche Elemente, in den Außenbezirken verwischte dies den Übergang von der Stadt zum Umland.

Insula: Mehrstöckiges Mietshaus für die ärmere Stadtbevölkerung Roms. Im Erdgeschoss befanden sich oftmals Läden oder Schankbetriebe.

Kryptoportikus: Abgeschlossener unterirdischer Wandelgang mit kleinen Fenstern in der oberen Zone der Seitenwand oder in der Decke. So sollte zwar Licht, aber keine Hitze in die K. eindringen, was auch im Sommer eine angenehme Temperatur garantierte. K. finden sich zumeist in Villen, Theatern oder großen Heiligtümern.

Marmor: Bei den Römern sehr beliebtes und reichlich verfügbares Gestein, zumal in verschiedensten Qualitäten und Farben lieferbar. Die Herkunft der polychromen M. ist aufgrund ihrer Farbigkeit und Muster oft eindeutig zu bestimmen, weshalb sie als historisches Zeugnis dienen können. Besonders seit Augustus wurde M. sehr häufig besonders für öffentliche Bauten verwandt, doch auch in Stadthäusern und Landvillen wurde damit nicht gespart. Vor allem die bunten und aus allen Reichsteilen nach Italien transportierten M. galten als Ausdruck erlesenen Geschmacks, finanzieller Potenz und schließlich der Überlegenheit römischer Architektur und Bautechnik.

Mauertechnik: Grundsätzlich ist bei römischen Bauten zwischen Mauern aus Ziegeln bzw. sonstigen Steinen und dem Zementguss *(opus caementicium)* zu unterscheiden. Seit dem 3. Jh. v. Chr. war der Zementguss ein weit verbreitetes Verfahren; dabei wurde ein Mörtelgemisch aus Sand, Kalk und Wasser in eine Holzverschalung gefüllt, in der es aushärtete. Durch diese Technik konnten große Bauten in relativ kurzer Zeit erstellt werden. – Wesentlich älter, aber genauso verbreitet wie der Zementguss war das Ziegel- bzw. Steinmauerwerk. Neben reinen Steinmauern findet sich häufig die Verbindung beider Techniken, indem ein Zementkern mit Steinen verkleidet wird. Dabei unterscheidet man im Wesentlichen: *opus incertum:* unregelmäßige Steinsetzung; *opus quasi-reticulatum:* nahezu netzförmige Setzung; *opus reticulatum:* exakt netzförmige Setzung. Inwieweit davon eine genaue Datierung der jeweiligen Bauten abzuleiten ist, ist umstritten. Zweifelsfrei in die frührepublikanische Epoche ist das *opus quadratum* bzw. Polygonalmauerwerk aus → Peperin zu datieren, bei dem große Steinquader exakt auf Pass gearbeitet und mit maximalem Fugenschluss gesetzt wurden.

Meile: Die römische Meile (*mille passus*, Plural *milia passuum,* Abkürzung mp) war ein im ganzen Imperium Romanum gebräuchliches Wegmaß. Sie umfasste 1481,5 m, also knapp 1,5 km.

Mithräum: Heiligtum des Gottes Mithras. Unter anderem in Mittelitalien wurde Mithras seit dem 2. Jh. n. Chr. stark verehrt, vor allem von Soldaten und arrivierten Freigelassenen. Die Ursprünge des Mithras-Kultes sind unklar und in der Forschung umstritten; wahrscheinlich sind sie im iranischen Kulturkreis zu verorten. Die M. genannten Kulträume waren in der Regel unterirdisch und erinnerten an die Höhle bzw. den Himmel, wo Mithras den Stier besiegte. Diese Stiertötung ist zentral in den Kultbildern dargestellt, die am Kopfende der M. angebracht sind. Weitere kanonische Elemente dieser Kultbilder sind der Hund und die Schlange, die das Blut des Stieres trinken, der Skorpion, der in die Hoden des Stieres sticht, sowie die beiden Fackelträger Cautes und Cautopates. An den Seiten der M. finden sich gewöhnlich breite steinerne Bänke, auf denen die Anhänger des Kultes während ritueller Mähler lagerten.

Monopteros: Eigenständige, auch Tholos genannte Sonderform des → Tempels mit kreisförmigem Grundriss und baldachinartigem Dach ohne innere *cella*.

Nekropole: Begräbnisplatz außerhalb der Stadtmauern. Dies konnten sowohl Anlagen mit repräsentativen Grabbauten sein (etruskische N., etwa in Cerveteri) als auch einfache Friedhöfe mit eher unscheinbaren Markierungen der Gräber, etwa durch steinerne Pinienzapfen (wie in Palestrina).

Nymphäum: Ursprünglich ein Heiligtum der Nymphen, in Griechenland meist in Form einer natürlichen Grotte. In römischer Zeit weit verbreitet waren halbkreisförmige Wasserbecken sowie, als weiterer Typus, N. mit prächtigen Schaufassaden. Diese finden sich – in unterschiedlicher Dimension – zumeist in Thermen, Kaiserpalästen und Villen und sind Ausdruck des in der römischen Kultur wie selbstverständlich erscheinenden Umgangs mit dem Element Wasser. Sonderformen waren N., die eine Verbindung von natürlicher Felsgrotte mit Architekturelementen und Statuen aufweisen (Albanersee, Sperlonga).

Peperin: Bei P. handelt es sich um ein graues oder grünlichgraues basaltisches Tuffgestein. In den Albaner Bergen, einem ehemaligen vulkanischen Gebirge, sind die P.-Vorkommen besonders groß. Daher wurde P. in der Antike in Rom und seinem Umland häufig als günstiges und leicht greifbares Baumaterial verwendet. Im Gegensatz beispielsweise zu Marmor ist dieser Naturstein nicht polierfähig, aber frostfest.

Pomerium: Eine sakralrechtlich bedeutende Linie, die in der Stadt Rom und ihren Kolonien die *urbs* von dem *ager*, das heißt das eigentliche Stadtgebiet von dem umgebenden Territorium trennte. Nach dem ursprünglich etruskischen Stadtgründungsritus markierte der Stadtgründer das P. mit einem Pflug, den ein weißer Stier und eine weiße Kuh zogen. Das P. wurde trotz der zunehmenden Ausdehnung der Städte meist nur wenig verändert (Markierung durch Grenzsteine) und war vor allem für die Definition der Zuständigkeits- und Befehlsbereiche bestimmter Magistrate von Bedeutung.

Tempel: Im Gegensatz zum griechischen T. ist der römische T. in die Kulthandlung direkt mit eingebunden und nicht bloße Kulisse. Architektonisch steht der römische T. in der Tradition etruskischer Kultbauten und variiert dessen Grundmuster. Kern ist die *cella*, der von Mauern umschlossene Kultraum. In ihr stand zumeist das Kultbild, die kultischen Handlungen fanden hingegen an einem Altar statt, der vor der Front des T.-Podiums platziert war. Vor der *cella* befand sich in der Regel eine Vorhalle (Pronaos); beides war auf allen Seiten oder nur teilweise von einer Säulenstellung (Peripteros) umgeben. Fehlen die Säulen hinter der Rückwand der *cella*, spricht man von einem T. „Peripteros sine postico". Ein Prostylos ist ein Anten-T. (Ante = hervorstehender pfeilerförmiger Wandabschluss) mit einer Säulenreihe vor dem Pronaos (beschrieben bei Vitr. 3,2,3).

Thermen: Große öffentliche Badeanlagen waren zentrale Infrastrukturbauten jeder römischen Stadt. Ihr Grundriss konnte variieren, im Wesentlichen lag diesem jedoch stets die Abfolge von Umkleide-, Bade-, Schwitz- und Saunaräumen zugrunde. Haupträume waren *apodyterium* (Umkleide), *caldarium* (Warmwasserbad), *tepidarium* (lauwarmer Baderaum), *frigidarium* (Kaltwasserbad) und der *laconicum* oder *sudatorium* genannte Schwitzraum/Sauna. Darüber hinaus existierten häufig ein Schwimmbecken *(natatio/piscina)* sowie eine *palaestra* für gymnastische Aktivitäten. Auch in Stadt- und Landhäusern sind eigene T.-Anlagen kleinerer Dimension häufig nachgewiesen worden.

Tribus: Abteilung der römischen Bürgerschaft; ursprünglich drei, schließlich (seit 241 v. Chr.) 35 T. Trotz späterer Reichsvergrößerung wurde die Zahl der T. nicht mehr erweitert; neue Bürger wurden auf die bestehenden T. verteilt. In den Volksversammlungen *(comitia)* hatte jede T. unabhängig von ihrer Größe das gleiche Stimmrecht. Jeder Vollbürger musste in eine T. eingeschrieben sein; sie dienten der Verwaltung, der Rekrutierung von Soldaten und auch zur Führung des Personenstandsregisters.

Tuff/Tuffgestein: s. Peperin

Villa: Bezeichnung für ein Wohnhaus auf dem Land, grundsätzliche Unterteilung in *villa rustica* (landwirtschaftlicher Gutshof) und *villa urbana/pseudourbana/suburbana* (Wohnhaus mit gehobener Ausstattung, meist ohne landwirtschaftliche Produktion). Zur weitergehenden Definition s. S. 17.

Wandmalerei: Seit etruskischer Zeit (Gräber) war die W. in Italien weit verbreitet. Ausgehend von den teils sehr gut erhaltenen Malereien in den Stadthäusern und Landvillen Pompejis und anderer kampanischer Städte, teilte der deutsche Archäologe August Mau 1882 die römische W. in vier Stile ein, die eine Periode vom 2. Jh. v. Chr. bis ins Jahr 79 n. Chr. umfassen, als die Vesuvstädte zerstört wurden. Die einzelnen Phasen werden demnach folgendermaßen eingeteilt: Erster Stil/Inkrustationsstil: etwa 200–80 v. Chr.; zweiter Stil/Architektur- oder Illusionsstil: etwa 100–15 v. Chr.; dritter Stil/ornamentaler Stil: etwa 15 v. Chr. – um 50 n. Chr.; vierter Stil/Phantasiestil: um 50–79 n. Chr. Die Übergänge zwischen den einzelnen Stilen sind fließend und nicht immer exakt zu bestimmen, auch variieren sie regional.

ANHANG
Impressum

Für Katrin und Regine

190 Seiten mit 53 Farb- und 14 Schwarzweißabbildungen
Umschlagabbildung: Via Appia
Frontispiz: Rundaltar an der nordöstlichen Seite des Forums von Lucus Feroniae

Bibliografische Information der Deutschen Nationalbibliothek
Die Deutsche Nationalbibliothek verzeichnet diese Publikation in der Deutschen Nationalbibliografie; detaillierte bibliografische Daten sind im Internet über *http://dnb.d-nb.de* abrufbar.

Weitere Publikationen aus unserem Programm finden Sie unter:
www.zabern.de

© 2010 by Verlag Philipp von Zabern, Mainz
ISBN: 978-3-8053-4161-5
Lektorat: Cornelius Hartz, Hamburg
Gestaltung: Vollnhals Fotosatz, Neustadt a. d. Donau
Reihengestaltung/Umschlaggestaltung: Max Bartholl, b3K text und gestalt GbR, Frankfurt am Main und Hamburg

Alle Rechte, insbesondere das der Übersetzung in fremde Sprachen, vorbehalten. Ohne ausdrückliche Genehmigung des Verlages ist es auch nicht gestattet, dieses Buch oder Teile daraus auf fotomechanischem Wege (Fotokopie, Mikrokopie) zu vervielfältigen oder unter Verwendung elektronischer Systeme zu verarbeiten und zu verbreiten.

Printed in Germany by Philipp von Zabern
Printed on fade resistant and archival quality paper (pH 7 neutral) · tcf